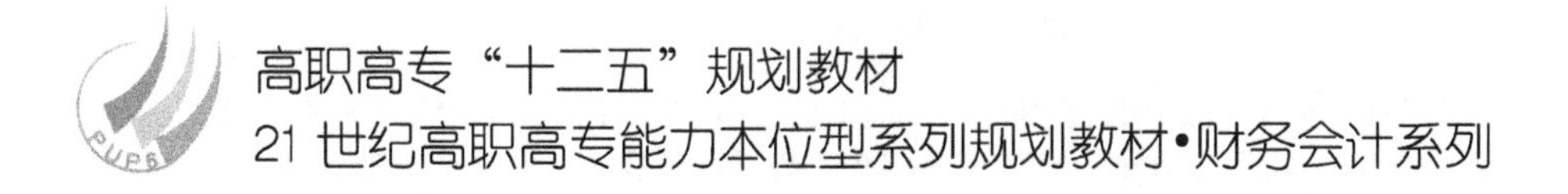

实用统计基础与案例

（第2版）

黄彬红◎主　编

石　露　单航英◎副主编

内 容 简 介

本书内容依据统计工作领域中的工作任务展开，共设置10个项目，每个项目均结合任务介绍了Excel在统计工作中的应用。项目1～项目3介绍统计的基本概念、统计调查及统计信息的整理，其中主要以全国第六次人口普查作为系统案例融入理论学习，注重与实践的结合；项目4～项目8主要介绍统计分析方法的内容；项目9主要介绍统计分析报告的撰写；项目10是统计综合实训，要求学生跟随教学进度，同步完成统计工作各阶段的典型任务，最后形成统计分析报告。本书列举了统计实务工作中的许多案例，突出技能操作性，通过任务引领、讲练结合、案例讲解、单项与综合实训结合等加强对学生技能的培养。

本书既可作为高职高专财务会计、经济贸易、财政金融等专业的教材，也可作为职业教育培训和从事统计工作人员的参考资料。

图书在版编目(CIP)数据

实用统计基础与案例/黄彬红主编. —2版. —北京：北京大学出版社，2016.8
（21世纪高职高专能力本位型系列规划教材·财务会计系列）
ISBN 978-7-301-27286-2

Ⅰ.①实…　Ⅱ.①黄…　Ⅲ.①统计学—高等职业教育—教材　Ⅳ.①C8

中国版本图书馆CIP数据核字（2016）第170069号

书　　名　实用统计基础与案例（第2版）
SHIYONG TONGJI JICHU YU ANLI（DI-ER BAN）
著作责任者　黄彬红　主编
策划编辑　蔡华兵
责任编辑　翟　源
标准书号　ISBN 978-7-301-27286-2
出版发行　北京大学出版社
地　　址　北京市海淀区成府路205号　100871
网　　址　http://www.pup.cn　新浪微博：@北京大学出版社
电子信箱　pup_6@163.com
电　　话　邮购部010-62752015　发行部010-62750672　编辑部010-62750667
印 刷 者　北京虎彩文化传播有限公司
经 销 者　新华书店
787毫米×1092毫米　16开本　17印张　401千字
2012年4月第1版
2016年8月第2版　2019年8月第3次印刷
定　　价　43.00元

第2版前言

高职高专的“高”从专业理论层面定义，就是强调智能性与技术性并重，能适应高新技术学习和创意研发的需要，能掌握必要的专业理论并了解前沿性专业成果。因此，高职教材建设应在这一理念指导下，遵循职业教育的教学规律，以真实职业（群）工作过程（作业流程）为教材设计主线，以工作领域中的工作任务为中心组织教材内容，提供与职业（群）岗位相同的实践活动场景，让学生在完成具体项目的过程中学会构建相关理论知识，掌握职业（群）岗位要求的统计调查与分析的技能和能力。

本书正是基于上述理念，通过统计岗位工作任务和职业能力分析，以职业活动为导向，围绕统计工作岗位所需的专业知识和职业能力进行编写。

关于本课程

统计分析方法在社会经济活动与管理分析中扮演着越来越重要的角色，学习并掌握统计理论及方法对解决经济和管理中的理论与实践问题具有重要意义。

统计基础是高职高专经济管理、财经贸易等专业的一门必修的基础技能课，也是会计专业的一门专业基础课程。通过对本课程的学习，学生应掌握对社会现象的数量方面进行搜集、整理和分析应用的一般理论知识和必备的技能，提高在定性分析基础上进行定量分析的能力，为今后从事会计工作或其他相关工作奠定基础。

关于本书

本书第1版运用系统案例从统计实用技术方面来阐述统计知识，是编者在多年从事高职统计学基础教学和科研实践的基础上编写的，是适用于高职高专经济管理、财经贸易等专业的案例型教材。

本书第1版自2012年4月出版以来，印刷多次，市场反应良好。本版教材是在第1版的基础上进行修订，全书编写具有以下4个方面特点：

（1）结合当前高职学生的现状，以岗位能力培养为核心，以基本素质和专业技能培养为主线，按能力培养的目的和要求来构建课程内容，并通过专业实践活动引领学生培养职业核心能力，使其具备较强的实践能力、方法能力和社会能力。

（2）运用“人口普查”作为系统先导案例，将教学内容贯穿于一个大主题，并通过这个主题，将统计学基础教学从最基本的概念到统计分析报告等复杂内容串联起来，使学生能够运用所学的理论知识去解决实际问题。开展系统案例教学使理论知识的学习有了丰富的背景铺垫，有助于学生实现对统计概念的深刻理解、统计方法的灵活运用。

（3）突出技能操作性。本书在编写过程中，本着“理论知识够用，实践技能过硬”的原则，尽量减少理论性的阐述，强化实际操作技能。全书共10个项目，前9个单项技能项目安排了相应的技能实践，而项目10则提供了3套方案专供学生锻炼统计综合技能，克服了同类教材中单项技能与综合技能脱节的弊端。

（4）汲取实际工作的新成果。本书选用的统计资料大都来源于实际生活，并尽量体现统计发展的新成果，如介绍新房价指数、CPI 计算中的翘尾因素等，还介绍了全国第六次人口普查调查和汇总过程中的大量实际操作资料。

如何使用本书

本书在教学过程中，需要加强 Excel 在各单项技能项目中的应用，使各项统计技能与计算机应用有机结合，融为一体，这样有助于学生掌握必备的统计资料收集、整理及量化分析的基本技能，以提高定量分析能力。

同时，本书结合典型的案例分析，引导并培养学生掌握统计资料搜集技能、统计资料加工整理表现技能、统计资料分析指标与统计分析方法技能、统计分析报告的撰写技能等统计基本技能，并能熟练运用以解决实际问题。

本书所附正太分布概率表、随机数字表请通过扫描二维码查阅及下载。

【下载附表】

本书由台州科技职业学院黄彬红担任主编，由台州科技职业学院石露和单航英担任副主编。本书在编写过程中，得到了浙江省台州市黄岩区第六次人口普查办公室和台州科技职业学院的大力支持，还参考和借鉴了同行的有关论著，在此对为本书编写和出版提供过帮助的人士一并表示衷心的感谢！

限于编者水平，加之编写时间也比较仓促，书中难免存在错误或不足之处，敬请广大同行及读者批评指正，以便进一步修改和完善。

编　者

2016 年 1 月

目　录

项目 1

认识统计工作和统计基本理论

先导案例

2010年，我国进行了第六次人口普查。此次普查的主要目的是查清10年来我国人口在数量、结构、分布和居住环境等方面的变化情况。

不过，有关专家曾透露，上海人口已经达到了2 300万左右，大大超出此前媒体常说的“上海总人口2 000万”。上海“两会”期间，专家曾表示，“去年11月份上海人口普查中，登记人口总数达到2 300万，其中户籍人口近1 400万，流动人口超过900万。”

专家介绍，2000年上海流动人口总量约为387万，10年后增加到900万。900万人中，如果按照其中20%～22%为居住半年以下流动人口计算，上海常住人口总量预计在2 100万左右。据此推算，2005—2010年6年间，上海每年新增常住人口达到60余万。

根据上海市统计局公布的2010年年鉴，2009年年末上海常住人口达到1 921.32万。

据介绍，2011年上海市统计局将全面完成人口普查的光电录入工作，加强数据评审，起草并发表人口普查公报；做好人口普查数据处理工作，编制人口普查汇编；组织开展人口普查先进集体和个人评比表彰工作。

此外，会议还透露，2011年，上海统计局将积极做好对低收入居民消费价格指数的编制工作，探索建立居民生活质量总体评价指标体系；同时，继续加强对价格与城乡居民增收形势的监测与分析，积极开展全市劳动就业形势变化动态分析等。

（资料来源：统计工作在上海市人口普查工作中的应用[OL]. 东方网，2011-02-22，有改动.）

【案例思考】

（1）第六次人口普查的目的是什么？

（2）案例中的统计数据是怎样获得的？

（3）除了入户调查收集资料外，人口普查后续工作还包括哪些？

任务提炼

统计在许多领域都有应用。通过对先导案例的分析，我们知道，在日常生活中，经常会接触各种统计数据，要正确阅读并理解这些数据，就需要具备一些统计学知识。理解并掌握一些统计学知识对大众来说是必要的，对政治家或制定政策的人来说更为重要。为此，我们应完成以下5个方面的任务：

（1）认识统计与统计学。

（2）理解统计学研究的对象及其应用领域。

（3）掌握统计的基本概念。

（4）掌握Excel在统计工作中的应用。

（5）统计技能实践。

任务1 认识统计与统计学

一、统计的含义

统计究竟是什么呢？由于统计一词具有多种交叉重叠的含义，所以很难给出一个简单的统计的定义。它可以是指统计数据的收集活动，即统计工作；也可以是指统计活动的结果，即统计数据资料；还可以是指分析数据的方法和技术，即统计学。例如，我们所学的课程——统计学原理，实际指的就是统计学。

二、统计学的含义

统计学是关于数据的科学，它所提供的是一套有关数据收集、整理、分析、解释，并从数据中得出结论的方法，统计学研究的是来自各领域的数据。

数据（data）是一个英文复数名词，很少使用其单数形式，这表明数据不是指单个的数字，而是由多个数据构成的数据集。随着社会经济情况日趋复杂，数据越来越受重视，数据分析已经成为科学判断的重要基础。统计学是一套自成体系的数据收集、整理和分析方法。

统计工作流程可总结为如图 1.1 所示的几个环节。

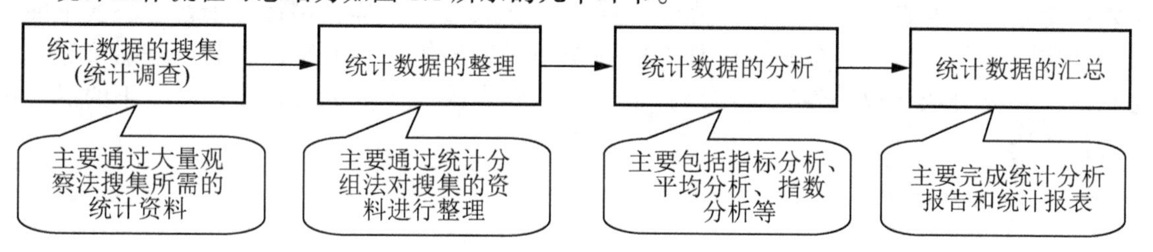

图 1.1　统计工作流程

统计数据的收集就是取得统计数据的过程。例如，从 2010 年 11 月 1 日 0 时起，在此前的普查员入户摸底和整顿过程所收集的资料的基础上，全国 600 多万名普查员和普查指导员走进 4 亿多户住户，查清、查实全国人口状况。这一过程就是第六次全国人口普查收集数据的过程。

统计整理就是对统计数据的加工处理过程，就是将数据用图表等形式展示出来。例如，先导案例中的“2011 年上海市统计局将全面完成人口普查的光电录入工作……做好人口普查数据处理工作，编制人口普查汇编”等工作就属于统计整理。

数据分析是指选择适当的统计方法研究数据，并从数据中提取有用信息进而得出结论。例如，先导案例中的“继续加强对价格与城乡居民增收形势的监测与分析，积极开展全市劳动就业形势变化动态分析等”就属于统计分析。统计分析是统计学的核心内容，它是通过统计描述和统计推断的方法探索数据内在规律的过程。

1．描述统计的含义

描述统计是指为了更清晰地表述数据而对数据进行整理和汇总。许多研究项目是从信息积累开始的，只有把这些积累的信息用合理的方法整理后，才能在解释时不发生难以理解的情况。这种整理通常包括把数据编排在表格里，或把数据以图的形式表示出来。然后，通过给出平均数或百分比等度量值，以帮助汇总和简缩数据。

典型案例 1-1

20 世纪早期，哥本哈根卡尔堡实验室的 J. 施米特发现，不同地区所捕获的同种鱼类的脊椎骨和鳃腺的数量有很大不同，甚至在同一海湾内不同地点所捕获的同种鱼类，也有这样的倾向。然而，鳗鱼的脊椎骨数量变化不大。施米特在从欧洲各地、冰岛、亚速尔群岛以及尼罗河等几乎分离的海域里所捕获的鳗鱼样本中，通过计算发现了几乎一样的均值和标准差。由此，施米特推断所有来自各个不同海域的鳗鱼是由某公共场所繁殖的，后来名为“戴纳”的科学考察船在一次远征中发现了这个场所。

总之，描述统计研究的是数据收集、处理、汇总、图表描述、概括与分析等统计方法。后面任务中，我们将更详细地介绍统计的各项技术。

2．推断统计的含义

统计的一种有效应用就是在信息不完整的情况下帮助人们制定决策。从一个较大的群体抽取其中较小一部分的信息来对这个群体的行为做出任何种类的判断或预测，称为推断。推断统计就是根据从总体中所抽取的样本所包含的有限的数量信息，对总体做出决策或估计。也就是说，推断统计常利用较小群体的数据来推论其所在的较大群体的特征。例如，第六次全国人口普查中，各省、自治区、直辖市按10%的抽样比例在每个普查小区中抽取长表调查住户组，以这些住户的特征来推断全国人口的住房、工作、职业、婚姻状况、生育状况、身体健康状况等特征。在统计上，这个较大的群体被称为总体，而较小的群体被称为样本。

知识链接 1-1

人口抽样调查

人口抽样调查是人口统计工作的一种重要方法，指按随机原则从所研究的人口总体中抽取一部分单位作为样本，并根据所得的数据推断总体相应各项指标值的一种非全面调查。

1）人口抽样调查的特点

（1）人口抽样调查只调查被抽取的一部分单位。

（2）调查目的是推断人口总体，因此，必须抽选足够的单位数以达到一定的可靠性和精确度。

（3）抽取的方式必须是随机的，总体中的各单位都有相同的被抽取的机会。

2）人口抽样调查的主要形式

（1）用于专项人口调查，如妇女生育率抽样调查、老年人口抽样调查等。

（2）用于定期人口抽样调查，如人口变动情况抽样调查。

（3）用于两次人口普查间的简易人口普查，即在两次人口普查期间，会加插一次全国1%人口抽样调查，如在2005年进行的全国1%人口抽样调查。

（4）用于人口普查中对部分项目使用抽样方法进行调查以及提前汇总部分人口普查资料。

（5）用于检验人口普查登记质量等。

总之，统计学是帮助人们理解周围世界的工具，这是通过整理收集到的数据实现的，而且还可以据此做出特定的推断，即怎样将这些数据的特征应用到新的情况之中。描述统计和推断统计可以一起发挥作用，至于使用哪一种、何时使用取决于统计人员想要得到的结果。

任务2　理解统计学研究的对象及其应用领域

一、统计学研究的对象

统计学研究的是来自各领域的数据，通过解决其他领域的问题而存在和发展。按美国坝工专家L. J. 萨维奇的说法，“统计学基本上是寄生的，通过研究其他领域内的工作而生存。这并不是对统计学的轻视，对很多寄主来说，如果没有寄生虫就会死。因此，如果没有统计学，人类奋斗的很多领域虽然不会死亡，但一定会变得很弱。”简单看来统计似乎被边缘化了，实际上这也正说明了统计在各学科领域的独特地位和作用。

总之，统计学研究的是数据，提供的是一套通用于所有学科领域的获取数据、分析数据并从数据中得出结论的原则和方法。

二、统计的应用领域

如果让你说出哪些领域不使用统计，你会感到很困难，因为几乎找不到一个不用统计的领域；如果让你说出哪些领域使用统计，你同样也会觉得很困难，因为几乎所有的领域都使用统计。下面将举例说明统计学在商务和经济中的应用。

1．会计

会计师事务所在对其客户进行审计时要使用统计抽样程序。例如，假设一个事务所想确定列示在客户资产负债表上的应收账款金额是否真实地反映了应收账款的实际金额。通常，应收账款的数量非常大，查看和验证每一账户都要花费大量的时间和费用。在这种情况下，一般的做法是：审计人员从账户中选择一部分应收账款作为样本，在查看样本账户的准确性后，审计师得出有关列示在客户资产负债表上的应收账款金额是否可以接受的结论。

典型案例 1-2

约翰·耐特在他的教科书《统计学：走向未知的指南》中阐述了对乞沙比克市和俄亥俄州铁路长达 6 个月的研究。研究表明，在不消耗大量时间、对大约两万份运货单进行清点的情况下，一个巧妙设计的、大约含有 2 000 份运货单的抽样程序事实上得出了与该铁路的相同收入。其确切数字如下。

完全总体：22 984 份运货单。

乞沙比克市和俄亥俄州铁路的实际收入为 64 651 美元。

样本：2 072 份运货单。

乞沙比克市和俄亥俄州铁路收入的估计值为 64 568 美元。

在此案例中，相较于对所有数据进行全面检查，样本分析花费的时间和费用更少，而实际上所得的估计收入与全面核算的结果却相差不大，其误差的补偿也比进行全面分析的成本要小得多。需要指出的是，案例中的总体是所有 22 984 份运货单，而用于估计收入的样本实际上只有 2 072 份。此项研究仅是运用随机抽样进行审计的例子，这方面的工作是受过统计训练的会计人员的专长。

2．财务分析

上市公司的财务数据是股民进行投资选择的重要参考依据。财务顾问利用各种各样的统计信息进行投资指导。在股票市场中，财务顾问综合了包括市盈率和股息等方面的财务数据，通过对比单只股票和股票市场平均状况的信息，就可以得出某一只股票其价值高估还是低估的结论。例如，假设道·琼斯 30 种工业股票平均市盈率是 16.5，X 公司的市盈率为 11.8。这种情况下，关于市盈率的统计信息表明，与其盈余相比，X 公司的股价比道琼斯股票平均数低。财务顾问从而可能得出 X 公司股票当前正处于下跌时期的结论。这一信息与其他 X 公司的信息将帮助财务顾问做出是买、是卖还是持股的建议。

3. 市场营销

企业要在激烈的市场竞争中取得优势，首先必须了解市场。要了解市场，则需要做广泛的市场调查，取得所需的信息，并对这些信息进行科学的分析，以作为生产和营销的依据，这些都需要统计的支持，如零售付款机的电子扫描仪正是用于收集各种市场调研用的数据。一些数据供应商，从商店购买 POS 扫描数据，经过加工处理，做出统计汇总后再出售给制造商，制造商为取得此类数据需支付不少资金。制造商也购买如特价销售等促销活动的数据和统计研究报告。产品品牌管理人员通过分析扫描资料和促销活动统计资料，能更好地理解促销活动和销售额之间的关系。这样的分析对制定各种产品未来的市场营销战略大有裨益。

4. 企业发展战略

发展战略是一个企业的长远发展方向。制定发展战略，一方面需要及时了解和把握整个宏观经济的状况及发展趋势，了解市场的变化；另一方面，还要对企业进行合理的市场定位，把握企业自身的优势和劣势。所有这些都离不开统计，需要统计提供可靠的数据，利用统计方法对数据进行科学的分析和预测。

5. 产品质量管理

现在已进入了重视质量的时代，因此，质量管理是统计学在生产中的一项重要应用。各种统计质量控制图已被广泛应用于监测生产过程。例如，在一些知名的跨国公司，6σ准则已成为一种重要的管理理念。因为实行了 6σ 质量标准，摩托罗拉公司在 3 年中节省的资金超过了 9.4 亿美元。

知识链接 1-2

6σ质量管理方法

6σ质量管理法是一种统计评估法，其核心是追求零缺陷生产、防范产品责任风险、降低成本、提高生产率和市场占有率、提高顾客满意度和忠诚度。6σ管理既着眼于产品、服务质量，又关注过程的改进。“σ”是希腊文的一个字母，在统计学上用来表示标准偏差值，用以描述总体中的个体离均值的偏离程度，测量出的σ表征着如单位缺陷、百万缺陷或错误的概率性。σ值越大，缺陷或错误就越少。6σ是一个目标，这一质量水平意味着所有的过程和结果中，99.999 66%是无缺陷的，也就是说，做 100 万件事情，其中只有 3.4 件是有缺陷的，这几乎趋近于人类能够达到的最为完美的境界。6σ 管理关注过程，特别是企业为市场和顾客提供价值的核心过程。因为过程能力用σ来度量后，σ越大，过程的波动就越小，过程以最低的成本损失、最短的时间周期满足顾客要求的能力就越强。6σ理论认为，大多数企业在3σ～4σ运转，也就是说每百万次操作失误在 6 210～66 800 次，这些缺陷要求经营者以销售额 15%～30%的资金进行事后的弥补或修正；而如果做到 6σ，事后弥补的资金将降低到约为销售额的 5%。

6. 经济预测

人们经常要求经济学家对未来的经济或其某一方面的发展做出预测。他们在预测时便会需要用到各种统计信息。例如，在预测通货膨胀率时，经济学家会利用如生产者价格指数、失业率、制造业开工率等指标的统计信息。这些指标经常要被输入预测通货膨胀率的计算预测模型中。

以上阐述可使我们对统计学的广泛应用有一个大致的了解。但统计不是万能的，它不能解决人们所面临的所有问题。统计可以帮助人们分析数据，并从数据中得出某种结论，但对结论的进一步解释则需要具备一定的专业知识。例如，吸烟会使患肺癌的概率增大，这是一个统计结论，但要解释吸烟为什么能引起肺癌，这就不是统计学家所能解释的，则需要具备更多的医学知识。

任务3 掌握统计的基本概念

一、统计总体和总体单位

统计总体简称总体，是由许多客观存在的、同质的个别单位结合起来的整体。构成总体的这些个别单位称为总体单位。例如，第六次全国人口普查的主要目的是查清十年来我国人口在数量、结构、分布和居住环境等方面的变化情况，则普查标准时点所有在中华人民共和国境内的自然人以及在中华人民共和国境外但未定居的中国公民就是一个统计总体，每一个中国公民就是一个总体单位。

总体范围的确定有时比较容易，但有些场合则比较困难。例如，对于新推出的一种饮料，要想知道消费者是否喜欢，首先必须清楚哪些人是消费的对象，也就是要确定构成该饮料的消费者这一总体。但事实上，哪些消费者消费该饮料是很难确定的，总体范围的确定十分复杂。当总体的范围难以确定时，可根据研究目的来定义总体。

总体可分为有限总体和无限总体。总体中包含的单位数是有限的，称为有限总体，如人口数、企业数等。总体所包含的单位数是无限的，称为无限总体，如连续生产的某种产品的生产数量、大海里的鱼资源等。对有限总体可以进行全面调查，也可以进行非全面调查。但对于无限总体，只能抽取一部分单位进行非全面调查，并据以推断总体。

二、标志与变量

1．标志

标志是说明总体单位属性或特征的名称，在统计调查时也常称为调查项目。统计中的标志可分为数量标志和品质标志两种。

（1）数量标志。数量标志就是用来反映总体单位数量特征的标志，如第六次人口普查调查表中的离开户口登记地时间、15～64周岁妇女生育的子女数等。数量标志的表现形式均为数字形式。

（2）品质标志。品质标志就是用来反映总体单位属性特征的标志，如第六次人口普查调查表中的性别、与户主的关系、民族、普查时点居住地、户口登记地、离开户口登记地原因等。品质标志的表现形式一般为文字形式。需要注意的是，有些事物的属性特征为了便于或适应计算机汇总整理等需要则采用了代码的方式，如人口普查时，把男性赋值为1，把女性赋值为2，这时仍应认为“性别”是品质标志。

把标志区分为数量标志与品质标志，可便于安排它们的表格设计形式，以及调查时确定对方的回答形式等，也可事先安排统计汇总整理和分析等的形式。

注意：标志只是说明总体单位与属性的名称，其具体表现的属性或数量是标志表现，而数量标志的标志表现称为标志值。

2．变量

1）变量的概念

根据总体单位的标志表现是否相同，可以把标志分为不变标志和可变标志。可变标志既有数量标志也有品质标志。一般把可变的数量标志称为变量。由于变量本身是标志，所以其也是一个反映总体单位特征的名称，变量所表现的具体数值称为变量值。例如，“离开户口登记地时间”的具体表现为0、0.5年以下、0.5～1年等，这些都是变量值，而“离开户口登记地时间”是变量。

2）变量的种类

变量按是否连续可分为连续型变量与离散型变量两种，两者的区别如下所述。

（1）连续型变量的数值是连续不断的，相邻两个数值可作无限分割，一般表现为小数，如人的身高、体重等。离散型变量的变量值是间断的。例如，企业个数、职工人数、设备台数等为离散型变量，都只能取整数，不可能有小数。

（2）离散型变量只能取整数，而连续型变量既可以取整数又可以取小数。这是区别、判断连续型变量与离散型变量的方法。

三、统计指标和指标体系

1．统计指标的概念

统计指标是反映总体数量特征的概念和具体数值。一个名称（概念）加上具体的数值，用来反映总体在一定时间、地点、条件下的数量特征时就是统计指标（简称指标），如全国人口普查中全国人口数、人口平均年龄等。

统计人员通过实际调查取得了反映个体单位的标志表现，再对这些标志表现加以综合就形成了相应的指标。尽管品质标志的标志表现不是数量，但通过对其出现次数的累计也可获得反映总体单位数的统计指标。例如，全国人口普查中，每个人的性别是品质标志，但汇总出的全国的男性或女性的总人数就是统计指标。数量标志的标志表现是数值，对这些数值进行综合就可以得出反映总体标志总量的统计指标，当然也可获得总体单位数的指标。

2．统计指标的种类

指标按其所反映总体的内容不同，可分为数量指标和质量指标。

（1）数量指标是反映现象总规模和总水平的统计指标，用绝对数表示，如全国人口普查中的全国人口总数、接受大学（大专以上）教育的人数、居住在城镇的人口数等。数量指标就是后面章节介绍的总量指标。

（2）质量指标是反映现象总体相对水平或平均水平的统计指标，如全国人口普查中女性占总人口的比重、性别比、平均每个家庭户的人口数等，是总量指标的派生指标，用相对数或平均数表示。质量指标常常用来反映经济现象的内部结构、比例、发展程度、现象的一般水平、工作质量等。质量指标就是后面章节介绍的相对指标或平均指标。

数量指标可以通过对调查所得的标志表现直接汇总得来，而质量指标却没有这个特征，它一般是两个数量指标相比求商得到的。如果一个统计指标是两个指标相比求商得到，那它就是质量指标，否则就是数量指标。这是实际区别数量指标和质量指标的通俗方法。

3．指标和标志的关系

1）指标与标志的区别

（1）标志是说明总体单位特征的，而指标是说明总体特征的。例如，全国人口普查中，一个人的年龄是标志，而全国平均年龄就是指标。

（2）标志有不能用数值表示的品质标志和用数值表示的数量标志两种，而指标无论是数量指标还是质量指标，都是用数值表示的。

2）指标与标志的主要联系

（1）统计指标的数值多是由数量标志值综合汇总得来的。由于指标和标志的这种综合汇总关系，所以有些统计指标的名称与标志是一样的，如工业总产值。

（2）标志和指标之间存在相互转换关系。研究对象不同、总体和总体单位发生变化，相应的标志和指标也会发生转换。

4．统计指标体系

由于现象具有复杂多样性，各种现象之间相互联系的性质只用个别统计指标来反映是不够的，所以需要采用一系列统计指标，构成统计指标体系，从不同的侧面反映总体的数量特征。统计指标体系就是由一系列相互联系的指标所构成的整体，用以研究现象各方面相互依存和相互制约的关系。

知识链接 1-3

“全国人民小康生活水平”指标体系

20 世纪 90 年代中期，国家统计局会同国家计划委员会（现为国家发展和改革委员会）和农业部制订了《全国人民小康生活水平的基本标准》《全国农村小康生活水平的基本标准》和《全国城镇小康生活水平的基本标准》3 套标准，作为衡量全国人民小康生活水平实现程度的尺度。

全国标准是作为全国人民小康生活的统一标准来设计的，是测量全国人民小康生活水平的一个基本标准，包括 5 个方面共 16 项指标。第一类为经济发展水平，由人均国内生产总值 1 项指标组成；第二类为物质生活水平，由城镇人均可支配收入、农民人均纯收入、城镇人均居住使用面积、农村居民人均钢筋砖木结构住房面积、人均蛋白质日摄入量、城市居民每万人拥有铺装道路面积、农村通公路的行政村比重、恩格尔系数 8 项指标组成；第三类为人口素质，由成人识字率、人均预期寿命和婴儿死亡率 3 项指标组成；第四类为精神生活，由教育娱乐支出比重和电视机普及率 2 项指标组成；第五类为生活环境，由森林覆盖率和农村初级卫生保健基本合格县的百分比 2 项指标组成。

城镇标准由经济水平、物质生活、人口素质、精神生活和生活环境与社会保障 5 个部分组成，共包括 12 项指标；农村标准由收入水平、物质生活、人口素质、精神生活、生活环境和社会保障与安全 6 个部分组成，共包括 16 项指标。

对每一指标确定一个数量临界值，达到或超过此值就认为该指标达到小康水平。指标权重是指其在整个指标体系中占据的重要程度，如经济水平、物质生活、人口素质、精神生活和生活环境 5 个方面的权重分别是 14%、48%、14%、10%和 14%。其中，物质生活权重最大，它是人民生活水平的核心部分。总体实现程度为各指标实现程度与其权重乘积之和。

（资料来源：http://www.money.163.com/editor/stock_online/021120_115502.html.）

指标体系一般有如下两种类型：

（1）数学等式联系的指标体系，如“商品销售额＝商品销售量×销售价格”等。

（2）框架式指标体系是由一系列平行的指标构成的一个整体，如“全国人民小康生活水平”指标体系。

任务4　掌握 Excel 在统计中的应用

一、建立工作簿

建立 Excel 工作簿的步骤如图 1.2 所示。在某一个文件夹空白处右击，就会出现一个快捷菜单，执行“新建”菜单中的“新建 Microsoft Excel 工作表”命令后，则会出现 Excel 文件图标。

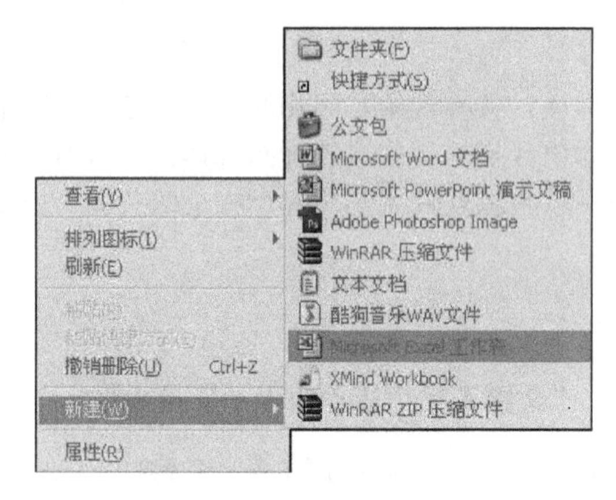

图 1.2　建立 Excel 工作簿

文件夹如出现图标，表明一个 Excel 工作簿已经建立。Excel 工作簿的级别相当于一个 Word 文件，也就是 Excel 文件。双击该图标，便可打开这个工作簿，也就打开了一个工作表，如图 1.3 所示。

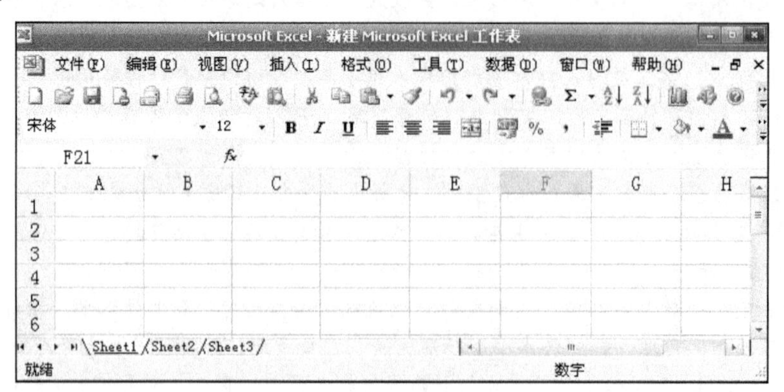

图 1.3　打开的工作表

工作表由许多小格子构成，这些小格子叫单元格，每一个单元格都是相对独立的。在每一个单元格中，可以输入文字，也可以输入数字；每一个单元格，既可以储存文字和数字，也可以进行数字间的各种运算，其数字运算的功能特别强大，这也正是 Excel 能够成为统计运算工具的原因所在。

在 Excel 工作表中，最左端的号码是行代码，用 1、2、3…表示，如图 1.3 左侧所示；上端的字母是列代码，用 A、B、C…表示，如图 1.3 上端所示。每一个单元格也可以用相应的代码表示，如 A2 表示第 A 列与第 2 行相交的单元格，B5 表示第 B 列与第 5 行相交的单元格。

注意：Excel 是 Microsoft Office 的一个组成部分，是计算机中最常用的电子表格软件之一。它能够进行统计运算、统计整理和统计分析，完全能满足非统计专业人员从事统计工作的需要。考虑到软件的普及程度，为方便教学，本书选用 Excel 电子表格软件作为教学软件。

二、增减工作表

一般来说，一个 Excel 工作簿中自带 3 个工作表：Sheet1、Sheet2 和 Sheet3，如图 1.3 左下方所示。不同的操作内容可以存入不同的工作表中。当具有独立体系的操作内容太多时，就需要增加工作表；若原有的内容过于陈旧或新增内容有错时，则需要删减工作表。

（1）增加工作表。单击如图 1.4 所示的工作表菜单栏中的“插入”菜单，执行“工作表”命令。此时，工作表的左下角就会出现一个“Sheet4”，表明工作表 Sheet4 已被插入，如图 1.5 所示。

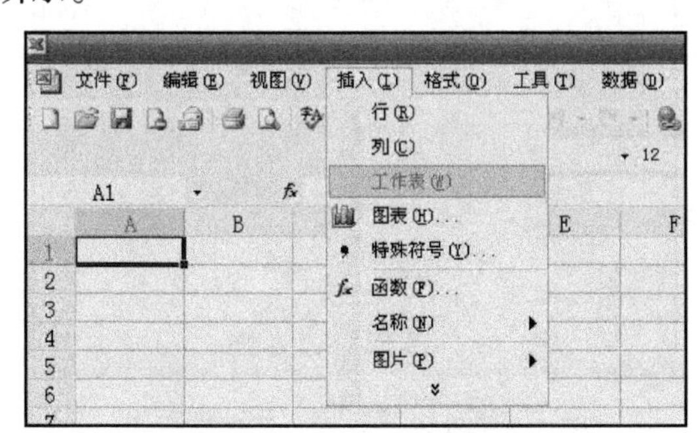

图 1.4 插入工作表的操作过程

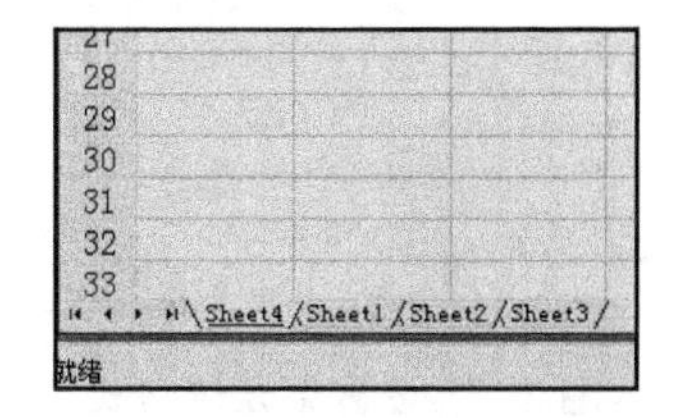

图 1.5 插入的新工作表（Sheet4）

（2）删减工作表。若要删掉工作表 Sheet4，则在“Sheet4”处单击鼠标右键，在弹出的快捷菜单中执行“删除”命令即可，如图 1.6 所示。

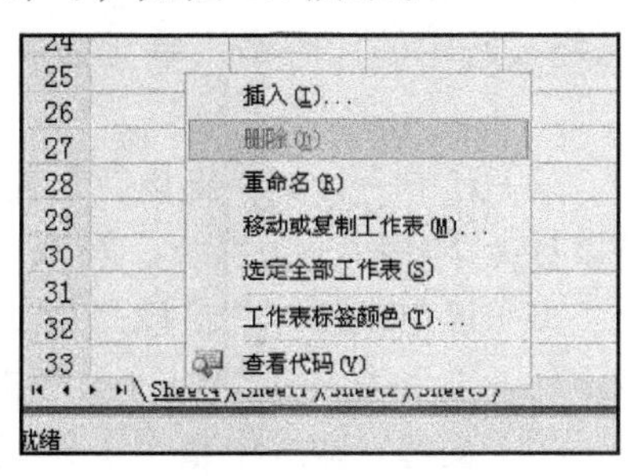

图 1.6 删除工作表 Sheet4

在图 1.6 所示的菜单中，还可以执行“重命名”“移动或复制工作表”“选定全部工作表”等命令；“插入”即增加工作表，较前文所述方式更为快捷。

三、录入资料

利用 Excel 对资料进行操作，首先要把资料录入到工作表中。录入资料的过程，就是建立原始数据库的过程。

（1）录入文字。例如，录入表格名称、指标名称、分组组别、必要的说明等，都需要有文字录入。使用自己熟悉的输入法录入即可，其相关操作与 Word 文档的操作基本相同。

（2）录入数字。一个独立的数字应该占用一个单元格，以便于将来的运算操作。每个单元格中的数字，都可以选择不同的表现形式。常用的表现形式有常规、数值、货币、会计专用、日期、时间、百分比等。常规是指在单元格中直接录入的形式，如“369”；货币形式如“￥268”；百分比形式如“99.9%”。

单元格内的数字形式设置方法如图 1.7 所示，右击要设置的单元格，在弹出的菜单中执行“设置单元格格式”命令，弹出“单元格格式”对话框，如图 1.8 所示，在“数字”选项卡中进行相应的设置后，单击【确定】按钮即可。

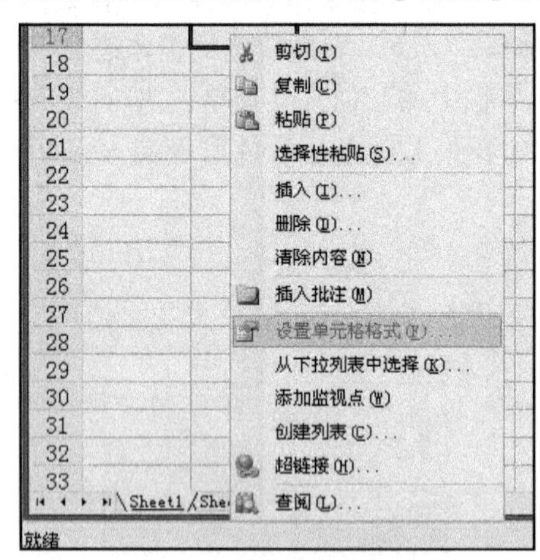

图 1.7　设置单元格格式

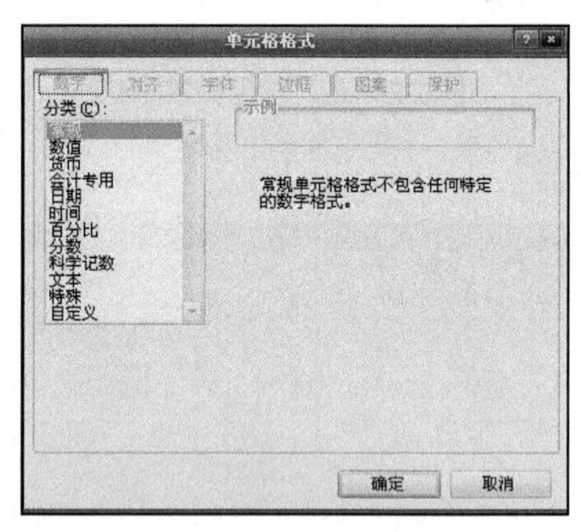

图 1.8　设置“常规”等数字形式

四、选中内容

要对文字或数字进行修改等操作，首先要选中这些文字或数字。

（1）选中一个单元格。单元格被选中的标志是该单元格的四周有黑框，如图 1.9 所示的 C11 单元格。

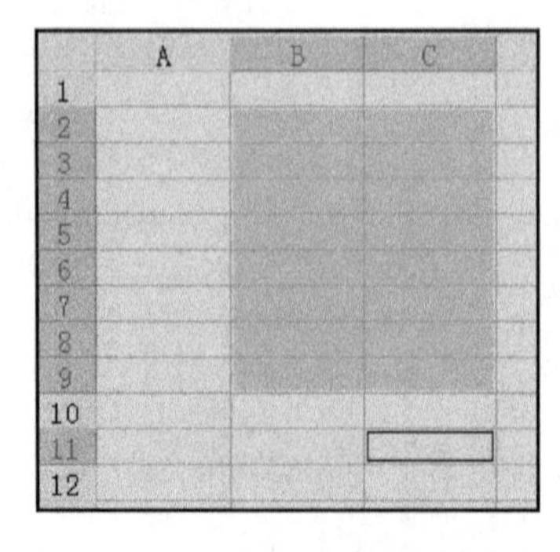

图 1.9　选中的单元格与区域

（2）选中一行。单击该行最左端的行代码。行被选中的标志是该行上下各有一条黑线，黑线中间呈浅蓝色。

（3）选中一列。单击该列最上端的列代码。列被选中的标志是该列左右各有一条黑线，黑线中间呈浅蓝色。

（4）全选，即选中整个工作表。单击该工作表的左上角，即第 1 行之上与第 A 列左侧的交叉点处。整个工作表被选中的标志是该工作表全部呈浅蓝色。

（5）选中一个区域。按住鼠标从该区域的左上角往右、往下拖动，直到整个区域选完后再放开鼠标。区域被选中的标志是该区域四周有黑框，黑线中间呈浅蓝色，如图 1.9 所示的 B2:C9。

五、修改工作表

1．对单元格内容进行修改

（1）删除整个单元格的内容。选中要删除的单元格，按 Delete 键。

（2）替换整个单元格的内容。选中要替换的单元格，然后录入新内容，录完后再单击其他单元格。

（3）修改单元格中的部分内容。选中要修改的单元格，此时，该单元格中的内容就会显示在工作表上端的“编辑栏”，即“=”后面的空白行中，单击编辑栏中要修改的部位，进行相应的修改操作即可。也可双击单元格，直接在单元格内进行编辑。

2．插入行或列

（1）插入行。如果要在第 3 行前插入一行，那么选中第 3 行，单击菜单栏中的“插入”菜单，执行“行”命令即可。

（2）插入列。如果要在第 C 行前插入一列，那么选中第 C 行，单击菜单栏中的“插入”菜单，执行“列”命令即可。

3．删除行或列

（1）删除行。如果要删除第 2 行，则先选中第 2 行，单击菜单栏中的“编辑”菜单，执行“删除”命令即可。

（2）删除列。如果要删除第 B 行，则先选中第 B 行，单击菜单栏中的“编辑”菜单，执行“删除”命令即可。

4．给工作表命名

系统中默认的工作表名称为 Sheet1、Sheet2、Sheet3，但当工作表较多或较长时间不用时，就会很难记得清楚各工作表中的内容，所以需要给工作表重新命名。例如，把 Sheet1 更名为“村财务收支情况”：在工作表左下方的“Sheet1”处单击鼠标右键，在弹出的菜单中执行“重命名”命令，录入“村财务收支情况”即可。

六、保存数据

如果不进行保存，那么遇到突然断电或进行了有误操作，以上操作就会失效，所以我们需要养成随时保存数据的好习惯。

（1）平时保存。单击工具栏中的【保存】按钮，或按“Ctrl+S”组合键即可对文件进行保存。菜单栏中也有“保存”命令。

（2）另存为。拟将 Excel 文件另存为其他文件，可单击“文件”菜单，执行“另存为”命令，则会弹出如图 1.10 所示的“另存为”对话框。在“保存位置”下拉列表中确定存放的位置，如 D 盘；在“文件名”文本框中录入需要命名的工作簿名称，如“学生成绩情况”，单击“保存”按钮即可。如未按本任务所述步骤先建立 Excel 文件，而是直接从开始菜单中打开 Excel 软件，则执行“保存”命令时也会弹出“另存为”对话框。

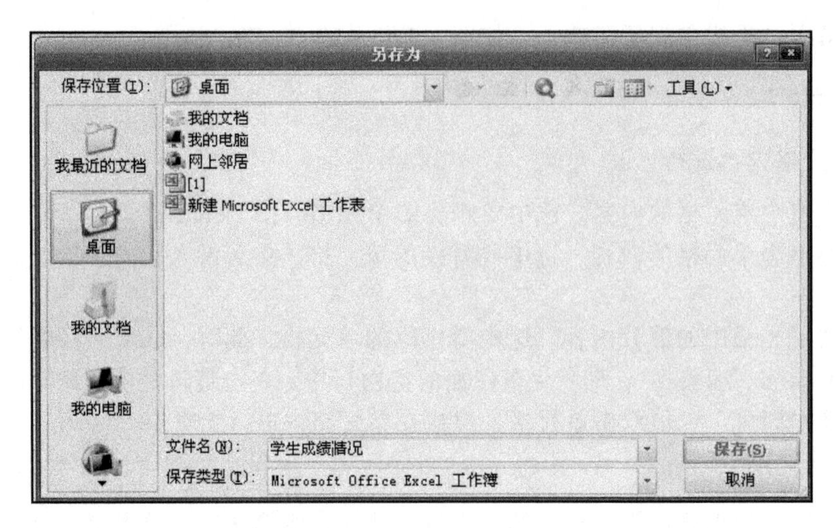

图 1.10 “另存为”对话框

任务 5 统计技能实践

一、基本技能概述

1．统计基本概念的理解能力

（1）正确区分统计总体和个体。

（2）正确区分数量标志与品质标志，关键看其能否表现为数字。注意，编码仍为品质标志。

（3）正确区分离散变量与连续变量。不可能出现小数者为离散变量，否则就是连续变量。但这里需要注意，在判断“是否可以出现小数时”，要把计量单位变为最小基本单位后再进行判断。例如，职工人数用“万人”表示时可以有小数，但职工人数仍为离散型变量或指标。

（4）正确区分数量指标和质量指标。如果一个统计指标是由两个指标相比求商得到，那么它就是质量指标，否则就是数量指标。这是实际区别数量指标和质量指标的通俗方法。

2．Excel 的基本操作能力

（1）建立工作表。

（2）增减工作表，也包括重命名、移动或复制工作表等能力。

（3）资料录入，包括录入文字和录入数字，也包括数字录入的各种形式：常规形式、百分比形式、货币形式、会计专用形式、分数形式、科学记数形式、特殊形式、自定义形式等。

（4）资料的选中，包括选中一个单元格、选中一行或一列、选中一个区域和全选。

（5）对工作表进行修改，包括对单元格中的内容进行修改、插入行或列、删除行或列、给工作表命名等。

（6）资料的保存。

二、技能实训材料

1．统计基本概念的分类和鉴别

1）离散型指标和连续型指标的鉴别

（1）实训材料。某地统计年鉴中所涉及的有关经济指标如下：①年末总人口数（人）；②年平均人口；③城镇私营和个体从业人数（人）；④行政区域土地面积（平方千米）；⑤地区生产总值；⑥水果产量（吨）；⑦内资工业企业数（个）；⑧外商投资企业从业人员年平均人数；⑨外商投资企业利润总额（万元）；⑩私人民用汽车拥有量（辆）；⑪外商直接投资当年新签项目（合同）数（个）；⑫商品房屋销售面积（万平方米）；⑬中等职业教育学校数（所）；⑭初中毕业生升学率（%）；⑮公共图书馆图书总藏量（册）；⑯在岗职工工资总额；⑰年末实有公共汽（电）车营运车辆数（辆）；⑱环境污染治理投资总额（元）；⑲全社会第一产业从业人员（万人）；⑳农村每百户居民家庭拥有家用电脑数（台）；㉑农村居民人均纯收入（元）；㉒农村居民人均食品消费支出（元）；㉓国内旅游人数；㉔国内旅游总收入（元）等。

（2）实训要求：将以上指标分为离散型指标和连续型指标，并填入表 1-1（只需写上代码）。正确区分离散型指标和连续型指标的方法类似于离散型变量和连续型变量。

表 1-1　实训一

离散型指标	
连续型指标	

2）数量指标和质量指标的鉴别

（1）实训材料。某企业汇总报表时涉及的有关指标如下：①职工人数；②工资总额；③劳动生产率；④单位产品成本；⑤设备利用率；⑥设备台数；⑦原材料利用率；⑧主要产品产量；⑨工业增加值；⑩新产品数量；⑪单位产品工时消耗量；⑫废品量；⑬利润额；⑭原煤产量；⑮营业收入；⑯单位价格；⑰产量计划完成百分比；⑱人均收入；⑲用电总量；⑳本科以上学历人员总数。

（2）实训要求：将以上指标分为数量指标和质量指标，并填入表 1-2（只需写上代码）。

表 1-2　实训二

数量指标	
质量指标	

3）统计基本概念的综合鉴别

（1）实训材料：某高职学校为了掌握学生的基本情况，对该院全部学生进行了调查。调查资料显示，全校在校学生 4 831 名，男生 2 256 名，女生 2 575 名；学生来自不同地区，有 11 名畲族学生，1 名回族学生，其余均为汉族学生；全院学生中年龄最大的为 24 岁，最小的为 16 岁，平均年龄 20 岁。

（2）实训要求：根据上述材料，分析回答以下问题。

① 调查的总体和总体单位是什么？

② 材料中出现的标志有哪些？并指出其类型。

③ 材料中有没出现变量？若有，其属于哪一类？

④ 材料中出现的指标是什么？是数量指标还是质量指标？

2．Excel 的基本操作

（1）实训材料：浙江省宁波市鄞州区历次人口普查各种职业人口情况见表 1-3。

表 1-3　鄞州区历次人口普查各种职业人口情况

职业类别	1982 年		1990 年		2000 年	
	合计	其中：女	合计	其中：女	合计	其中：女
总　计	414 577	183 230	451 483	200 363	53 198	22 801
国家机关、党群组织、企事业单位负责人/人	7 615	659	11 070	854	1 274	98
比重	1.8%	0.4%	2.5%	0.4%	2.4%	0.4%
专业技术人员/人	16 694	7 201	21 509	11 397	2 364	1 463
比重	4%	3.9%	4.8%	5.7%	4.4%	6.4%
办事人员和有关人员/人	1 935	429	4 343	1 116	1 990	479
比重	0.5%	0.2%	1%	0.6%	3.7%	2.1%
商业、服务人员/人	22 804	6 942	46 267	18 031	8 806	4 257
比重	5.5%	3.8%	10.2%	9%	16.6%	18.7%
农林牧渔水利人员/人	182 723	52 816	157 352	46 155	9 620	2 676
比重	44.1%	28.8%	34.9%	23%	18.1%	11.8%
生产、运输设备操作人员及有关人员/人	182 556	115 152	210 896	122 797	29 141	13 825
比重	44%	62.9%	46.7%	61.3%	54.8%	60.6%
不便分类的其他从业人员/人	250	31	46	13	3	3
比重	0.1%	—	—	—	—	—

注：2000 年系 10%抽样调查。

（资料来源：2009 鄞州区统计年鉴.）

（2）实训要求：本次操作的结果应该保存，以备后用。

① 建立一个工作簿，其名称为“鄞州区历次人口普查各种职业人口情况”。

② 将表 1-1 中的资料全部录入到工作表 Sheet1 中，并将 Sheet1 改名为“鄞州区历次人口普查各种职业人口情况”。

③ 先在 D 盘的根目录下建立一个自己的文件夹，再把该资料保存到自己的文件夹中。

业务训练题

一、单项选择题

1. 要了解某校学生的学习情况，则总体是（　　），总体单位是（　　）。
   A．该校全体学生　　B．该校每一名学生
   C．该校全体学生的学习成绩　　D．该校每一名学生的学习成绩
2. 下列总体中，属于无限总体的是（　　）。
   A．全国人口总数　　B．全国企业总数　　C．全国汽车总数　　D．全国动物总数
3. 下列标志中，属于品质标志的是（　　）。
   A．教师的课时　　B．教师的教龄　　C．教师的职称　　D．教师的工资
4. 下列标志中，属于数量标志的是（　　）。
   A．学生的年龄　　B．学生的性别　　C．学生的专业　　D．学生的籍贯

5. 某班 50 名学生来自不同地区，其中，一名畲族，其余均为汉族；男、女生的平均身高分别为 1.72 米和 1.58 米，则不变标志是（　　）。

A．家庭住址　　B．民族　　C．身高　　D．班级

6. 有 3 名工人，他们的日产量分别是 20 件、21 件和 18 件，这 3 个数值是（　　）。

A．指标　　B．标志　　C．变量　　D．标志值

7. 某企业的职工人数、产量是（　　）。

A．连续型变量

B．离散型变量

C．前者是连续型变量，后者是离散型变量

D．前者是离散型变量，后者是连续型变量

8. 某校在校专科生为 2 600 人，这里“2 600 人”是（　　）。

A．指标　　B．变量　　C．标志　　D．标志值

9. 在全国人口普查中（　　）。

A．男性是品质标志　　B．“年龄”是变量

C．人口平均年龄是数量指标　　D．全国人口状况是指标

10. 对全校学生的基本情况进行统计调查，下列项目属于指标的是（　　）。

A．性别　　B．每个学生学期考试平均分数

C．平均身高　　D．每个学生月平均货币支出

二、多项选择题

1. 下列统计指标中，属于质量指标的有（　　）。

A．工资总额　　B．单位产品成本　　C．出勤人数　　D．出勤率

E．合格率

2. 要了解某地区全部成年人口的就业情况，那么（　　）。

A．全部成年人是研究的总体　　B．成年人口总数是统计指标

C．成年人口就业率是统计标志　　D．某人职业是教师，教师是标志表现

E．职业是每个人的特征，“职业”是数量指标

3. 总体与总体单位之间，指标与数量标志之间因研究目的变化存在变换关系，其变换方向（　　）。

A．两者无关

B．当统计总体变成总体单位，标志变成指标

C．当统计总体变成总体单位，指标变成标志

D．当总体单位变成总体时，指标变成标志

E．当总体单位变成总体时，标志变成指标

三、判断题

1. 品质标志能用数值表示，如用“1”代表男，用“0”代表女。（　　）

2. 数量指标是由数量标志汇总得来的，质量指标是由品质标志汇总得来的。（　　）

3. 标志和统计指标都是用数值表示的。（　　）

4. 品质标志不能汇总出统计指标数值。（　　）

5. 用文字表述的指标叫质量指标，用数字表示的指标叫数量指标。（　　）

四、思考题

1. 哪些领域能用到统计学？

2. 标志与指标有什么关系？

项目 2

统计信息的收集

先导案例

根据《全国人口普查条例》，国家相关部门颁布了《第六次全国人口普查方案》（简称《方案》）。该方案是组织实施第六次全国人口普查的总纲和基础，是对普查各项工作的规范。

第六次全国人口普查的目的是查清2000年以来我国人口数量、结构、分布和居住环境等方面的变化情况。人口普查所需经费，由国务院和地方各级人民政府共同负担，并列入相应年度的财政预算，按时拨付，确保足额到位。地方各级人口普查机构主要负责人要对本行政区域人口普查数据质量负总责，确保人口普查数据真实、准确、完整、及时。

《方案》规定，本次人口普查的标准时点是2010年11月1日0时。人口普查对象为普查标准时点在中华人民共和国境内的自然人以及在中华人民共和国境外但未定居的中国公民，不包括在中华人民共和国境内短期停留的境外人员。人口普查采用按现住地登记的原则，每个人必须在现住地进行登记；普查对象不在户口登记地居住的，户口登记地要登记相应信息。同时，以户为单位进行登记，户分为家庭户和集体户。人口普查登记的主要内容包括姓名、性别、年龄、民族、国籍、受教育程度、行业、职业、迁移流动、社会保障、婚姻、生育、死亡、住房情况等。

《方案》指出，人口普查表分为《第六次全国人口普查表短表》和《第六次全国人口普查表长表》。普查表长表抽取10%的户填报；普查表短表由其余的户填报。2009年11月1日至2010年10月31日期间有死亡人口的户，同时填报《第六次全国人口普查死亡人口调查表》。

《方案》指出，人口普查按照划分的普查区域进行。人口普查登记前，普查员要做好摸底工作，该工作应于2010年10月底前完成。

《方案》规定，人口普查的登记工作，从2010年11月1日开始，到11月10日结束。人口普查登记，采用普查员入户查点询问、当场填报的方式进行。普查登记时，申报人应当依法履行普查义务，如实回答普查员的询问，不得谎报、瞒报、拒报。登记结束后，普查指导员应当组织普查员按照规定的方法进行全面复查，发现差错，应重新入户核对，经确认后予以更正。复查工作应于2010年11月15日前完成。复查工作完成后，国务院人口普查办公室统一组织事后质量抽查，该项工作应于2010年11月底前完成。

《方案》要求，人口普查表经复查后，按照统一规定的标准进行编码。编码后的普查表经复核、检查验收合格后，方可交付录入。人口普查数据由人口普查机构负责进行数据处理。录入采用光电录入的方式，数据录入、编辑、审核、汇总程序由国务院人口普查办公室统一规定。人口普查机构要先对普查登记的主要数据进行快速汇总。国务院人口普查办公室应于2011年12月31日前完成人口普查全部数据的汇总工作。人口普查数据处理工作结束后，原始普查表按国务院人口普查办公室的统一规定销毁。数据处理形成的单个普查对象的资料，由国务院人口普查办公室和各省、自治区、直辖市人口普查办公室负责管理。国务院人口普查办公室和各省、自治区、直辖市人口普查办公室应编制普查报告书，分别向国务院和各省、自治区、直辖市人民政府报告工作。各级人口普查机构应做好人口普查资料的开发和应用，为社会公众提供查询、咨询等服务。

《方案》还要求，在人口普查登记、快速汇总、编码、数据处理各环节实行质量验收制度。验收不合格的必须返工，直至达到规定的质量验收标准方可转入下一工作环节。

（资料来源：http://www.zgxxb.com.cn/xwzx/201006220007.shtml，有改动.）

【案例思考】

（1）第六次人口普查采取了什么组织方式和调查方法？

（2）第六次人口普查对象有哪些？

（3）第六次人口普查的标准时点是什么？调查期限是什么？

（4）第六次人口普查调查内容包括哪些？

（5）第六次人口普查的组织方式是什么？

任务提炼

当研究的问题确定后，我们要得到有益的信息，需要进行系统的调查。各行各业、各种专题的统计调查非常多。除了受时间和成本限制，通过调查方法得到数据基本没有其他限制。为了取得高质量的统计信息，我们应掌握以下几个方面的任务：

（1）组织统计调查，采集数据。

（2）制作统计调查方案。

（3）掌握统计调查方法。

（4）用 Excel 进行统计数据的收集。

（5）统计技能实践。

任务 1　组织统计调查采集数据

一、统计数据的来源

一般认为，“统计”就是“计数”。小至一个人、一个家庭，大至一个企业、一个国家，都有计数的任务，一个月的收入、一年的利润都会是我们经常关心的。这些数据就是统计的成果。统计数据是指统计工作过程中所取得的各种数字资料以及与之相关的其他实际资料的总称。如果要解决的问题必须要数据支持，而数据又不可得，那么就必须亲自去收集。

这样收集的资料就是第一手资料或直接的统计数据。第一手资料是统计数据的直接来源。由于第一手资料是直接向调查单位（个体）收集的未经加工整理、需要由个体过渡到总体的资料，所以又被称为原始资料。但为了了解所需信息的大致情况，心中有数之后再进行特定的调查，我们要收集来源于别人调查或实验的数据，这是统计数据的间接来源，称为第二手资料或间接的统计数据。由于它是根据研究目的收集的已经经过加工整理、由个体过渡到总体、能够在一定程度上说明总体现象的统计资料，所以又被称为次级资料。

1．统计数据的间接来源

对大多数统计数据的使用者而言，亲自去做调查往往是不可能的，因此，其所使用的数据通常是别人调查或科学实验的数据。这就是所谓的二手数据。

二手数据主要是公开出版的或公开报道的数据，当然有些是尚未公开出版的数据。在我国，公开出版或报道的社会经济统计数据主要来自国家和地方的统计部门以及各种报刊媒介。例如，公开的出版物有《中国统计年鉴》《中国统计摘要》《中国社会年鉴》《中国工业经济统计年鉴》《中国农村统计年鉴》《中国人口统计年鉴》《中国市场统计年鉴》以及各省、自治区、直辖市的统计年鉴等。提供世界各国社会和经济数据的出版物也有很多，如《世界经济年鉴》《国外经济统计资料》，世界银行各年度的《世界发展报告》等。联合国有关部门及世界各国也定期出版各种统计数据。

除了公开出版的统计数据外，还可以通过其他渠道使用一些尚未公开的统计数据，以及广泛分布于各种报纸、杂志、图书、广播、电视传媒中的各种数据资料。现在，随着计算机网络技术的发展，也可以在网络上获取所需要的各种数据资料。

对于使用者来说，利用二手资料既经济又方便，但使用时应注意统计数据的含义、计算口径和计算方法，以避免误用或滥用。同时，在引用二手数据时，一定要注明数据的来源，以尊重他人的劳动成果。

2. 统计数据的直接来源

虽然二手资料具有收集方便、数据采集快、采集成本低等优点，但对一个特定的研究问题而言，二手资料的主要弱点是相关性不够，所以仅仅靠二手资料是不能回答研究者所提出的问题的，这时就要通过调查和实验的方法直接获得一手资料。调查是取得社会经济数据的重要手段，实验是取得自然科学数据的重要手段。本任务着重讨论取得社会经济数据的主要方式和方法。

统计调查是取得社会经济数据的主要途径，也是获得直接统计数据的重要手段。常用的统计调查方式主要有抽样调查、普查、统计报表、重点调查和典型调查等。这些统计调查方式我们将在下面进行更详细的讨论。

二、组织统计调查

1. 统计调查的要求

统计调查的要求具体内容见表2-1。

表2-1 统计调查的要求

调查要求	具体内容
准确性	统计资料必须符合客观实际，保证各项统计资料真实可靠
及时性	资料不能落在形式发展的后面
完整性	调查单位不重复、不遗漏，所列调查项目的资料都已经收集齐全

《全国人口普查条例》规定：“人口普查对象应当按照《中华人民共和国统计法》和本条例的规定，真实、准确、完整、及时地提供人口普查所需的资料。”为此，第六次全国人口普查方案规定了“人口普查实行严格的质量控制制度。地方各级人口普查机构主要负责人对本行政区域人口普查数据质量负总责，确保人口普查数据真实、准确、完整、及时。”

准确性、及时性和完整性是调查者做好调查工作的基本要求，这三个方面相互联系，缺一不可。如果不能做到这些，将会影响统计工作的准确性。

2. 统计调查的种类

1）按调查对象包括的范围分类

（1）全面调查。对构成总体的所有单位的调查。如果人口普查采用全面调查的方法，则以户为单位进行登记。

（2）非全面调查。对构成总体的一部分单位的调查，如典型调查、重点调查和抽样调查。

2）按统计调查的组织形式分类

（1）统计报表。按照一定的表式和要求，自上而下地统一布置，自下而上地提供统计资料的一种定期的调查方式，如农业统计报表制度、工业统计报表制度。

（2）专门调查。为研究某些专门问题而由调查单位组织的调查，多属一次性调查，如普查、抽样调查和典型调查。

3）按调查登记的时间是否连续分类

（1）经常性调查。随着现象的不断变化而连续不断地进行登记，如产品产量、原材料消耗量等，其数值变动很大。

（2）一次性调查。间隔一定时间（一般为一年以上）对现象进行调查登记，如人口数、固定资产总值、生产设备数等，其数值变动不大。人口普查就属于一次性调查，它是每10年进行一次，尾数逢0的年份为普查年度。

4）按收集资料方法的不同分类

（1）观察法。观察法主要讲的是直接观察法，是调查人员亲临现场，对调查对象进行观察、计量以取得统计数据的一种方法。在人口普查中，普查员要灵活机智，根据住户的特点辨认一些信息。例如，入户时发现挂有尿布或有小孩玩具，可能家里有小孩子；又如，户主正在吃饭，桌上筷子有5双，而户主说这里只住了3人，明显不相符合。遇到这些情况，普查员要婉转地询问，核实情况，避免信息错填、误填。

（2）访问调查。访问调查是调查者与被调查者通过面对面地交谈从而得到所需资料的调查方法。在进行访问调查的时候，访问者语言的组织和表达一定要注意礼貌，从而营造良好的交谈气氛。例如，人口普查登记采用普查员入户查点询问、当场填报的方式进行。普查员应当按照普查表列出的项目逐户逐人询问清楚，逐项进行填写，做到不重不漏、准确无误。普查表填写完成后，普查员应将填写的内容向申报人当面宣读，核对无误后，由申报人签字或盖章确认。

（3）电话调查。电话调查是调查人员利用电话同受访者进行语言交流，从而获得统计数据信息的一种调查方式。电话调查具有时效快、费用低等特点，因此，电话调查的应用也非常广泛。电话调查可以按照事先设计好的问卷进行，也可以针对某一专门问题进行电话采访。用于电话调查的问题要明确，问题数量不宜过多。

（4）座谈会。座谈会调查也称为集体访谈法，它是将一组受访者集中在调查现场，让他们对调查的主题（如一种产品、一项服务或其他话题）发表意见，从而获取统计数据资料的一种方法。通过座谈会，研究人员可以从一组受访者那里获得所需的定性资料，这些受访者与研究主题有某种程度上的关系。为获得此类资料，研究人员通过严格的甄别程序选取少数受访者，围绕研究主题以一种非正式的、比较自由的方式进行讨论。例如，国务院第六次全国人口普查领导小组办公室于2010年8月31日在上海召开全国城市人口普查工作座谈会，交流与探讨城市人口普查经验、难点以及解决的办法。

这种方法适合于收集与调查与课题有密切关系的少数人员的倾向和意见。参加座谈会的人数不宜太多，但要是有关调查问题的专家或有经验的人。讨论方式主要取决于主持人的习惯和爱好。通过小组讨论，能获取上述调查无法取得的资料。

（5）个别深度访问。个别深度访问是一种一次只有一名受访者参加的特殊的定性研究。“深访”这一术语也暗示着要不断深入受访者的思想当中，努力发掘他行动的真实动机。“深访”是一种无结构的个人访问，调查人员运用大量的追问技巧，尽可能让受访者自由发挥，表达他的想法和感受。

座谈会和个别深度访问属于定性方法，它通常围绕一个特定的主题取得有关定性资料。在此类研究中，从挑选的少数受访者中取得有关意见。这种方法主要适用于市场调查和研究。

（6）其他调查方式。其他调查方式有邮寄调查、网上调查等。

任务2 制作统计调查方案

统计调查是一项比较复杂的工作，而人口普查、工业普查等此类规模较大的调查项目更是涉及家庭和企业等诸多方面，需要动员成千上万的调查人员协同工作才能完成。因此，统计调查必须制定统计调查方案，才能保证统计调查有计划、有组织地进行，这是保证调查工作顺利开展的前提。一份完整的统计调查方案应包括以下基本内容。

一、确定调查目的和任务

我们所收集的统计资料总是为了说明或分析一定的问题，是为一定研究目的服务的，所以，在设计调查方案时首先要明确调查的目的和任务。研究的对象不同，收集调查的资料就有所不同，甚至对于同一研究对象，由于所研究的角度或是目的不同，其所收集的资料也应该有所区别。调查的目的和任务主要取决于我们在实践中的实际需要及调查对象自身的特点。

二、确定调查对象和报告单位

调查对象也称调查单位，确定调查对象就是明确向谁收集统计数据。换言之，调查对象是调查项目的承担者或载体，是提供统计数据的基本单位。

这里需要特别说明两点：一是调查单位和调查对象是同义词，只是在不同的场合采用不同的叫法而已；二是调查单位和调查对象跟总体单位也是同义词，只是在统计调查阶段对总体单位的一种特殊叫法。

报告单位也叫填报单位，是提交调查资料的单位。调查单位是调查资料的直接承担者，而报告单位是调查资料的提交者，两者有时一致，有时不一致，这要根据实际调查的目的和情况来确定。

三、确定调查项目并设计调查表

调查项目是指调查单位所要调查的主要内容，确定调查项目就是要明确要向调查者了解什么问题。当我们提出了一些问题，获得了一些信息资料以后，就应该把这些资料以一种什么样的方式填在一张什么样的表格里，它的关键作用在于通过设计合理的调查表式为后来的统计整理提供便利。

因此，设计统计调查表也是一项重要工作。调查表有两种形式：一种是单一表，即每个单位填写一张表（或一套表）、完成一项调查任务。如果内容繁多，用一张表不够，有时需要一套表，包括若干张，这种调查一般是大型的普查，如人口普查。另一种是一览表，是把许多调查单位填写在一张表上。在调查内容不多的情况下，采用一览表可以节省人力、物力与时间。

调查表从外形上看一般由表头、表体、表脚3个部分构成。

（1）表头用来说明调查表的名称以及调查单位的名称、隶属关系等。这些资料通常并不用来进行统计分析，但在核实和复查资料时，是不可缺少的。

（2）表体是调查表的主体部分，包括调查所属的对象、标志名称、标志表现、计量形式等内容。

（3）表脚包括调查者（填报人）签名、调查日期、资料来源、责任人签章等，以便查询核对、明晰责任。

四、确定调查时间

调查时间包括两方面的内容：①调查资料所属的标准时间。如果调查的是时期现象就要明确规定资料所反映的是调查对象从何时起到何时止的资料；如果调查的是时点现象，就要明确规定统一的标准调查时点。规定调查资料所属的标准时间，是为了防止资料的重复和遗漏。②进行调查工作的起止时间，即调查期限，包括收集资料或报送资料的整个过程所需的时间。

五、调查的组织实施

调查组织实施计划的内容主要有调查工作的组织领导机构、调查人员的组织和培训、调查的组织方式和方法、调查经费以及物质准备等。

典型案例 2-1

调查工作的组织领导机构：人口普查工作按照“全国统一领导、部门分工协作、地方分级负责、各方共同参与”的原则组织实施。国务院统一领导全国人口普查工作，研究决定人口普查中的重大问题。地方各级人民政府按照国务院的统一规定和要求，领导本行政区域的人口普查工作。在人口普查工作期间，各级人民政府设立由统计机构和有关部门组成的人口普查机构（简称普查机构），负责人口普查的组织实施工作。村民委员会、居民委员会应当协助所在地人民政府动员和组织社会力量，做好本区域的人口普查工作。

调查人员的组织和培训：普查指导员和普查员应当具有初中以上文化水平、身体健康、责任心强。普查指导员和普查员可以从国家机关、社会团体、企业事业单位借调，也可以从村民委员会、居民委员会或者社会招聘。借调和招聘工作由县级人民政府负责。国家鼓励符合条件的公民作为志愿者参与人口普查工作。普查机构应当对普查指导员和普查员进行业务培训，并对考核合格的人员颁发全国统一的普查指导员证或者普查员证。

调查的组织方式和方法：人口普查每 10 年进行一次，尾数逢 0 的年份为普查年度，标准时点为普查年度的 11 月 1 日零时。人口普查采用全面调查的方法，以户为单位进行登记。

调查经费以及物质准备：人口普查所需经费由国务院和地方各级人民政府共同负担，并列入相应年度的财政预算，按时拨付，确保足额到位。人口普查经费应当统一管理、专款专用，从严控制支出。

（资料来源：全国人口普查条例，节选.）

任务 3　掌握统计调查方法

一、抽样调查

按常识判断，我们可能会认为要得到最可靠的信息，必须对研究的总体进行全面的计量和分析，而对总体的一部分进行的分析应该是片面的、不准确的，会存在很大的误差。在实际研究中，能够进行 100%全面调查的情况非常有限，绝大部分调查不可能逐一调查到每个个体。能够进行全面调查的情况可能是政府开展的全国普查，如我国每10年进行一次的全国人口普查、小型公司内部开展的各种专题的员工调查等。

但是，更一般的情况，如调查人们的观点和看法、检查商品的质量等就不太可能进行全面调查。市场营销经理可能想对全国所有的女性消费者都进行调查，询问她们对新产品的看法和评价；工厂厂长可能想对刚刚下线的所有产品都进行详细检查，确保质量无可挑剔。但是，上面的调查都不可能在现实中展开。如果每一个产品的决策或质量检查都建立在对上百万人或每件产品进行调查的基础上，公司或工厂的负担则会难以想象。全面调查不仅不切实际，而且没有必要。在很多情况下，抽样调查是更合适的选择。

抽样调查是一种非全面调查，它是从调查研究的总体中随机抽选一部分单位进行调查，并据以对调查研究的总体做出估计和推断的一种调查方法。显然，抽样调查虽然是非全面调查，但它的目的却在于取得反映总体情况的信息资料，因而也可起到全面调查的作用。

根据抽选样本的方法，抽样调查可以分为概率抽样和非概率抽样两类。概率抽样是按照概率论和数理统计的原理，从调查研究的总体中根据随机原则来抽选样本，并从数量上对总体的某些特征做出估计推断，对推断可能出现的误差可以从概率意义上加以控制。在我国，习惯上将概率抽样称为抽样调查。

抽样调查的主要特点是按随机原则抽选样本，总体中每一个单位都有同等的概率被抽中，抽样误差可以控制。关于抽样调查的详细内容将在“项目7 抽样推断”中介绍。

普查是专门组织的一次性的全面调查，是统计调查体系中的一种“基础”方法。国内外的统计学界和统计机构对普查都很重视，这是因为普查主要用来调查属于一定时点上或一定时期内的社会现象总量，收集某些不能够或不适宜用定期的全面报表收集的数据信息，以摸清重大的国情、国力。

普查的组织方式按是否专门组织普查机构一般可分为以下两种：

（1）有专门机构的普查。有专门机构的普查即通过组织专门的机构和人员，对调查单位直接进行登记。例如，我国的人口普查，采用的就是这种组织方式。

（2）无专门机构的普查。无专门机构的普查即利用现有的统计机构和人员，通过下发一定的调查表格，由填报单位进行填报。例如，我国的物资库存普查、第二次工业普查、第三产业普查就是采用的这种组织方式。

为能获得准确、及时、全面的普查资料，普查时必须做好几点：规定标准时点；规定普查登记的统一程序和期限；规定普查项目；做好充分准备，包括组织准备、方案设计、试点工作等，以保证普查工作的顺利进行。

典型案例 2-2

必须按照建立社会主义市场经济体制的要求，参照国际成功经验，从根本上改革我国统计调查方法，建立以必要的周期性普查为基础，经常性的抽样调查为主体，重点调查、科学核算等为补充的多种方法综合运用的调查方法体系。为此，特请示如下：

实行周期性普查制度。普查项目包括人口、工业、农业、第三产业和基本统计单位等。人口普查、第三产业普查、工业普查、农业普查每10年进行一次，分别在逢0、3、5、7的年份实施。建立基本统计单位普查，每5年进行一次，逢1、6的年份实施。

这些普查都属于重要的国情国力调查，必须在国务院和地方各级政府的统一领导下，由政府统计部门会同有关业务主管部门共同组织实施。经费由中央和地方各级政府共同负担，并列入相应年度的财政预算。

（资料来源：国家统计局. 关于建立国家普查制度改革统计调查体系的请示，1994-05-10，节选.）

二、重点调查

重点调查是一种非全面调查，它是在调查对象中选择一部分重点单位进行调查，以了解总体的基本情况。重点单位是指其标志值在被调查的总体标志总量中，占有很大比重的少数单位。目前，重点调查主要是在一些企业集团的调查中运用。例如，为了掌握“三废”排放情况，就可选择冶金、电力、化工、石油、轻工和纺织等重点行业的工业进行调查。再如，对大中型项目投资效果进行调查，对住有全国城市人口大半数的大城市进行农副产品市场商品价格的调查等。

重点调查的适用范围是，当调查任务只要求掌握基本情况，而在总体中客观上又存在重点单位时。重点调查中，由于重点单位的选择着眼于它所研究现象所占标志总量的比重，所以它的选择不带有主观因素。显然，对于某些单位因技术先进、管理先进或特殊原因而被列为重点管理，只要调查单位的主要标志总量不占绝大比重，都不列入重点调查的范畴。

组织重点调查，关键是选好重点单位。根据调查任务的不同，重点调查可以是一些企业、行业，也可以是一些地区和城市。在考虑重点单位时要注意：在某一问题上是重点单位，在另一问题上不一定是重点单位；这一时期是重点单位，另一时期不一定是重点单位。

和抽样调查不同的是，重点调查取得的数据只能反映总体的基本发展趋势，不能用以推断总体，因而重点调查也只是一种补充性的调查方法。

三、典型调查

典型调查也是一种非全面调查，它是根据调查的目的与要求，在对被调查对象进行全面分析的基础上，有意识地选择若干具有典型意义的或有代表性的单位进行的调查，以揭示现象特征或变动规律的调查方式。

典型调查一般有以下两种类型：

（1）一般典型的调查，即对个别典型单位的调查研究，我们称为解剖麻雀式的典型调查。在典型调查中，只需在总体中选出少数几个典型单位，通过对这几个典型单位的调查研究，用以说明事物的一般情况或事物发展的一般规律。

（2）分类选典型的调查，即对现象总体按与研究问题有关的标志划分类型，以减少类型组中各单位之间的差异，然后再从各类型组中选择典型单位进行调查。简单地说，就是将调查总体划分为若干个类，再从每类中选择若干个典型单位进行调查，以说明各类的情况。

一般情况下，当总体各单位之间的差异比较小时，典型调查中典型的代表性就会相对高一些，这时可以用典型资料来推算全面数字，就像解剖一两只麻雀就可以了解所有麻雀的身体结构一样。而当总体各单位之间的差异较大时，就一定要通过划类选典型的资料和各类型在总体中所占的比重来推算全面数字，这样才可以取得比较好的效果。但这种数量上的推断是无法估计误差的，推断结果只能是一个近似值。

例如，为检验各地第六次人口普查实施方案的严密性，使工作人员熟悉人口普查工作流程，锻炼队伍，为正式普查储备业务骨干、提供技术支撑和积累经验，各地在2010年上半年实行了综合试点。综合试点是一次人口普查全过程的实战演练，属于人口普查前的典型调查。

四、统计报表制度

统计报表是按照国家统一规定的表格形式、统一规定的指标内容、统一规定的报送程序和报送时间，由填报单位自下而上逐级提供统计资料的一种统计调查方式。

一般来说，每一份统计报表至少应该包括以下几点基本内容。

1．报表目录

报表目录是指报送的报表名称、报表的填报单位、调查对象、报送日期和报送程序等事项的一览表。目录的作用在于使填报单位了解在什么时间、用什么方式、向什么单位报送什么报表。

2．报表表式

报表表式是指统计报表的具体格式。报表格式要求简单明了，每张表式要明确规定出表名、表号、填报单位、报送日期、主栏项目、纵栏项目、表下补充材料、填报单位负责人和填报人签章以及制表部门等。

3．填表说明

填表说明是指填写报表时应遵守的各种规定和应注意的问题，主要包括指标解释、计算方法、包括范围和有关事项的具体说明。

统计报表的资料来源于基层单位的原始记录。从原始记录到统计报表，中间还要经过统计台账和企业内部报表程序。原始记录是基层单位通过一定的表格形式，对生产经营活动的具体内容和状况进行的最初的数字和文字记载。统计台账是基层单位根据统计报表的要求和基层经营管理需要而按时间顺序设置的一种系统积累统计资料的表册。

知识链接 2-1

调查方法是否有好坏之分

一种种调查方法就像一件件工具，它们各有不同的适用对象和用途。评价一种调查方法的好坏，必须要与调查对象、调查时间、调查条件和手段等联系起来。最好的调查方法就是能用最短的时间、最少的人力和财力而能获得最准确资料的调查方法。

在实际工作中，应根据不同的调查对象和研究任务，灵活运用各种统计调查方法，并尽可能将其结合起来使用，发挥其各自的长处，互相补充验证，这样才能收集到准确、丰富的统计资料。

任务4　用Excel进行统计数据收集

一、安装Excel分析工具库

用Excel进行数据的收集，需要使用Excel扩展功能，如果Excel初次使用时尚未安装数据分析，必须单击“工具”菜单，执行“加载宏”命令，在安装光盘中加载数据“分析工具库”。加载成功后，可以在“工具”下拉菜单中看到“数据分析”选项，如图2.1（显示的是已经加载成功后的）、图2.2和图2.3所示。

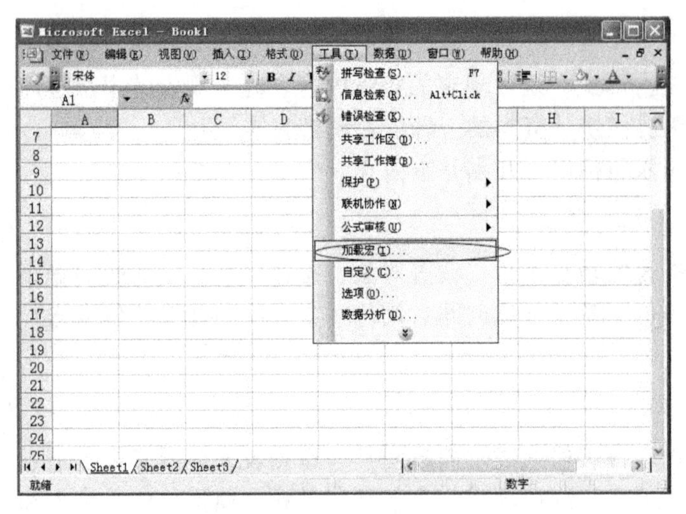

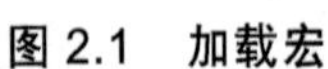
图 2.1 加载宏

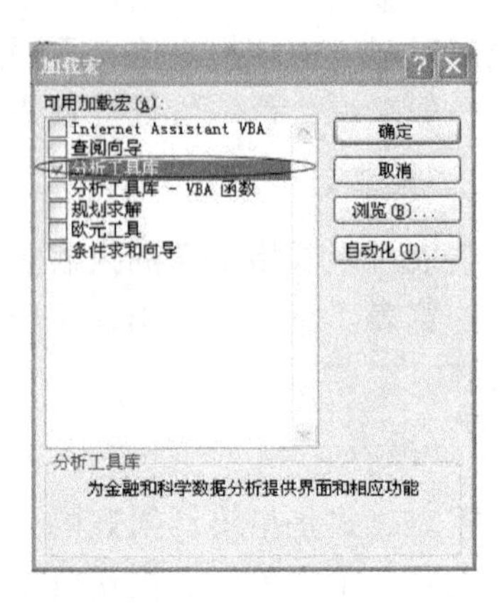

图 2.2 选择“分析工具库”

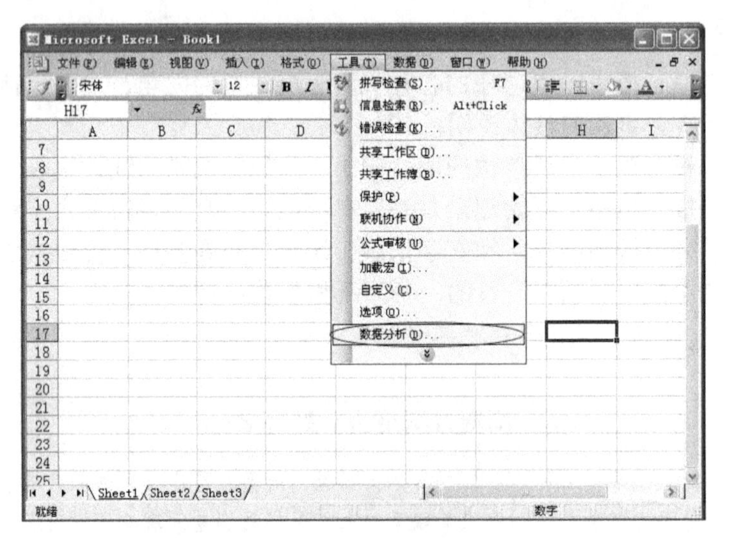

图 2.3 出现“数据分析”选项

二、合并或拆分单元格

当一个单元格中文字太多，或在表格中“一栏对应几个分栏”时，都需要用到合并或拆分单元格的操作。应先把合并单元格的按钮拖到常用工具栏上来，以备后用。

1. 拖放【合并及居中】按钮

如果工具栏中尚无【合并及居中】按钮，则按以下步骤将其拖放到工具栏中。单击“视图”菜单，执行“工具栏”中的“自定义”命令，弹出“自定义”对话框，如图 2.4 所示，在“命令”选项卡中的“类别”列表框中选择“格式”选项，在右侧的“命令”列表框中选中【合并及居中】按钮并将其拖放到工具栏中合适的位置。

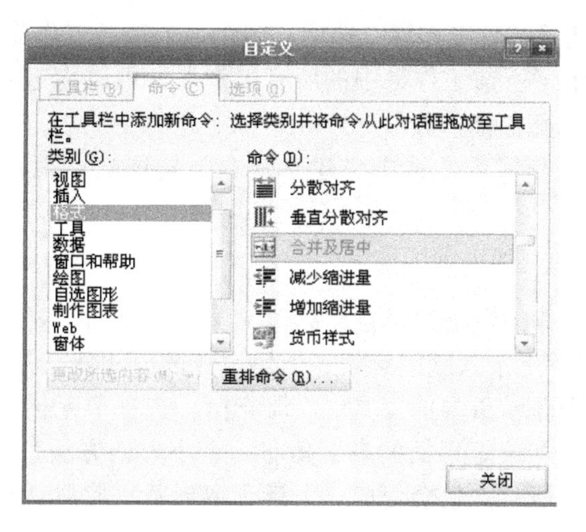

图 2.4　拖放【合并及居中】单元格按钮

2．合并单元格

合并单元格的具体操作是，选定要合并的几个单元格，如选定 A1～A3，单击工具栏中【合并及居中】按钮即可。

3．拆分单元格

实际上【合并及居中】按钮本身也是一个拆分单元格的按钮。拆分已合并过的单元格操作步骤是，选中已合并过的单元格区域，单击【合并及居中】按钮即可。

三、复制或移动

1．复制或移动表中数据

（1）复制表中数据。复制表中数据的具体操作步骤：选中要复制的单元格，单击常用按钮中的【复制】按钮，把光标定位在目标区域的左上角，再单击常用按钮中的【粘贴】按钮即可。

这里需要注意的是，目标区域应没有任何数据，否则会把原有的数据覆盖掉。

（2）移动表中数据。移动表中数据的具体操作步骤：选中要移动的单元格，单击【剪切】按钮，把光标定位在目标区域的左上角，再单击【粘贴】按钮即可。

2．复制或移动工作簿

如果要在当前工作簿中移动工作表，可以沿工作表标签行拖动选定的工作表。

如果要将工作表移动或复制到其他工作表中，可按以下步骤进行操作。

（1）选中工作表标签中需要移动或复制的工作表，如图 2.5 所示。

如果需要选中相邻的多个工作表，可以先选择第一个工作表然后按住 Shift 键，单击最后一张工作表标签；如果需要选中不相邻的多个工作表，按住 Ctrl 键，逐一单击工作表标签；如果需要选中全部工作表，在工作表标签上右击，选择“选定全部工作表”选项。

（2）右击（或者在“编辑”菜单中）执行“移动或复制工作表”命令。

（3）在弹出的“移动或复制工作表”对话框中进行操作。

在“工作簿”下拉列表中选择需要移动或复制的目标工作簿，只有打开的工作簿才会显示在该列表中（也可以选择“新工作簿”选项，创建一个新的工作簿）；在“下列选定工作表之前”的列表框里，显示了所选工作簿中的所有工作表，可以指定将当前选定的工作表放在目标工作簿中的哪张工作表之前。

如果是复制到目标工作簿中，选中“建立副本”复选框；否则，当前选定工作表将被移走。

3．填充

填充主要用于对有规律的数据进行自动赋值的操作。例如，要求在 A1～A100 中分别填入 1～100 的数据，若用手工录入就很麻烦，但用填充的办法就会非常容易。

填充时，要用到一个非常重要的工具——填充柄。选择单元格或区域后，选定的区域出现一个粗线型的矩形框，在该矩形框的右下角有一个小黑四方块，这就是填充柄，如图 2.6 所示。当把鼠标指向填充柄时，它会变成一个黑十字形状，此时就可以向任何方向拖拉并填充数据了。

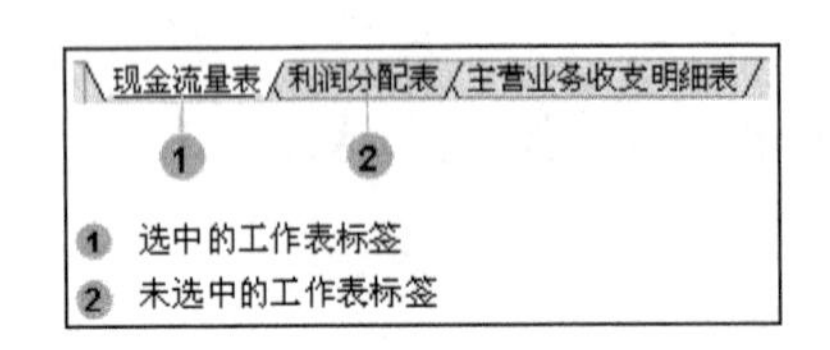

图 2.5　选中工作表标签中需要移动或复制的工作表

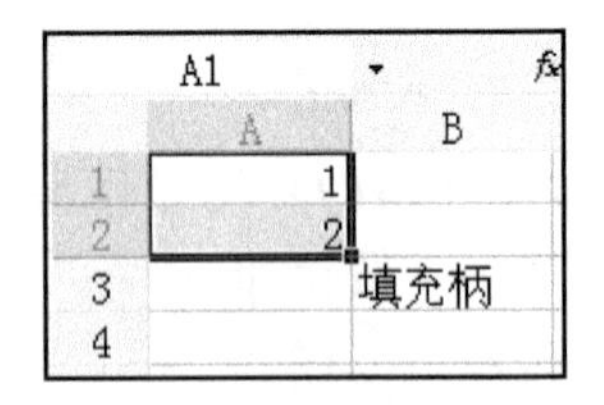

图 2.6　填充柄示意图

1）重复值填充

在需要重复填充的第一个单元格中输入希望重复的文本或数字，然后按住填充柄开始拖动（只能向一个方向进行拖动），则选中的单元格会自动填充上与第一个单元格相同的内容。

在要重复填充数值的起始单元格（可多个单元格）中输入各单元格的数值，然后按住填充柄并同时按下 Ctrl 键开始拖动，则选中的单元格会自动填充与起始单元格对应的数值，如图 2.7 所示（本例中先输入了 3 个单元格的数值 2、4、5）。

2）序列值填充

在要填充序列数值的第一个单元格中输入序列的第一个值，然后按住填充柄并同时按下 Ctrl 键开始拖动，则该序列从第一个单元格开始每个单元格加 1。

在 A1～A100 分别填入 1～100 的数据，则填充步骤也可以如下：在 A1 中录入 1；在 A2 中录入 2；选中 A1 和 A2（见图 2.6）；将光标指向填充柄，使光标变为实心十字形；拖动鼠标直至 A100，松开鼠标即可。

在要填充序列数值的第一个单元格中输入序列的第一个值，在第二个单元格中输入序列的第二个值，然后选中这两个值，按住填充柄开始拖拉（只能向一个方向拖拉），则该序列从第二个单元格开始填充，每个单元格加上第一个单元格和第二个单元格值的差，如图 2.8 所示。

3）填充月份

若在 A1～A12 中填入月份数，则填充步骤为在 A1 中录入“1 月份”；用鼠标单击其他单元格；再选中 A1 单元格；将光标指向填充柄，使光标变为实心十字形；拖动鼠标直到 A12，松开鼠标即可。注意，“1 月份”不要写成“一月份”，否则填充的就都是“一月份”了，因为填充只对阿拉伯数字有效。

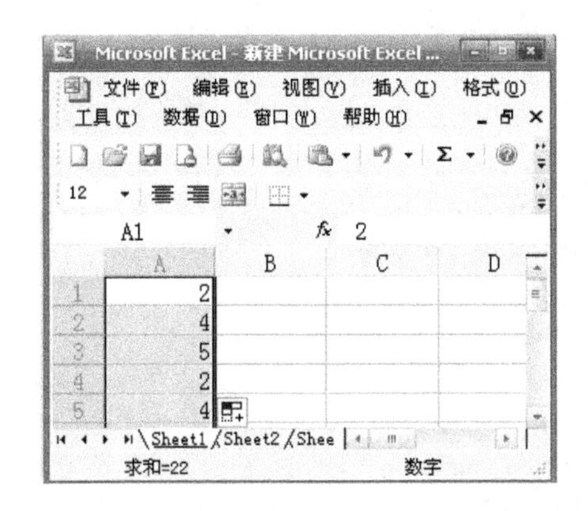

图 2.7 重复自动填充起始单元格对应的多个数值

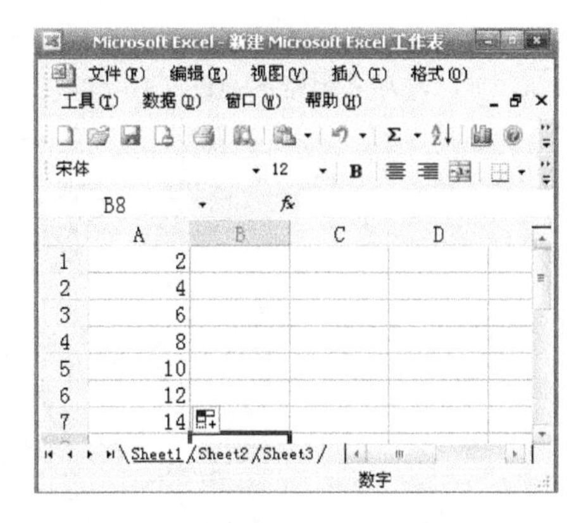

图 2.8 填充等差序列数值的结果

四、排序

排序主要用于当基本数据不变而分组标志改变时需要重新整理资料的情况。下面通过案例来进行说明。

典型案例 2-3

某学院会计专业 091 班 16 名学生的 2010 年第一学期考评成绩见表 2-2。

表 2-2 2010 年第一学期会计专业 091 班考评成绩表

姓 名	性 别	思想品德	文化成绩	体能素质
谢××	女	88	73	62
陈××	女	96	87	66
毛××	男	85	77	63
田××	女	97	88	62
王××	女	91	88	68
洪××	女	82	79	65
孔××	女	98	87	65
朱××	男	92	84	68
茹××	女	90	79	69
任××	男	81	75	74
余××	女	82	77	75
朱××	女	82	80	65
邓××	女	85	81	81
卢××	女	81	84	64
马××	女	87	76	64
陈××	男	81	74	67

若将本表资料分别按性别、思想品德考评成绩、文化成绩考评成绩、体能素质考评成绩进行排序，就应先将这些资料录入到 Excel 工作表中，这是排序的前提。

1. 将表 2-2 的资料按性别进行排序

选中全部数据，单击“数据”菜单，执行“排序”命令，则弹出“排序”对话框，如图 2.9 所示。在“主要关键字”的下拉列表中选择“性别”选项，可默认性别后面的“升序”(也可以选择“降序”)，单击【确认】按钮即可。排序后的情况如图2.10所示。

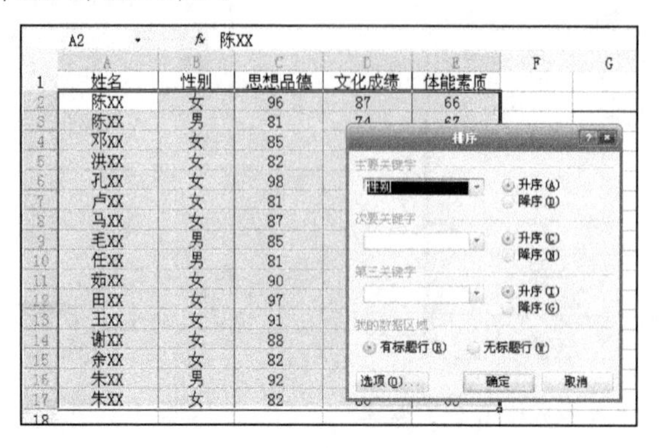

图2.9 “排序”对话框

姓名	性别	思想品德	文化成绩	体能素质
毛XX	男	85	77	63
朱XX	男	92	84	68
任XX	男	81	75	74
陈XX	男	81	74	67
谢XX	女	88	73	62
陈XX	女	96	87	66
田XX	女	97	88	62
王XX	女	91	88	68
洪XX	女	82	79	65
孔XX	女	98	87	65
茹XX	女	90	79	69
余XX	女	82	77	75
朱XX	女	82	80	65
邓XX	女	85	81	81
卢XX	女	81	84	64
马XX	女	87	76	64

图2.10 数据按性别排序后的情况

2. 将表2-2的资料按性别和思想品德考评成绩进行排序

在用多标志排序时，需指定排序的主要标志和次要标志。本例规定以“性别”为主，以“思想品德”考评成绩为次，操作步骤与按“性别”排序相同。在如图2.9所示的“排序”对话框中，“主要关键词”仍选择“性别”，“次要关键词”选择“思想品德”考评成绩即可。排序后的情况如图2.11所示。

姓名	性别	思想品德	文化成绩	体能素质
任XX	男	81	75	74
陈XX	男	81	74	67
毛XX	男	85	77	63
朱XX	男	92	84	68
卢XX	女	81	84	64
洪XX	女	82	79	65
余XX	女	82	77	75
朱XX	女	82	80	65
邓XX	女	85	81	81
马XX	女	87	76	64
谢XX	女	88	73	62
茹XX	女	90	79	69
王XX	女	91	88	68
陈XX	女	96	87	66
田XX	女	97	88	62
孔XX	女	98	87	65

图2.11 多标志排序的结果(先按性别分组，再按思想品德考评成绩分组)

排序后的资料，可用于编制简单分组表和复合分组表。

五、随机抽样法

已知统计数据收集组织形式有统计报表、普查、抽样调查、重点调查和典型调查，其中，在抽样调查中收集数据资料又有不同的方法，在这里仅用 Excel 进行简单随机抽样和等距抽样。下面通过案例来进行说明。

典型案例 2-4

某学院会计专业两个班的学生为一个总体，共有 90 人，则总体单位为 90，按需要随机从中抽取 15 人进行调查，了解会计专业的学习情况。

启动 Excel 2003，新建一个工作簿 Book1。准备用 Excel 进行数据收集。

第一步，使用 Excel 进行抽样，首先要对每个学生进行编号，即对 90 个总体单位进行编号，按随机原则编号后（也可以按有关标志或无关标志编号），将编号输入工作表，如图 2.12 所示。

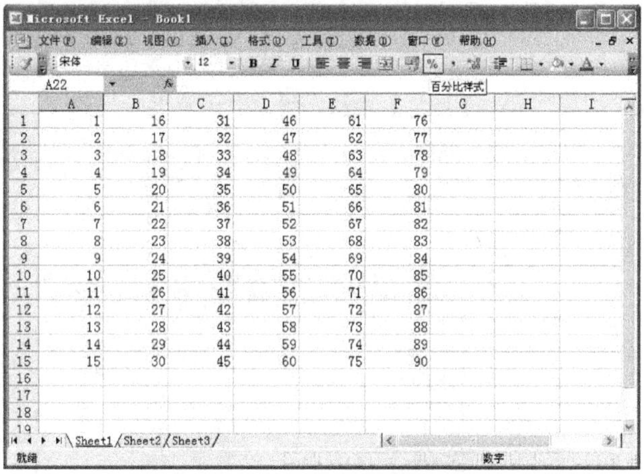

	A	B	C	D	E	F
1	1	16	31	46	61	76
2	2	17	32	47	62	77
3	3	18	33	48	63	78
4	4	19	34	49	64	79
5	5	20	35	50	65	80
6	6	21	36	51	66	81
7	7	22	37	52	67	82
8	8	23	38	53	68	83
9	9	24	39	54	69	84
10	10	25	40	55	70	85
11	11	26	41	56	71	86
12	12	27	42	57	72	87
13	13	28	43	58	73	88
14	14	29	44	59	74	89
15	15	30	45	60	75	90

图 2.12　总体各单位编号表

第二步，单击“工具”菜单，执行“数据分析”命令，弹出“数据分析”对话框，如图 2.13 和图 2.14 所示。

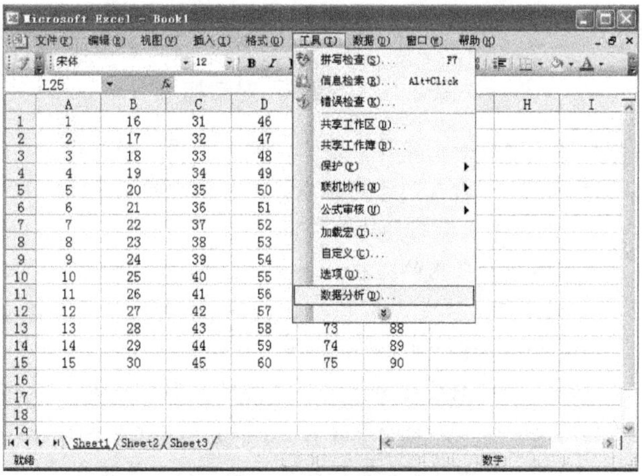

图 2.13　“数据分析”选项

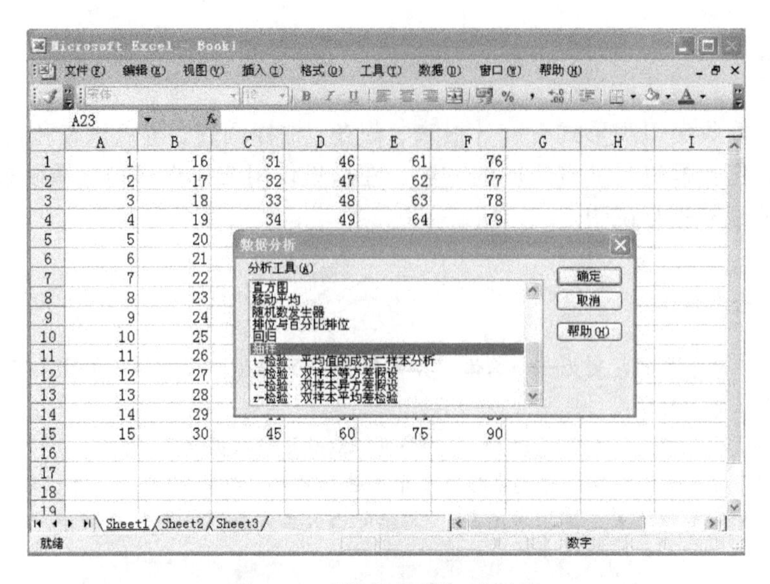

图 2.14 “数据分析”对话框

第三步，选中“抽样”选项，单击【确定】按钮，弹出“抽样”对话框，如图 2.15 所示。

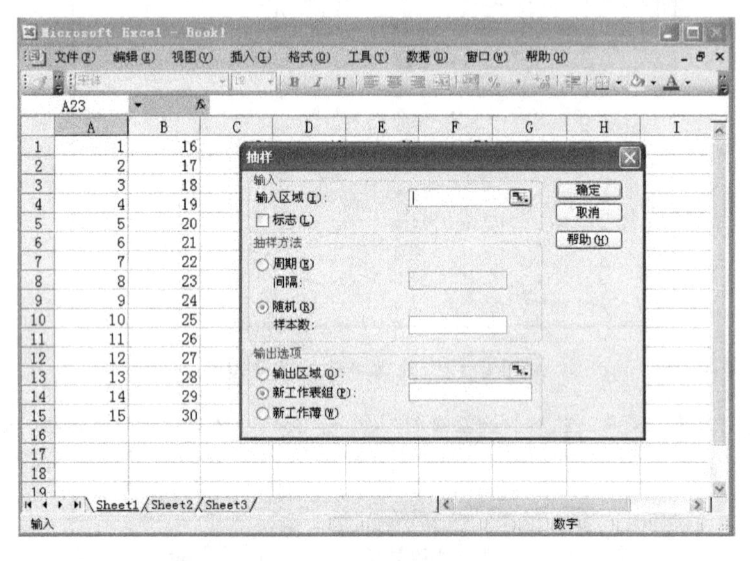

图 2.15 “抽样”对话框

第四步，在“抽样”对话框中进行如下操作：①在“输入区域”框中输入总体单位编号所在的单元格区域，在本例中是\$A\$1:\$F\$15，系统将从 A 列开始抽取样本，然后按顺序抽取 B 列至 F 列，如果输入区域的第一行或第一列为标志项（横行标题或纵列标题），可单击标志复选框。②在“抽样方法”选项下，有“周期”和“随机”两种抽样模式，在此只采用纯随机抽样，只需在“样本数”框中输入要抽取的样本单位数即可，本例中是 15 个样本。③指定输出区域，在这里输入\$H\$2:\$H\$16（或只输入\$H\$2），单击【确定】按钮后，即可得到抽样结果，如图 2.16 和图 2.17 所示。

如果在抽样方法选项下选择了“周期”抽样模式，即所谓的等距抽样，需将总体单位数除以要抽取的样本单位数，求得取样的周期间隔。例如，本例中要在 90 个总体单位中抽取 15 个，则在“间隔”框中输入 6。在指定输出区域只输入\$H\$2，单击【确定】按钮后，即可得到等距抽样结果，如图 2.18 所示。

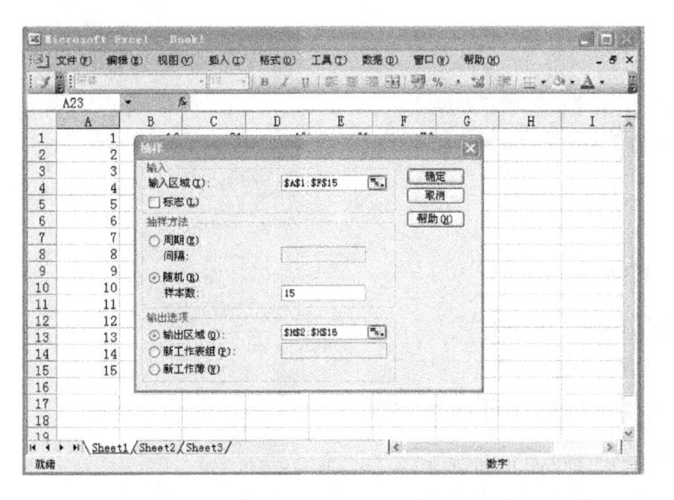

图 2.16 输入“抽样“对话框数据

Microsoft Excel - Book1

文件(F) 编辑(E) 视图(V) 插入(I) 格式(O) 工具(T) 数据(D) 窗口(W) 帮助(H)

宋体 12 B I U

H2 fx 30

	A	B	C	D	E	F	G	H	I
1	1	16	31	46	61	76		抽样结果	
2	2	17	32	47	62	77		30	
3	3	18	33	48	63	78		48	
4	4	19	34	49	64	79		36	
5	5	20	35	50	65	80		90	
6	6	21	36	51	66	81		22	
7	7	22	37	52	67	82		83	
8	8	23	38	53	68	83		78	
9	9	24	39	54	69	84		30	
10	10	25	40	55	70	85		76	
11	11	26	41	56	71	86		71	
12	12	27	42	57	72	87		37	
13	13	28	43	58	73	88		26	
14	14	29	44	59	74	89		89	
15	15	30	45	60	75	90		15	
16								2	
17									
18									

Sheet1 / Sheet2 / Sheet3

就绪 求和=733 数字

图 2.17 输出随机抽样结果

Microsoft Excel - Book1

文件(F) 编辑(E) 视图(V) 插入(I) 格式(O) 工具(T) 数据(D) 窗口(W) 帮助(H)

宋体 12 B I U

H2 fx 6

	A	B	C	D	E	F	G	H	I
1	1	16	31	46	61	76		抽样结果	
2	2	17	32	47	62	77		6	
3	3	18	33	48	63	78		12	
4	4	19	34	49	64	79		18	
5	5	20	35	50	65	80		24	
6	6	21	36	51	66	81		30	
7	7	22	37	52	67	82		36	
8	8	23	38	53	68	83		42	
9	9	24	39	54	69	84		48	
10	10	25	40	55	70	85		54	
11	11	26	41	56	71	86		60	
12	12	27	42	57	72	87		66	
13	13	28	43	58	73	88		72	
14	14	29	44	59	74	89		78	
15	15	30	45	60	75	90		84	
16								90	
17									
18									

Sheet1 / Sheet2 / Sheet3

就绪 求和=720 数字

图 2.18 输出等距抽样结果

至此，选用两种方法完成了用 Excel 进行数据收集的过程。

任务5　统计技能实践

一、基本技能概述

1．统计调查的能力

（1）能够正确区分统计调查方式。
（2）能够正确抽取样本。
（3）能够正确运用不同的统计调查方法。
（4）能够设计调查方案。

2．Excel 的基本操作能力

（1）合并或拆分单元格。
（2）资料的复制或移动。
（3）资料填充的技术，关键是掌握填充的数据条件：有规律的数据，只对阿拉伯数字有效。
（4）资料的排序，包括单标志排序和多标志排序。
（5）进行简单随机抽样和等距抽样。

二、技能实训材料

1．统计信息收集的运用技能

1）模拟调查

（1）实训材料：模拟入户调查资料。

入户登记时间：11月2日。

① 本户家住浙江省台州市黄岩区西城街道××村001普查小区，建筑物编号是01，第1户（户编号001）。

② 申报人陈××，张××之妻。

③ 2010年10月31日晚住在本户的有8人；户口在、未住本户的有1人。

④ 我家有5间住房，建筑面积为250平方米，我与老头住1间，儿子、儿媳及小孙子住1间，女儿与女婿住1间，保姆住1间。

⑤ 我的老头张××是户主，1949年9月出生，汉族，户口在本户，非农业户口，生于湖南，小时候随母亲到此地。识字，但没有上过学，在王××的个体塑料厂（生产日用塑料制品）看大门，每天工作8小时，每周工作7天。主要生活来源是厂里发的工资。身体健康。1973年1月与我结婚。

⑥ 我叫陈××，1950年6月出生在温岭。汉族，结婚后就把户口迁入本户，非农业户口。读过几年小学，现在不识字了，在家做家务。患有糖尿病，但基本健康。未找过任何工作，也不想出去工作。现在主要靠儿子和我老头供养。生过两个孩子，1男1女。

⑦ 我儿子张××，1975年11月生，汉族，非农业户口，出生在这里，1996年在北京海淀区当兵，2008年7月转业回家，户口落到单位集体户中。他高中毕业，目前在党校函授，

专科，还没拿到文凭，从部队转业后就一直在椒江区电视台（电视节目制作和播放）做保卫工作（单位地址：椒江区海门街道）。每周工作5天，每天工作8小时。主要生活来源是劳动收入。2009年5月初结婚。他平时住在家里，10月30日～11月2日在上海出差。

⑧ 儿媳叫何××，1977年6月出生，汉族，户口在本户，非农业户口，出生在玉环县。2001年10月第一次结婚，2003年生了一个女孩，2009年5月与我儿子结婚，此前一直住在玉环。高中毕业，现在黄岩罐头厂（生产橘子罐头）工作，出纳，每天上8小时的班，周六、周日休息。靠工资生活。今年10月生下了1个男孩，未取名，也未落户口。

⑨ 女儿叫张××，1973年10月出生，汉族，出生在本户，初中毕业，1997年6月嫁到三门去，婚后户口也迁走了。4天前与我女婿一起来黄岩朋友家喝喜酒，住在我家，明天就回去。

⑩ 我妹妹的儿子叫杨××，1986年1月出生，汉族，2000年为了上学把户口落在本户，非农业户口，至今也没把户口迁走，但未在我家住过。2005年9月他去杭州某校读大专，2009年毕业后在杭州解放百货公司上班，2010年8月从原单位辞职，现正在杭州上城区准备自己开公司。现在的生活来源是靠父母供给。出生在临海，未婚。

⑪ 保姆，冯××，女，1986年4月出生，壮族，户口在江西省萍乡市莲花县某乡，江西出生，农业户口。初中毕业，2007年10月从江西到我家做保姆，之前一直在江西老家。每天工作9小时。未婚，未生育。

⑫ 我公公叫张××，1929年2月出生，因患病多年于2009年12月去世，汉族，未上过学，婆婆3年前去世。

（2）实训要求：根据本项目前面介绍的人口普查案例材料和网上查阅的相关材料，结合实训材料中的普查表短表的指标解释，作为模拟普查员进行模拟入户调查并登记人口普查的短表（有兴趣的学生也可登记长表）。

2）市场调查方案的设计

（1）实训材料：大学生是一个独特的消费群体，知识水平相对较高，愿意尝试也容易接受新鲜的事物。虽然当前的消费能力偏低，但人数庞大，消费领域集中。更重要的是，现在的大学生在不久的将来就是中国社会的中坚力量和消费主体，谁抓住了他们，谁就抓住了未来的市场。因此，国内外众多厂商纷纷把目光投向大学校园。例如，飞利浦公司放弃中国足协杯，转而赞助了中国大学生足球联赛。现在，我们拟对台州市大学校园内的商业推广活动进行调查，以深入了解大学生这个特殊的消费群体，挖掘其中蕴含的商机，为商家提供决策依据。

（2）实训要求：结合实际，请为高校商业推广活动设计一个市场调查方案。

3）抽样调查的样本选取

（1）实训材料：第六次人口普查长表抽样的有关规定（节选）。

抽取数量：第六次人口普查中，按10%的抽样比例，在每个普查小区的家庭户和集体户中抽取普查表长表调查住户组，每个住房组由相邻的4户组成。

随机起点：抽长表住户组时，每个普查区需要确定一个随机起点，第一个随机起点由普查区负责人在1～10确定，即取本人生日的最后一位数。普查区内随后的普查小区起点为前一个起点数加1，如该普查区内的小区随机起点数累计超过10（如11），则该普查小区随机起点数为1（即减10），以此类推。

抽取方法：以《户主姓名底册》最大“户编号”（除600以上）在40以上为例。在确定普查小区随机起点以后，将随机起点乘 4 得到的数值为第一个抽中住户组的尾数。假设随机起点 3，3×4=12，则抽中第一个住户组在《户主姓名底册》"户编号"为 9、10、11、12 ；第二个抽中的住户组编号为第一个抽中住户组所对应的户编号加 40，即抽中第二个住户组"户编号"为 49、50、51、52；第三个抽中的住户组编号为第二个抽中住户组所对应的户编号加 40，即抽中第三个住户组 "户编号"为 89、90、91、92。以此类推，直到住户组数超出了《户主姓名底册》的最大"户编号"为止。

其中：①《户主姓名底册》是普查员在入户摸底（第六次人口普查第二阶段）时编写的。②"户编号"（3 位数）是对本普查小区所有普查对象所在的户（家庭户和集体户）按"房屋编号"的顺序，根据摸底时的实际情况依次进行的编号。

（2）实训要求：假设某普查小区最大"户编号"为 80，随机起点为 3。请根据实训材料确定该小区最终的长表住户组的"户编号"。

2. Excel 的基本操作

1）材料的录入

（1）实训材料：浙江省宁波市鄞州区历次人口普查各种职业人口情况见表 1-3。

（2）实训要求：

① 用合并单元格的办法录入该表的标题"浙江省宁波市鄞州区历次人口普查各种职业人口情况"。

② 录入该表的全部材料。

③ 将该表中"职业别"和"2000 年"的两列数据分别复制到 Sheet2 中，并将 Sheet2 改名为"2000 年人口普查各种职业人口情况"。

2）材料的排序

（1）实训材料：某地区某年 24 个工业企业基本情况见表 2-3。

表 2-3　某地区某年 24 个工业企业基本情况

编　　号	经 济 类 型	企 业 规 模	职工人数/人	全年总产值/万元
1	国有	中	3 200	3 500
2	国有	中	8 500	11 000
3	其他类型	中	2 400	2 200
4	个体	小	300	200
5	集体	中	800	740
6	个体	小	160	120
7	个体	小	80	35
8	集体	小	65	30
9	国有	小	120	80
10	其他类型	中	1 000	1 200
11	集体	中	1 800	2 000
12	个体	小	400	250
13	其他类型	小	130	94
14	国有	中	900	2 100

续表

编　　号	经 济 类 型	企 业 规 模	职工人数/人	全年总产值/万元
15	集体	小	270	300
16	个体	小	460	220
17	国有	大	5 600	30 000
18	国有	大	4 700	28 000
19	个体	小	300	350
20	集体	小	280	300
21	个体	小	160	200
22	其他类型	小	200	170
23	集体	小	140	97
24	其他类型	小	90	100

（2）实训要求：

① 将该表材料按经济类型进行重新排序。

② 将该表材料按职工人数进行重新排序。

③ 将该表材料先按经济类型进行排序，在此基础上再按企业规模排序，之后再按工业总产值排序。

业务训练题

一、单项选择题

1. 统计调查的基本任务是取得原始资料，所谓原始资料是指（　　）。
   A．统计部门掌握的统计资料
   B．向调查单位收集的尚待汇总整理的个体资料
   C．对历史资料进行分析后取得的预测数据
   D．统计年鉴或统计公报上发表的资料
2. 全面调查是对调查对象所有单位的调查。下述调查中属于全面调查的是（　　）。
   A．就全国钢铁生产中的重点单位进行调查
   B．对全国的人口进行调查
   C．到某棉花生产地了解棉花收购情况
   D．抽取一部分单位对已有的资料进行复查
3. 下述调查中属于连续调查的是（　　）。
   A．每隔 10 年进行一次人口普查
   B．对 2011 年大学毕业生工作状况的调查
   C．对近年来物价变动情况进行一次摸底调查
   D．按旬上报钢铁生产量
4. 在统计分析中，需要已婚人口数和未婚人口数指标，则相应的调查标志是（　　）。
   A．婚姻状况　　B．已婚人口数
   C．未婚人口数　　D．已婚和未婚人口数
5. 为了了解职工的业余生活，某市统计局欲对该市职工 2011 年 8 月 15 日至 21 日一周的时间安排进行调查，此调查宜采用（　　）。
   A．普查　　B．重点调查　　C．典型调查　　D．抽样调查

6. 某市统计局欲对该市职工 2011 年 8 月 15 日至 21 日一周的时间安排进行调查，要求此项调查在 9 月底完成，调查的标准时间是（　　）。

A. 8 月 15 日　　B. 8 月 15 日至 21 日
C. 8 月底　　D. 9 月底

7. 人口普查规定统一的标准时点是为了（　　）。

A. 避免登记的重复与遗漏　　B. 确定调查的范围
C. 确定调查的单位　D. 登记的方便

8. 了解某储蓄所月末存款余额，调查人员当面点数，这种收集资料的方法是（　　）。

A. 报告法　B. 直接观察法　C. 采访法　D. 问卷法

9. 重点调查中重点单位是指（　　）。

A. 标志总量在总体中占有很大的比重
B. 具有典型意义或代表性的单位
C. 那些具有反映事物属性差异的品质标志的单位
D. 能用以推算总体标志总量的单位

10. 对连续大量生产的某种小件产品进行质量检验，最恰当的调查方式是（　　）。

A. 普查　B. 重点调查　C. 抽样调查　D. 统计估算

11. 某城市对占全市储蓄存款余额 80%的几个储蓄所进行调查，以了解全市储蓄的一般情况，这种调查方式是（　　）。

A. 重点调查　B. 典型调查　C. 普查　D. 抽样调查

12. 区分重点调查和典型调查的标准是（　　）。

A. 收集资料的方法不同　　B. 确定调查单位的标准不同
C. 调查单位的性质不同　　D. 确定调查的时间不同

二、多项选择题

1. 专门组织的调查包括（　　）。

A. 典型调查　B. 统计报表　C. 重点调查
D. 普查　E. 抽样调查

2. 制定统计调查方案，应确定（　　）。

A. 调查目的和调查对象　　B. 调查单位和填报单位
C. 调查项目和调查表　　D. 调查资料的使用范围
E. 调查的时间和期限

3. 在工业设备普查中（　　）。

A. 工业企业是调查对象　　B. 工业企业的全部设备是调查对象
C. 每台设备是填报单位　　D. 每台设备是调查单位
E. 每个工业企业是填报单位

4. 我国第六次人口普查的标准时间是 2010 年 7 月 1 日零时，下列情况应统计人口数的有（　　）。

A. 2010 年 7 月 2 日出生的婴儿　　B. 2010 年 6 月 29 日出生的婴儿
C. 2010 年 6 月 29 日晚死亡的人　　D. 2010 年 7 月 1 日 1 时死亡的人
E. 2010 年 6 月 26 日出生，7 月 1 日 6 时死亡的婴儿

5. 通过调查鞍钢、首钢、宝钢等几个大钢铁基地来了解我国钢铁的基本情况，这种调查属于（　　）。

A. 典型调查　B. 重点调查　C. 抽样调查
D. 普查　E. 非全面调查

6. 对统计数据的质量要求有（　　）。

A. 准确性　B. 完整性　C. 及时性
D. 相关性　E. 重要性

三、判断题

1. 全面调查是对普查对象的各方面都进行调查。 ( )
2. 我国的人口普查每10年进行一次，因此，它是一种经常性调查方式。 ( )
3. 在统计调查中，调查单位和报告单位有时是一致的。 ( )
4. 调查时间是指开始调查工作的时间。 ( )
5. 普查可以得到全面、详细的资料，但花费较大。 ( )
6. 各种调查方法的结合运用，会造成重复劳动，因此不应提倡。 ( )
7. 普查是比较容易取得全面资料的一种调查方法。 ( )
8. 重点调查中的重点单位是标志值较大的单位。 ( )

四、思考题

1. 一个完整的统计调查方案包括哪些内容?
2. 简述各类专门调查的含义。

项目 3

统计信息的整理

先导案例

浙江省宁波市第六次全国人口普查工作的第一阶段，即调查登记阶段已全部结束，从 2010 年 12 月 1 日开始，进入数据汇总和资料开发利用阶段，计划 2011 年 4 月公布主要数据，同时对所有数据进行深度加工利用。

据介绍，宁波市所有的调查表格将进行手工快速汇总和机器完整汇总，人口情况的几个主要指标，如总人口、出生率、死亡率等，先通过手工快速汇总得出来，各级普查员对普查表审核确认后对其进行编码，录入电脑，完成《快速汇总过录表》，得出基本数据。

同时，从 12 月起至 2011 年 3 月 15 日，对全部长表、短表进行扫描，对个人所填表格全部列项进行内容汇总。扫描结束后，10%的长表将送入档案馆永久保存；短表保存原始影像图作为数据库，纸质资料将统一被监督销毁。

为了防止漏登，此次人口普查与前几次相比最大的不同在于，要求普查员遇人先不作判断，见人就登，见户籍就登，不光在流入地登记，在户籍地也登记一些基本信息。“两头堵”，保证漏不掉流动人口。

“我户口在江西老家，那边和宁波都登记过了，这样会不会重报？”面对市民刘先生的疑问，市人普办工作人员表示，两边登记完之后，由计算机汇总软件判断，不会造成重报。

（资料来源：白蓓. 人口普查今起数据汇总，两头登记不会造成重报. 中国宁波网，2010-12-01.）

【案例思考】

（1）人口普查登记结束后，先进行的工作是什么？

（2）人口普查的基本数据是怎么来的？

（3）对人口普查的长、短表将如何处理？

（4）第六次人口普查不光在流入地登记，在户籍地也登记一些基本信息，这样两头登记会不会造成重报？

任务提炼

通过项目 2 所学的各种调查方式取得了有关社会经济现象的第一手资料，完成了对统计数据的收集，那么是不是就可以直接进行分析，得出结论了呢？其实不然，接下来的任务就是要对这些数据进行加工整理并进一步绘制成图表，显示出数据分布的规律性，使我们能够比较容易地发现数据包含的信息，为统计分析提供比较清晰的思路。为此，我们应掌握以下 5 个方面的任务：

（1）设计整理方案。

（2）理解统计分组和统计编码。

（3）掌握常用的手工汇总技术及 Excel 汇总技术。

（4）能够设计和运用统计表。

（5）掌握 Excel 在统计中的应用。

（6）进行统计技能实践。

任务1　设计整理方案和审核统计数据

统计整理的步骤由内容来决定，大体分为以下几个步骤：制定统计整理方案、审核和纠正统计资料、进行科学的统计数据分组与汇总、编制统计表与绘制统计图。

一、设计整理方案

整理方案与调查方案应紧密衔接。整理方案中的指标体系与调查项目相一致或是其中的一部分，绝不能相矛盾、脱节或超越调查项目的范围。科学的整理方案对于统计整理乃至统计分析的质量都是至关重要的。

整理方案的主要内容见表3-1。

表3-1 整理方案的主要内容

项目	具体要求
目的	清楚、准确地写出统计整理的目的
范围和内容	明确统计整理的范围和具体内容
方法及步骤	采用什么样的方法来进行统计整理，具体如何组织实施
人员安排	安排好人员在什么时间做完什么事，做到分工明确、责任到人
时间安排	明确在什么时间做什么事情、在什么时间完成任务，做到科学合理
财务预算	合理预算投入与产出，做到合情合理
评价和考核	考核与评价科学实际

二、审核统计数据

在统计整理工作开始之前，必须对统计数据进行审核。这是保证统计资料质量的一个重要环节。

对统计数据的审核主要是对其准确性、及时性、完整性的检查。审核及时性主要是检查统计调查的时间是否符合规定，包括调查期限、报送时间等。审核完整性主要是对调查单位、项目的检查，看是否有遗漏现象。

审核统计数据的准确性一般有两种方法：一是逻辑审核，它是利用逻辑理论检查指标之间或数据之间有无矛盾，是否符合逻辑关系；二是计算审核，即从指标要素的角度来检查数字资料有无错误之处，如计算方法、计量单位、指标之间的关系是否成立等。

若在资料审核中发现差错，要分不同情况及时进行纠正和处理，属于被调查单位填报错误的，应通知他们重新填报；属于汇总过程中出现的错误，应根据情况予以修正。

任务2 认识统计分组

日常生活中及科学研究中，人们常会遇到或听到一个词汇——分门别类，其词意为按事物的特征进行分类；如果按统计的术语来说，它就是一种分析方法——统计分组。统计整理的关键步骤是统计分组，统计分组的关键是选择分组标志。

一、统计分组的概念

统计分组是根据研究任务的需要和被研究现象的内在特点，将统计总体按照一定的标志划分为若干性质不同的部分或组。

理解统计分组的概念要注意以下3点：

（1）统计分组的对象是总体。

（2）统计分组对总体而言是“分”，对总体单位而言是“合”。

统计分组的原则是，保证组间各单位具有差异性，组内各单位具有同质性。通过分组，将性质相同的各单位结合在一起，将性质有差异的各单位分开。也就是说，统计分组是在统计总体内部进行的一种定性分类。

（3）统计分组应有分组标志。

分组标志就是用来作为分组依据的标准。分组不是唯一的，对于一份资料来说，可能有多种分组。一个目的就可能需要一种分组，一个任务也可能需要一种分组；反过来，一种分组就可能达到一个目的，换一种分组，又可能达到另外一个目的。实际上，这就是“分组标志”的选择问题。

分组标志的选择一定要与其所研究的目的、任务联系起来，否则就无法判断这一分组是否合适。判断一个分组的好坏，只能看其是否符合研究的目的，能否完成所要研究的任务。

二、统计分组的形式

统计分组的依据是分组标志。统计分组的结果会形成一系列具有一定内在关系的各个组别，再把与各个组别相对应的指标数值计算出来，就会形成一个统计分组表，也叫分配数列、分布数列或次数分布。统计分组表的一般形式见表3-2，其具体形式见表3-3。

表3-2　统计分组表的一般形式

地　区	人　口　数
北京	
天津	
……	

表3-3　统计分组表的具体形式

分　组　栏	指　标　栏
（各个组别）	（与各个组别相对应的指标数值）

按分组栏的不同情况，可将统计分组表分为品质分组表和变量分组表两种。

1．品质分组表

品质分组表也称为品质数列，即分组栏的分组标志为品质标志的统计分组。实际中，品质分组的情况也不少见，如人口按性别、民族、职业、婚姻状况等标志分组，工业企业按经济类型、行业隶属关系、地区等标志分组，见表3-2。

按品质标志分组，其组别只能用文字表述，若出现不易确定的情况时应做出明确规定。例如，人口按城乡分组，居民一般分为城市和农村两组，但因目前还存在既具备城市形态又具备乡村形态的地区，分组时就需慎重考虑。

因此，在实际工作中，为了便利和统一，联合国及各个国家都制定有适合一般情况的标准分类目录，如我国就有《国民经济行业分类目录》《工业部门分类目录》《商业目录》等。

2．变量分组表

变量分组表也可称为变量数列，即以分组栏的分组标志为数量标志的统计分组表。实际中，变量分组的情况是非常普遍的，如人口按年龄、身高、体重等标志分组；工业企业按职工人数、生产能力、增加值、上缴利税等标志分组。

1）变量数列的分类

变量数列按组别表现形式不同，又可分为单项式分组表和组距式分组表。

（1）单项式分组表也称为单项式变量数列，即以一个标志值作为一个组别的分组表，见表3-4。单项式分组适用于离散变量且标志值变动范围不大的情况下的分组。

表3-4　单项式分组表

户人口数	户　数
1	
2	
3	
4	
5	
合　计	

（2）组距式分组表也称为组距式变量数列，就是以标志值的一个范围作为一个组别的分组，见表3-5。组距式分组适合于连续型变量及变动范围比较大的离散型变量的分组。

表3-5　××地区“五普”年龄构成情况

年　龄　组	人　数
0～14	1 147 299
15～64	2 458 462
65岁及以上	238 936

组距式分组表中的常用概念有以下几种：

① 组限。组距数列中，各组变量值变动的界限称为组限，组内最大变量值称为上限，最小变量值称为下限。组距就是上限与下限之差，即组距＝组上限－组下限。

② 开口组与闭口组。编制组距数列时，常常使用“××以上”或“××以下”，这样不确定组限的组，称为开口组；否则称为闭口组。如表3-5中，“65岁及以上”就是开口组，其余均为闭口组。

③ 组距与组中值。某一组的上限与下限之差为组距，上限与下限的中点为组中值。组距＝上限－下限，如“15～64”组的组距＝64－15＝49；组中值＝（上限＋下限）/2＝下限＋组距/2＝上限－组距/2，如“15～64”组的组中值＝39.5。

由于开口组的组限不完整，计算组中值时一般做如下假定：开口组的组距＝邻组的组距，所以，缺上限时，组中值＝下限＋邻组组距/2；缺下限时，组中值＝上限－邻组组距/2，如“65岁及以上”组的组中值＝65＋49/2＝89.5。

④ 连续分组与不连续分组。相邻两组的上下限相同者（即上组上限＝下组下限），为连续分组，否则为不连续分组。例如，对某企业工人日产量情况进行分组时，组别的两种情况如下：连续分组为40～50、50～60、60～70，不连续分组为40～49、50～59、60～69。

在一般情况下，连续变量应采用连续型分组，而离散变量既可采用不连续型分组，也可采用连续型分组。

在连续分组时，每组的上限不包括在内。这样，无论哪种形式的分组，对于资料的归组来说就都一样了。上例中，如某人日产量为50件，无论按照“连续型分组”还是“不连续型分组”都应归入第二组。

在不连续型分组的情况下，组中值的计算方法会有所不同。这时，应先把上组限加1再进行计算。这样，无论哪种形式的分组，对于组中值来说就都一样了。

⑤ 等距分组与异距分组。各组组距都相同的分组为等距分组，否则为异距分组。具体采用哪种分组，应该根据有关规定、人们的习惯、事物所处的历史条件等来确定，而不是“愿意怎样分组就怎样分组”。

2）变量数列的编制

编制单项式变量数列是直接将每一个变量值作为一组，汇总计算各组相应的单位数，然后利用表格形式列示即可，所以它的编制比较简单，而组距式变量数列的编制则要复杂得多。下面重点说明等距组距式变量数列的编制方法。

从工作过程来讲，组距式变量数列的编制可按以下几个步骤进行：

（1）将获得的原始资料按数值大小依次排列，计算全距。其中，全距＝最大变量值－最小变量值。

（2）确定组数和组距。一般是先对总体内部情况进行定性分析，然后再具体确定。组数的确定和组距有密切联系：组距大，组数就少；组距小，组数就多。

对于组数和组距，先确定哪一个，不能机械地作出规定，而应视具体情况确定。这里，介绍一种确定组数和组距的经验公式，这一公式是美国学者H.A.斯特杰斯提出的，故被称为斯特杰斯经验公式，即

$$n=1+3.322\lg N \qquad (3.1)$$

在总体各单位标志值分布趋于正态的情况下，可根据总体单位数（N）来确定应分组数（n）。公式（3.1）可在分组时作为参考，因为当总体单位数过少时，按其计算的组数可能偏多；而当总体单位数很多时，计算的组数可能偏少。因此，在实际中也可以视具体情况自行确定组数。

等距分组只要确定了组数，就可计算出组距。其计算公式为：组距＝全距÷组数。但这个计算结果一般不会是整数，完全按计算结果来确定组距，会给其他方面的计算分析带来许多不便。为了计算方便，组距的确定宜取5或10的倍数。

（3）确定组限。当组数、组距确定以后，还需划定各组的数量界限，才能编制组距变量数列。组限的确定，除了应区分事物的性质和反映总体的分布特征外，还应注意以下几点：

① 最小组下限小于或等于最小变量值，最大组上限大于或等于最大变量值。

② 确定组限的形式。对于连续型变量，划分组限时相邻的组限必须重合。对于离散型变量，划分组限时相邻组的组限必须间断。但是，在实际工作中，为了保证不重复、不遗漏总体单位，离散变量也常常采用连续型变量的组限表示方法。

③ 确定开口组和闭口组。当变量出现极大值或极小值时，可采用开口组，即用“××以下”或“××以上”。

（4）根据分组整理成次数分布。次数分布中的常用概念见图3.1。

工人按工资分组/元	工人人数/人	各组人数所占比重
2 000～3 000	110	22.00%
3 000～4 000	300	60.00%
4 000～5 000	90	18.00%
合　计	500	100.00%

名称或数值　　次数或频数　　比率或频率

图 3.1　次数分布中的常用概念

① 次数分布。在统计分组的基础上，将总体中所有单位按组归类整理，形成总体中各个单位数在各组间的分布，叫作次数分布。

② 频数。分布在各组中的个体单位数叫作次数或频数，通常用符号 f 表示。频数大小决定该组标志值作用的强度。

③ 频率。各组次数与总次数之比叫做比率或频率。频率表明各组值的相对作用强度。将各组别与次数按一定的次序排列所形成的数列称作分配数列或次数分布数列。

三、统计分组的方法

统计分组方式确定之后，还有一个如何安排组别的问题，即统计分组方法问题。按选择的分组标志多少不同，统计分组方法可分为单标志分组法和多标志分组法。

1．单标志分组法

单标志分组法是指只按一个标志对总体进行的分组。它经常按时间、空间、某一特征或某一指标进行分组。

（1）按时间分组，其组别均为时间，会形成时间分组表，也叫动态数列。

（2）按空间分组，则形成空间分组表，所形成的组别为地区、国家名称、行政区划、单位名称等。

（3）按特征或指标分组，则形成特征分组表，见表 3-4 和表 3-5。特征分组表是最常见的单标志分组表，如按所有制分组、按计划完成情况分组等。它的分组标志是除了表示时间和空间以外的所有标志。

2．标志分组法

多标志分组法是指对总体按两个或两个以上的标志进行的分组。它又可以分为平行分组法、复合分组法和不规则分组法。

（1）平行分组法即各分组标志之间呈并列关系的分组方法。与平行分组法相对应的分组表为平行分组表，见表 3-6。

表 3-6　平行分组表

组　别		职 工 人 数
性别	男	
	女	
年龄	25 岁以下	
	26～59 岁	
	60 岁以上	

（2）复合分组法是把总体各单位先按一个标志进行分组，在此基础上再按另一标志重叠

起来进行分组，即分组标志之间呈复合关系（或重叠关系）。与复合分组法相对应的分组表为复合分组表，见表3-7。在复合分组法中，第一次分组时所依据的分组标志为主要标志，第二次分组时所依据的分组标志则为次要分组标志等。但一般情况下，复合分组不能超过3个分组标志。

表3-7　复合分组表

组　别		职工人数
男	25岁以下	
	26～59岁	
	60岁以上	
女	25岁以下	
	26～59岁	
	60岁以上	

注意：可从以下几点来判别平行分组与复合分组：

（1）看分组标志是否分主次。平行分组表中的分组标志不分主次，而复合分组表中的分组标志则有主次之分。

（2）看组别名称是否出现分组标志。平行分组表中的组别会有分组标志出现，而复合分组表中的组别则不会有分组标志出现。例如，按性别分组，在平行分组表中应有“性别”组别出现，而在复合分组表中不会出现“性别”组别，只能有“性别”的标志“男”“女”所构成的组别出现。

（3）看所分出来的组别数。平行分组表中，组别数等于各分组标志所分组数之和；复合分组表中，组别数等于各分组标志所分组数之积。

（3）不规则分组法。在多标志分组中，除了平行分组和复合分组外，实际上还有一种“不规则”分组法，这种分组法就是从多种需要的实际出发，把多种分组标志的分组综合到一个统计分组表中，见表3-8。这种分组表也可称为“不规则分组表”，是实际工作中最为常用的。实际上，在这种分组表中，既有平行分组又有复合分组，既有完全分组（列出某一分组标志所分出的全部组别）又有不完全分组。

表3-8　不规则分组表（工业普查主要指标增减变动计算表）

项　目	计量单位	××年	××年	年增长率
资产总计	千元			
流动资产合计	千元			
产成品存货	千元			
固定资产合计	千元			
固定资产净值	千元			
负债合计	千元			
所有者权益合计	千元			
产品销售收入	千元			
产品销售税金及附加	千元			
利润总额	千元			
工业增加值率				

续表

项　　目	计 量 单 位	×× 年	×× 年	年增长率
主要工业产品生产量				
（1）				
（2）				
（3）				

总之，选择分组法的原则是"能简则简"。一般来说，单标志分组表反映的问题单一，多标志分组表反映的问题更全面，复合分组表又比平行分组表更能详细地反映问题。但在选择分组法时，能以最简单的分组法解决问题时，就一定选择最简单的分组法。同理，在设计或使用统计表时也应该是能用单标志分组表时就不用多标志分组表，能用平行分组表时就不用复合分组表。

任务 3　熟悉统计编码

统计编码就是简单化、阿拉伯数字化的组别编号。统计编码除具有组别编号的作用外，还具有便于机器识别和计算的作用。当分组特别多时，统计编码更能显示其优越性。

一、统计编码的种类

统计编码一般可分为顺序码、类型码、层次码和不规则码等。

1．顺序码

顺序码是指仅能说明指标在表中排列顺序的编码。它又有不等位码和等位码之分，见表 3-9。有了顺序码，读指标时会非常方便。

表 3-9　顺序码的编码示意图（某县农业总产值情况）

分　　类	不 等 位 码	等　位　码	总产值/万元
一、农业产值	1	01	
（一）种植业	2	02	
1. 主产品	3	03	
（1）谷物	4	04	
（2）豆类	5	05	
…	…	…	
2. 副产品	16	16	
（1）谷物副产品	17	17	
（2）其他副产品	18	18	
（二）其他农业	19	19	
（三）采集野生植物	20	20	
二、林业产值	22	22	
三、牧业产值	26	26	
四、渔业产值	40	40	

顺序码的编码规则如下所述：

（1）按从小到大的顺序编码。

（2）中间无空码。

（3）编制等位码时，若有效数字的位数不够，应用“0”在前面补位。

2. 类型码

类型码也叫区段码，即通过规定不同的码段来区分指标大致类型的编码，也有不等位码和等位码之分，见表3-10。

表3-10 类型码和层次码的一般形式

组别	类型码		层次码	
	不等位码	等位码	不等位码	等位码
一、×××	1	001	1	100
（一）×××	2	002	11	110
1. ×××	3	003	111	111
2. ×××	4	004	112	112
（二）×××	5	005	12	120
1. ×××	6	006	121	121
2. ×××	7	007	122	122
3. ×××	8	008	123	123
（三）×××	9	009	13	130
二、×××	51	051	2	200
（一）×××	52	052	21	210
（二）×××	53	053	22	220
1. ×××	54	054	221	221
2. ×××	55	055	222	222
三、×××	101	101	3	300
（一）×××	102	102	31	310
1. ×××	103	103	311	311
2. ×××	104	104	312	312
（二）×××	105	105	32	320
四、×××	151	151	4	400

实际上，类型码是以不同的数码段来区分层次或类型的，编码前必须要规定码段，如50以内为第1段，51～100为第2段，等等。

类型码的编码规则如下所述：

（1）对不同类型的指标规定不同的数码段。

（2）在每一类型中按顺序进行编码。可见，类型码从某一类型来看为顺序码。

3. 层次码

层次码是指说明指标在表中排列层次的编码。它又有不等位码和等位码之分，参见表3-10。

层次码的编码规则如下所述：

（1）不等位码。它以位数区分层次，层次越高，位数越少；层次越低，位数越多。

（2）等位码。它用特征码来区分层次，□00 为第 1 层，□□0 为第二层，□□□为第 3 层，等等（其中，□表示除“0”以外的阿拉伯数字）。

4. 不规则码

不规则编码是指以“方便使用”为原则，采取灵活多样的编码规则而进行的编码，如按简称编码、按字母顺序编码、按地理位置编码等。

二、常用的几种统计编码

1. 经济成分分类与代码

此处介绍主要依据“国统字〔1998〕204 号”文件下发的《关于统计上划分经济成分的规定》，它属于不等位层次码，见表 3-11。

表 3-11　经济成分分类与代码

代　　码	分类及构成
1	公有经济
11	国有经济
12	集体经济
2	非公有经济
21	私有经济
22	港澳台经济
23	外商经济

其编码规则如下：

（1）第 1 层次，用 1 位数字的顺序码。

（2）第 2 层次，用双位数码且分前后两段，前一段保留上层代码，后一段为本层顺序码。

（3）适当留出“空位码”以备后用。例如，国民经济现分为两组，若再增加一组可编为 13。

2. 国民经济行业分类与代码

此处主要介绍中华人民共和国国家标准《国民经济行业分类》中（GB/T 4754—2011）的国民经济行业分类与代码，这些代码属于不等位层次码，见表 3-12。

表 3-12　国民经济行业分类与代码（节选）

门类	大类	中类	小类	名　　称	说　　明
A	A	A	A	农、林、牧、渔业	A
A	01	A	A	农业	A
A	A	011	0110	谷物及其他作物的种植	包括谷物、薯类、油料、豆类、棉花、麻类、糖料、烟草及其他作物的种植
			0111	谷物的种植	包括蔬菜、花卉及其他园艺作物的种植
			0112	薯类的种植	

续表

门类	大类	中类	小类	名　　称	说　　明
			0113	油料的种植	
			0114	豆类的种植	
			0115	棉花的种植	
			0116	麻类的种植	
			0117	糖料的种植	
			0118	烟草的种植	
			0119	其他作物的种植	
A	A	012	0120	蔬菜、园艺作物的种植	
			0121	蔬菜的种植	
			0122	花卉的种植	
			0123	其他园艺作物的种植	
		013	0130	水果、坚果、饮料和香料作物的种植	
			0131	水果、坚果的种植	
			0132	茶及其他饮料作物的种植	
			0133	香料作物的种植	
			0134	中药材的种植	
A	02			林业	
A	03			畜牧业	
A	04			渔业	
A	05			农、林、牧、渔服务业	
B	A			采矿业	
C	A			制造业	
D				电力、燃气及水的生产和供应业	
E				建筑业	
F				交通运输、仓储和邮政业	
G				信息传输、计算机服务和软件业	
H				批发和零售业	
I				住宿和餐饮业	
J				金融业	
K				房地产业	
L				租赁和商务服务业	
M				科学研究、技术服务和地质勘查业	
N				水利、环境和公共设施管理业	
O				居民服务和其他服务业	
P				教育	
Q				卫生、社会保障和社会福利业	
R				文化、体育和娱乐业	
S				公共管理和社会组织	
T				国际组织	

其编码规则如下：

（1）门类代码。用1位字母顺序A，B，C，…，P，共16个门类。

（2）大类代码。用2位数字顺序码01～99，但要留出一定数量的空码，如38、66、69、71、77、88、98等，以备后用。

（3）中类代码。用3位数字顺序码011～099（中间留出若干空码）。

（4）小类代码。用4位数字顺序码0110～0990（中间留出若干空码）。在小类代码中，形如□□□□（大中类各位码均不为“0”）者为真小类；形如□□□0者为假小类，即中小类合计。例如，0520为“林业服务业”，它下面不再划分“小类”，实际上与052相同。

（5）在中类和小类中，末位逢9者为收容类，即“其他……”项，如0690为其他煤炭采选，0519为其他农业服务等。

3．县级行政区划代码

行政区划代码是指行政单位及个人所在地区的行政区划代码（不是邮政编码）。这一级的行政区划代码属于等位类型码，其形式为6位数代码：

□□ □□ □□
省级 市级 县级

其编码规则如下所述：

（1）前两位数字是省级代码，均为等位类型码，见表3-12。

（2）中间两位数字是市级（省辖市、州、盟及直辖市所属的市辖区和县等）代码，如台州市为10，也为等位类型码形式。

（3）后两位数字是县级（直辖市的辖区、地辖市、直辖的县级市、旗等）代码，如黄岩区是台州市的市辖区，其代码为03，所以黄岩区的完整代码为331003。

例如，个人身份证的前6位数字，就是所在省市县的行政区划代码。全国省级行政区划代码见表3-13。

表3-13　全国省级行政区划代码一览表（2009年12月31日）

行政区	代码	行政区	代码	行政区	代码	行政区	代码
北京	11	上海	31	湖南	43	陕西	61
天津	12	江苏	32	广东	44	甘肃	62
河北	13	浙江	33	广西	45	青海	63
山西	14	安徽	34	海南	46	宁夏	64
内蒙古	15	福建	35	重庆	50	新疆	65
辽宁	21	江西	36	四川	51	台湾	71
吉林	22	山东	37	贵州	52	香港	81
黑龙江	23	河南	41	云南	53	澳门	82
		湖北	42	西藏	54		

4．乡镇级区划代码

乡镇级区划代码见中华人民共和国国家标准《县级以下行政区划代码编码规则》（GB/T 10114—2003）。乡镇级区划代码属于等位类型码。县级以下行政区划代码分两段由9位数字构成，第一段采用《中华人民共和国行政区划代码》（GB/T 2260—2007）中的省市县的行政区划代码，共6位；第二段才是该乡镇的区划代码。其全码形式如下：

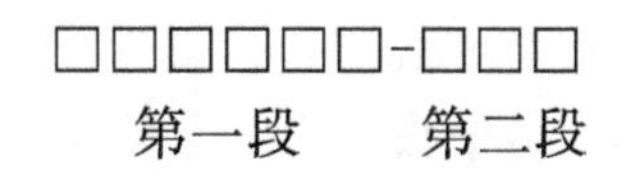
第一段　　第二段

其编码规则如下所述：

（1）第一段代码，即该乡镇所在省、地、县的区划代码。

（2）第二段代码，即该乡、镇的区划代码。该代码是按不同类型分段赋码的，见表3-14。

表3-14　乡镇级区划代码的分段

乡镇级行政单位	代码的区段
街道	001～099
镇	100～199
乡	200～399

任务4　统计汇总

统计汇总是统计资料整理的重要内容。它是在统计分组的基础上，将各单位或各单位标志值归集到相应的组别，计算出各组单位数或标志值，最后再计算出单位总量或标志总量，使零星、分散的统计调查资料转化为系统综合的统计资料的过程。

一、统计汇总方式

统计汇总方式是指按照一定的统计管理体制，将统计资料自下而上进行汇总的组织方式。常用的统计汇总方式有逐级汇总和集中汇总。

1．逐级汇总

逐级汇总是统计汇总中最常使用的一种汇总组织形式。它是按照一定的统计管理体制，自下而上地逐级整理汇总本系统或本地区范围内的统计数据资料的方式。目前，我国现行的统计报表制度一般采用这种组织形式。

2．集中汇总

集中汇总是将全部调查资料集中到组织统计调查的最高机构或某一级的统计机构进行统计汇总。按照集中程度，集中汇总可分为越级汇总和超级汇总。

（1）越级汇总是指在自下而上的汇总过程中，越过某些中间层次而进行的汇总。具体越过的层次需根据汇总的目的、任务及具体情况而定。

（2）超级汇总即在自下而上的汇总过程中，越过一切中间层次，将统计调查资料由基层直接上报到组织统计调查的最高机构统一汇总。联网直报是借助计算机网络和统计数据采集及处理业务系统，实现企业直接上报统计报表的超级汇总方式。截至2009年年底，国家统计局已初步建成工业企业联网直报系统、5 000家重点房地产企业直报系统及农村统计调查直报系统。

为了满足各地区、各部门管理的需要，有时也采取将两种汇总方式结合运用的综合汇总的组织形式。例如，我国人口普查的数据资料就是采取的两种组织形式相结合的方式进行的汇总，几个主要分组指标采取逐级汇总方式，很快就得出汇总结果。同时，全部普查资料则由各省、市、自治区集中汇总，然后由中央一次汇总得出全国的人口的数据资料。

二、统计汇总技术

统计汇总技术主要包括手工汇总和电子计算机汇总。

1．统计数据的手工汇总

手工汇总就是用简单的计算工具进行的汇总，它是目前我国统计数据汇总中普遍使用的方法。手工汇总中通常使用的方法有划记法、过录法、折叠法和卡片法4种。

（1）划记法就是在汇总表上以点线、符号表示各组总体单位数的方法。汇总时，根据总体单位归属的组别，在该组内点一个点或画一条线，最后计算出各组点或线的数目，得到各组的总体单位数。划记法通常只在总体单位数不多、只要求计算出汇总单位数的情况下使用。

（2）过录法是先将原始资料过录在事先设计好的整理表上，然后计算出各组和总体的单位数或标志值的合计数，最后将计算结果填到统计表上。过录法在简单分组且总体单位数不多的情况下采用较适宜。

（3）折叠法是将多张调查表中需要汇总的同一行或同一列的数值预先折好，一张一张地重叠起来，进行汇总计算，然后将汇总结果填入统计表。在汇总过程中，特别要仔细认真，因为一旦发现计算汇总错误，无法从汇总过程中找出原因，必须从头算起。

（4）卡片法是按调查的目的和要求把每个调查单位的有关资料填到一张卡片上，利用卡片进行分组和汇总。卡片法在复合分组且总体单位数多的情况下采用较适宜；若调查资料不多，采用卡片法就不经济了。

2．电子计算机汇总

采用电子计算机汇总技术，大致可分为以下5个步骤：

（1）编程与软件包的选择。根据汇总方案编制计算机运行程序，包括统计分组、汇总、制表等程序设计。规范化的汇总程序可储存起来，多次使用；也可选择常用的软件包，如SAS（Statistical Analysis System）、SPSS（Statistical Pakage for the Social Science）等。这些软件包均具有统计汇总的功能，用户只需具备计算机操作的一般知识，借助软件包说明书即可完成对相应软件的操作，完成数据处理工作。

（2）编码。为满足计算机数据处理的需要，在对所收集的统计数据进行处理前，必须使其标准化、规范化，即将这些数据转化为计算机所能接收的数据，这种转换工作即所谓的数据编码。数据编码就是将字符型数据按照专门制定的编码规则转换成数值型数据，以便于进行数据的录入和使计算机能够正确地接收。

（3）数据录入。就是把经过编码后的数据和实际数字由录入人员通过录入设备记载到存储介质（如磁盘等）上。由计算机通过它本身的装置把这些数据转变成机器可以识别的电磁信号。

（4）数据编辑。就是按照事先规定的一套编辑规则由计算机对输入的数据进行检查。将误差超过允许范围的一组数据退回去，重新审查更正，把在允许范围以内的个别误差按编辑程序规则更正。

（5）制表打印。由电子计算机按照事先规定的汇总表式和汇总层次对经过编辑之后的数据进行统计制表，并通过输出设备把结果打印出来。

典型案例 3-1

第六次人口普查中，每个地方的计算机快速汇总程序都不完全一样，本案例主要介绍浙江省台州市黄岩区的计算机快速汇总的录入及表格说明。

此次快速汇总表格分两张，一张是《快速汇总表式（普查小区打印）》，另外一张是《快速汇总表式（普查区打印）》。在此，主要讲解《快速汇总表式（普查小区打印）》这张表格的计算机汇总。

《快速汇总表式（普查小区打印）》表格里面细分5张工作表，其中间穿插的Sheet2和Sheet4属于中间过程表格，所以到时候会被隐藏，短表（打印）、长表（打印）和普查小区汇总表属于自动生成数据的工作表。普查员和指导员录入数据是在短表过录表和长表过录表这两张工作表里，因为这两张表表式一样，所以简单介绍一下短表过录表的表头，如图3.2所示。

	A	B	C	D	E	F	G	H	I	J
1	总户数		该普查小区已录入短表户数	0	还剩下的户数	0				
2	户编号	H3_1普查时居住在该户的人	H3_2普查时户在人不在的人	出生人口(H4_1)男	出生人口(H4_1)女	死亡人口(H4_2)男	死亡人口(H4_2)女	R6	R7	R8
3		0	0	0	0	0	0			

图3.2 短表过录表表头

第一行中，普查员只需输入B1单元格的内容（该普查小区的短表总户数），D1和F1为自动生成数据，A、H、I、J这四列从第四行开始，每条记录都需要录入，B、C、D、E、F、G这六列从第四行开始，每户信息对应录入一次就可以了。

例如，一个普查小区总共有20户需要填短表，其中001户住有4人，经入户调查，发现是人户一致的情况，没有出生死亡人口，且该户应录入短表，则录入数据如图3.3所示。

	A	B	C	D	E	F	G	H	I	J
1	总户数	20	该普查小区已录入短表户数	1	还剩下的户数	19				
2	户编号	H3_1普查时居住在该户的人	H3_2普查时户在人不在的人	出生人口(H4_1)男	出生人口(H4_1)女	死亡人口(H4_2)男	死亡人口(H4_2)女	R6	R7	R8
3		4	0	0	0	0	0			
4	001	4						1	1	1
5	001							1	1	1
6	001							1	1	1
7	001							1	1	1

图3.3 短表录入数据样本

计算以后，短表打印工作表中总户数显示为1 001户，B13显示为4，C13显示为4，如图3.4所示。该普查小区所有人记录全部输入完后，自检复检都没问题了，就可以用A3纸打印了。

第六次全国人口普查快速汇总(过录)表

地址：________县(市、区)________乡(镇、街道)________普查区________普查小区　　短/长 表

地址码：□□　□□□　□□□　□□□　　1

总户数 1　出生人口 0　死亡人口 0

户编号	一.普查时点居住人数	1.户口登记在本村(居)委会	2.户口登记在本乡镇街道其他村(居)委会	3.户口登记在其他乡镇街道	其中：(1)离开户口登记地不满半年	(2)离开户口登记地半年以上	4.户口待定	二.户口在本户，未住本户人数	1.居住在本村(居)委会其他普查小区	2.居住在本乡镇街道其他村(居)委会	3.居住在其他乡镇街道	其中：(1)离开不满半年人数	(2)离开半年以上人数	4.居住在港澳台或国外
过录项目	H3_1	R6=1且R7=1	R6=1且R7=2	R6=1且(R7=3或4)	R6=1且(R7=3或4)且R8=2	R6=1且(R7=3或4)且R8≥3	R6=1且R7=5	H3_2	R7=1且R6=2	R7=1且R6=3	R7=1且(R6=4或5)	R7=1且(R6=4或5)且R8=2	R7=1且(R6=4或5)且R8≥3	R7=1且R6=6
	(1)	(2)	(3)	(4)	(5)	(6)	(7)	(8)	(9)	(10)	(11)	(12)	(13)	(14)
合计	4	4	0	0	0	0	0	0	0	0	0	0	0	0
001	4	4	0	0	0	0	0	0	0	0	0	0	0	0
002	0	0	0	0	0	0	0	0	0	0	0	0	0	0

图3.4 短表打印工作表样本

（资料来源：浙江省黄岩区第六次人口普查领导小组办公室.）

任务5　制作统计表和统计图

一、统计表

统计资料整理的结果通常以统计表或统计图的形式表现出来。统计资料经过分组整理、汇总后，按照一定的顺序排列在表格内，就形成了统计表。统计表的特点是简明扼要。在实际工作中，可以利用统计表从各方面对社会现象的数量表现进行比较、分析和研究。

1．统计表的一般形式

统计表一般为开栏式表格，即左右两侧不封口，上下两端画粗一些的实线，表内各行除标题行与合计行必须以细实线区分外，其他行间的细实线可以省略，表内各栏目之间用细实线隔开，表体为比例协调的长方形。

统计表一般由表头、表体和表脚 3 个部分构成。

（1）表头是指表体之上的部分，一般包括表号、总标题、计量单位、填报单位及资料所属的时间等。

（2）表体是指处于上下两端的粗实线内的部分，是统计表的主体部分，包括行与列标题名称和指标数值。

（3）表脚是指表体之下的部分，一般包括填表说明及必要的指标解释、资料来源、负责人、填表人、审核人、填报日期等。

2．统计表的构成

1）形式构成

从形式看，统计表主要由总标题、行标题与列标题、格线、指标数值 4 个部分构成，见图 3.5。

2005 年全国 1%人口抽样调查年龄构成————总标题

年　龄（列标题）	人数/万人	比重
0～14	26 478	20.27%
15～59	89 742	68.70%
60 岁及以上	14 408	11.03%
其中：65 岁及以上	10 045	7.69%
合　计	130 628	100.00%

图 3.5　统计表的构成

（1）总标题。总标题是统计表的名称，用以概括说明统计表中所反映的统计资料的时间、空间和内容。它是统计表中最重要的内容，一般位于表的上端正中央。

（2）行标题与列标题。在统计表中，行标题通常用以表示各组的名称，它代表统计表所要说明的对象，一般位于表体左侧。列标题通常用以表示统计指标的名称，一般位于表体上方。

（3）格线。包括横线和纵线。两条相邻横线中间的区域称为横行（或行），两条相邻纵线中间的区域称为纵栏（或列）。

（4）指标数值。指标数值是统计工作的直接成果。它位于各行标题与列标题的交叉处，其含义由行标题与列标题共同说明。

2）内容构成

从内容看，统计表主要由主词和宾词构成。

（1）主词即组别栏，是统计表所要说明的总体及其组成部分的名称。它一般位于统计表左侧第一个纵栏，常常由一个分组体系构成，形成统计表的组别。

（2）宾词即指标栏，是用来说明主词的统计指标，包括指标名称与指标数值，见图3.5中的第二列与第三列。

3．统计表的种类

1）单标志分组表和多标志分组表

（1）单标志分组表。单标志分组表是指按某一标志对总体进行分组形成的统计表，是最简单的分组表形式。按分组标志所反映的内容不同，单标志分组表可分为时间分组表、空间分组表和特征分组表。

时间分组表按时间顺序排列指标数值，形成动态数列，可用于分析现象的发展规律，见表3-15。空间分组表按地区或单位名称排列指标数值，便于计算有关指标和进行横向比较分析，见表3-16。特征分组表按除时间和空间以外的标志进行分组，形成的统计表可用于分析总体的内部构成或现象之间的依存关系，见表3-17。

表3-15　历次人口普查全国人口数　　单位：万人

项　　目	第一次（1953年）	第二次（1964年）	第三次（1982年）	第四次（1990年）	第五次（2000年）	第六次（2010年）
全国总人口数	60 193.803 5	72 307.026 9	103 188.251 1	116 001.738 1	129 533	137 053.687 5

表3-16　2000年第五次全国人口普查快速汇总的人口地区分布数据（节选）　　单位：万人

项　　目	北京市	天津市	上海市	江苏省	浙江省	广东省
人口数	1 382	1 001	1 674	7 438	4 677	8 642

表3-17　2000年第五次全国人口普查各种受教育程度人口数据　　单位：万人

项　　目	大学（指大专以上）	高中（含中专）	初中	小学
受教育程度人口数	4 571	14 109	42 989	45 191

注：以上各种受教育程度的人口包括各类学校的毕业生、肄业生和在校生。

（2）多标志分组表。多标志分组表是指按两个或两个以上标志进行分组形成的统计表。它可以揭示复杂现象的多种特征，深入研究总体内部的复杂构成。按分组标志之间关系的不同，多标志分组表可分为平行分组表、复合分组表和不规则分组表。

在平行分组表中，各分组标志是平行关系，形成的分组体系是独立的，见表3-18。在复合分组表中，各分组标志是依序递进关系，形成的分组体系是逐步扩展细化的整体，见表3-19。不规则分组表是单标志分组（或多标志平行分组）与复合分组结合运用所形成的分组表。不规则分组表因其分组十分灵活方便，在实践中被广泛使用，见表3-7。

表3-18　2000年第五次全国人口普查多标志平行分组表　单位：万人

按性别分组	人　数	按民族分组	人　数	按城乡分组	人　数
男	65 355	汉	115 940	城镇	45 594
女	61 228	各少数民族	10 643	乡村	80 739
合　计	126 583	合　计	126 583	合　计	126 333

表3-19　2009年某地区国有农牧企业的生产经营情况

项　目	单位数/个	工人数/人	总产值/万元	人均年产值/元
国有农场	24	960	7 680	80 000
盈利	18	760	6 460	85 000
亏损	6	200	1 220	61 000
国有牧场	20	600	3 600	60 000
盈利	16	500	3 100	62 000
亏损	4	100	500	50 000
合　计	44	1 560	11 280	140 000

2）单向分组表和双向分组表

（1）单向分组表。单向分组表是指只按一个方向进行分组的统计表。单向分组表表述简便清晰、容量大，可以同时反映一个或多个指标，是常用的一种分组表形式，见表3-19。

（2）双向分组表。双向分组表是指同时按纵横两个方向进行分组的统计表。双向分组表只适合于反映单一指标的情况，一般用来反映总体单位在不同组别中的分布情况，见表3-20。

表3-20　2000年第五次全国人口普查宁波鄞州区年龄别未工作人口双向分组表　单位：人

年　龄　别	合　计	在校学生	料理家务	离退休	丧失工作能力	从未工作正在找工作	失去工作正在找工作	其他
合　计	18 048	2 855	7 968	1 693	3 681	360	780	711
15～19岁	2 886	2 602	5		9	198	40	32
20～24岁	765	253	220		19	110	90	73
25～29岁	1 008		755		15	45	119	74
30～34岁	948		651		48	5	138	106
35～39岁	856		614		50	1	116	75
40～44岁	739		516	6	36	1	104	76
45～49岁	1 185		870	62	73		116	64
50～54岁	1 547		1 152	205	76		40	74
55～59岁	1 158		742	272	68		15	61

续表

年龄别	合计	在校学生	料理家务	离退休	丧失工作能力	从未工作正在找工作	失去工作正在找工作	其他
60～64岁	1 205		653	308	196		2	46
65岁及以上	5 751		1 790	840	3 091			30

注：本表系10%抽样调查数。

（资料来源：宁波市鄞州区统计局. 2009年鄞州区统计年鉴.）

4. 统计表的编制要求

设计统计表之前，要对列入表中的统计数据资料进行全面的分析，研究如何分组、如何设置指标、哪些指标放在主词栏、哪些指标放在宾词栏等。

1）对统计表内容的要求

统计表的总标题要以概括性的文字反映表中资料的基本内容及资料所属的时间和空间范围；统计表中，各主词项目之间和宾词项目之间的顺序应根据时间的先后、数量的大小、空间位置的顺序等合理编排；表中的指标数字应有计算单位。如果全表只有一种计量单位，通常在表头的右上方统一注明，有两个以上计量单位的，应在项目名称和指标名称后面注明；对某些资料必须进行说明时，应在表的下面注明。

2）对统计表数字的要求

表内上下各栏数字的位数要对齐，同类数字要统一小数点后面的位数。例如，规定小数点后面保留一位小数时，如果保留的一位小数刚好是零，也应填上“0”；表内如有相同的数字时，应全部重写一遍，不能用“同上”“同左”等字样表示；不可能有数字的格子，为表明没有漏报，应当用短横线“—”填满；如果有数字但数字很小，达不到规定单位的最低数字时，可以用虚线“-----”填满；如果某项资料规定免于填报，应当用符号“×”填满。总之，表内各行各栏应没有空格。

3）对统计表形式的要求

统计表的形式应长宽比例适中，一般为长方形，避免长细、短粗和正方形。在绘制统计表时，表的顶线和底线用粗线或双线绘制，一些明显的分隔部分也应用粗线或双线，其他则用细线，统计表的左右两端不封口。统计表中如果栏数较多，习惯上对主词各栏采用甲、乙、丙……次序编栏，对宾词各栏采用 1、2、3…次序编栏，若各栏统计指标值之间有一定的计算关系，可用等式表示。

二、统计图

如果说统计表能够集中有序地表现统计资料，那么统计图则能够将统计资料展示得更为生动具体，便于人们直观地认识事物的特征。统计图的种类繁多，有直方图、折线图、曲线图、圆形图、统计地图、象形图等，最常用的有直方图、折线图、曲线图和圆形图。

1. 品质型数据的图示

品质数据的常用图示方法有条形图（或称柱形图）、饼图、环形图、帕累托图等。下面将介绍常用的条形图、饼图。

1）条形图

条形图是用矩形的高度或长度来表示各类别数据的频数或频数分布的图形。条形图可以横置或纵置，纵置时也称柱形图。

绘制条形图时，各类别数据可以放在纵轴，称为条形图（如图 3.6 所示）；也可放在横轴，称为柱形图。条形图和柱形图能够以一种醒目的方式来显示大量的定量数据。条形图和柱形图可用于显示相对量而不是比例或百分比。在条形图中，各条形是分隔开的，以强调每一组都是相互独立的。

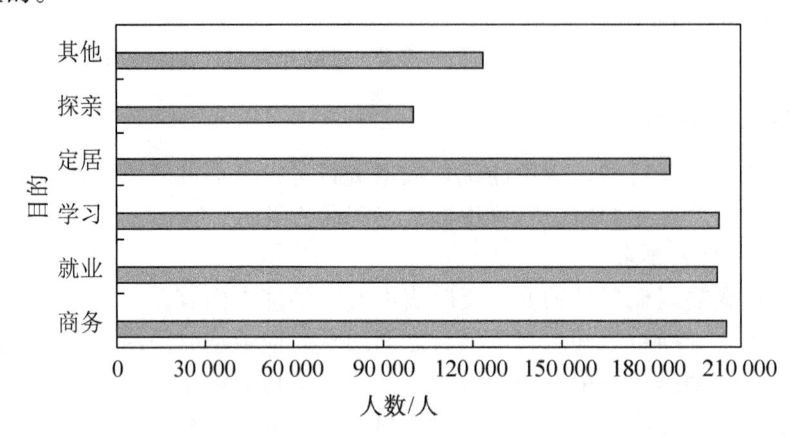

图 3.6 “六普”中居住在大陆的港澳台居民和外籍人员来大陆目的分布条形图

2）饼图

饼图又称圆形图，是用圆形和圆内扇形的面积来表示数值大小的图形，主要用于表示总体中各组成部分所占的比例，对研究结构性问题十分有用。在绘制圆形图时，总体中各部分所占的百分比用圆内的各个扇形面积表示，这些扇形的中心角度是按各部分百分比占 360°的相应比例确定的。例如，根据图 3.6，绘制出相应的圆形图，如图 3.7 所示。

2. 数量型数据的图示

上面介绍的条形图、饼图等都适合于显示数值型数据。此外，数值型数据还有下面一些图示方法，这些方法不适合品质型数据。

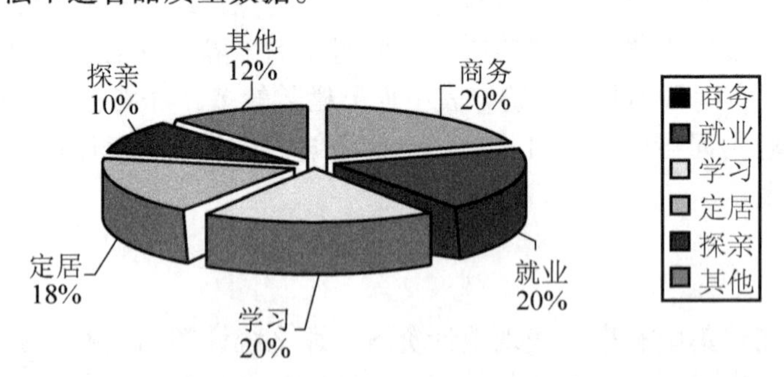

图 3.7 “六普”中居住在大陆的港澳台居民和外籍人员来大陆目的分布饼图

1）直方图

直方图是在平面直角坐标系上，将分组标志作为横轴、各组次数频数或频率作为纵轴，用长方形的宽度和高度来表示次数分布的图形。例如，“六普”中居住在大陆的港澳台居民和外籍人员居住时间直方图，如图 3.8 所示。

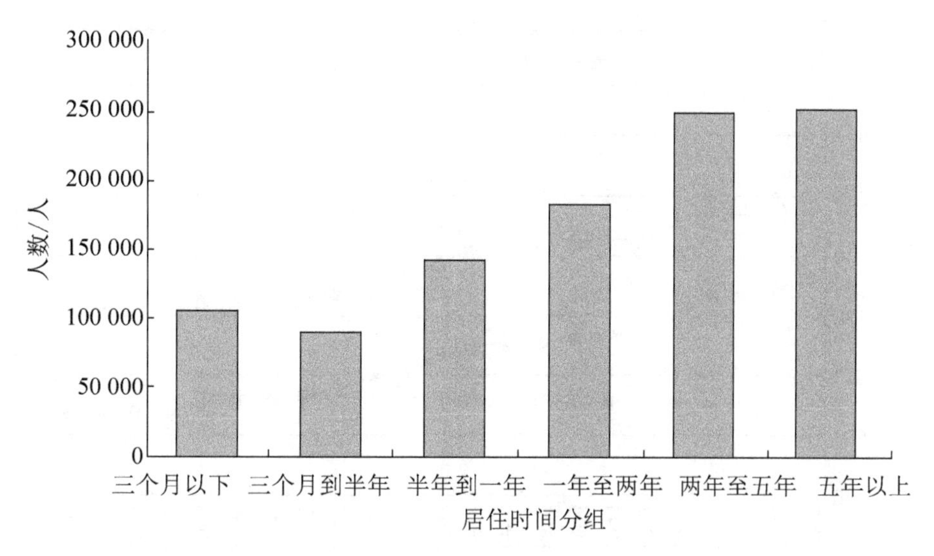

图 3.8 “六普”中居住在大陆的港澳台居民和外籍人员居住时间直方图

直方图与条形图的不同：一是条形图是用条形的长度（横置时）表示各类别频数，其宽度（表示类别）则是固定的；直方图是用面积表示各组频数的多少，矩形的高度表示每一组的频数或频率，宽度则表示各组的组距，所以其高度与宽度均有意义。二是由于分组数据具有连续性，直方图的各矩形通常是连续排列，而条形图则是分开排列的。三是条形图主要用于展示分类数据，而直方图则主要用于展示数值型数据。

2）折线图和曲线图

折线图是在直方图的基础上，将直方图每个长方形的顶端中点组中值用直线连接而成。例如，根据图 3.8 中的数据进行图示，如图 3.9 所示。

当对数据所分的组数很多时，组距会越来越小，这时所绘制的折线图就会越来越光滑，逐渐形成一条平滑的曲线，这就是频数分布曲线。

3）描述时间序列的线图

线图是在平面坐标上用折线表现数量变化特征和规律的统计图。线图主要显示时间序列数据，以反映事物发展变化的规律和趋势。例如，1987—2010 年我国人口变动线如图 3.10 所示。

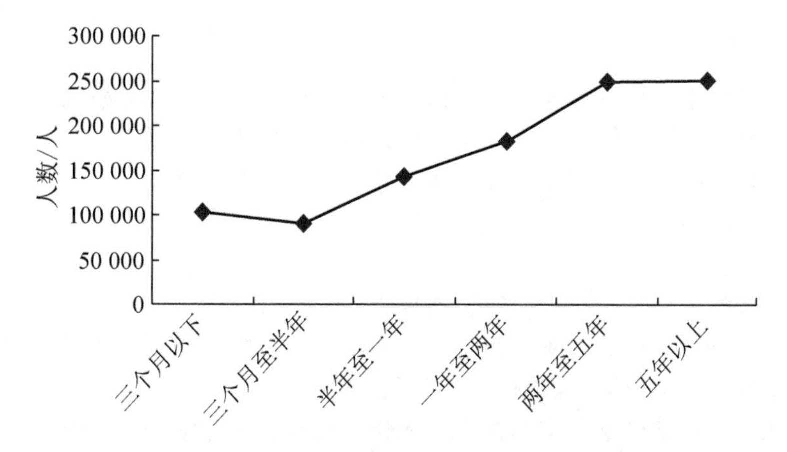

图 3.9 “六普”中居住在大陆的港澳台居民和外籍人居住时间折线图

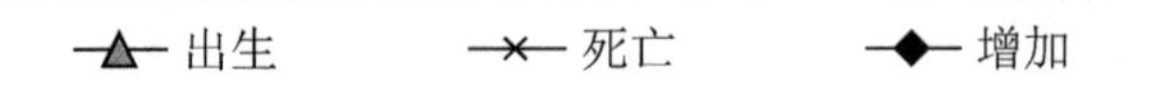

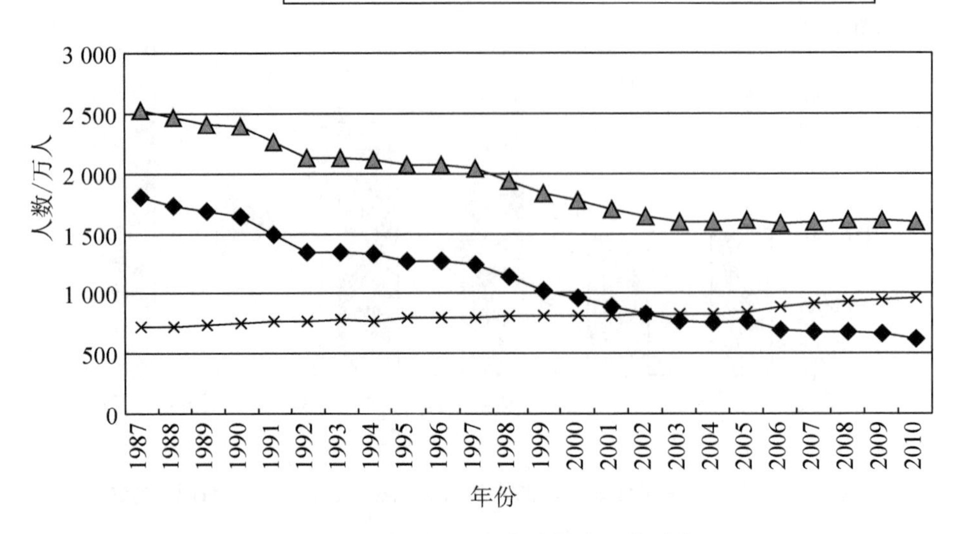

图 3.10　1987—2010 年我国人口变动线

绘制线图时应注意以下几点。

（1）时间一般绘在横轴，指标数值绘在纵轴。

（2）图形的长宽比例要适当，一般为横轴略大于纵轴的长方形，其长宽比例大致为10：7。

（3）一般情况下，纵轴数据的下端应从 0 开始，以便于比较。数据与 0 之间的间距过大，可以采取折断的“//”符号将纵轴折断。

任务 6　Excel 在统计整理中的应用

Excel 中的统计整理工具主要有数据排序、频数分布函数、数据透视表、统计图等。

一、Excel 中的数据整理

1. 数据透视表

数据透视表是用于对已有数据表和数据库中的数据进行汇总和分析的一种工具。此项技术在 Excel 中被称为透视表技术。以表 2-2 中的性别资料为例，通过统计其中的男、女生人数来说明透视表技术的运用（实际上就是品质分组表的整理过程）。

先要确定将来的品质分组表应该存放的位置，即将光标移到表内不含数据的空白位置。数据透视表的生成步骤如下：

（1）单击“数据”菜单，执行“数据透视表和数据透视图”命令，打开“数据透视表和数据透视图向导”，如图 3.11 所示。点选待分析数据的数据源类型及所要创建的报表类型，单击【下一步】按钮，则会弹出如图 3.12 所示的对话框。

（2）在图 3.12“选定区域”文本框中输入性别数据，即选中表 2-2 中的“B3:B19”中所有性别数据，单击【下一步】按钮，弹出如图 3.13 所示的对话框。

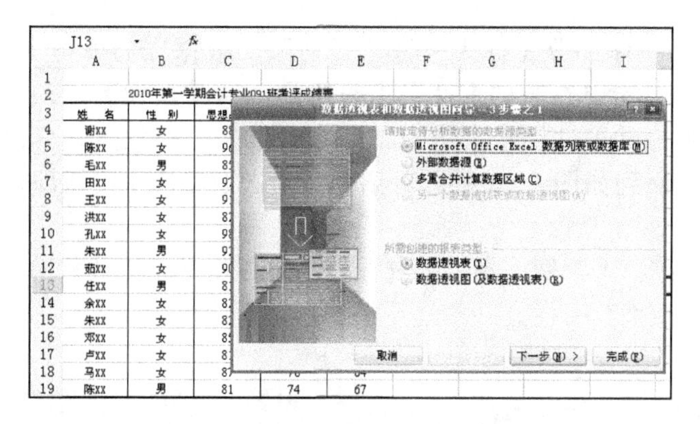

图 3.11　建立数据透视表的第 1 步

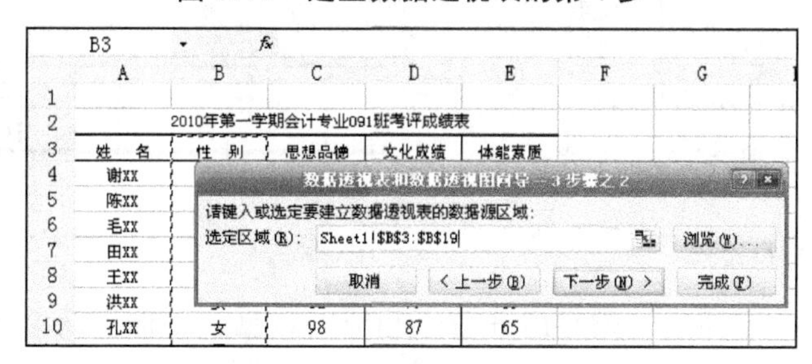

图 3.12　建立数据透视表的第 2 步

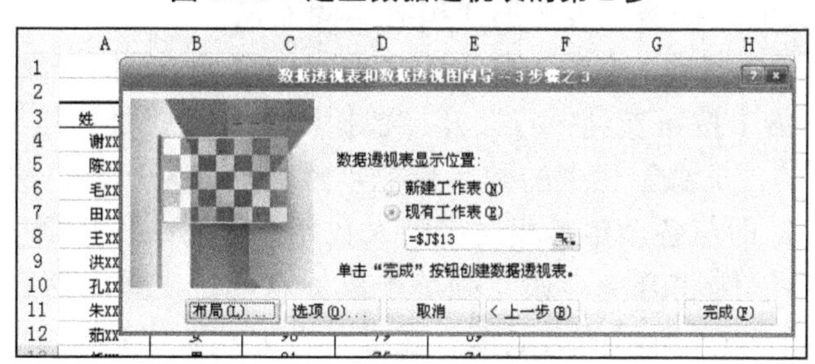

图 3.13　建立数据透视表的第 3 步

（3）在“数据透视表显示位置”中单击【现有工作表】按钮。单击【布局】按钮，弹出如图 3.14 所示的对话框。

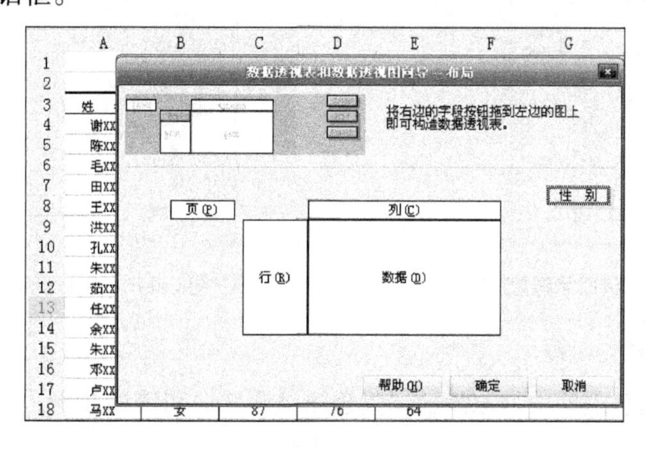

图 3.14　建立数据透视表的第 4 步

（4）图 3.14 中的主体部分（标为“行”、“列”、“数据”的方框），就是将来要形成的品质分组表的布局，布局中右边的【性别】按钮是个活动按钮，拖动【性别】按钮到布局中“行”的位置；再拖动【性别】按钮到布局中“数据”的位置；单击【确定】按钮，弹出一个新的对话框；回到如图 3.12 所示对话框，单击【完成】按钮即可。其结果如图 3.15 所示。

若觉得该表不规范，可再做一规范的统计表，可根据其整理成规范的表格，见表 3-21，注意省略“计数项：性别”一栏。

计数项:性 别	
性 别	汇总
男	4
女	12
总计	16

图 3.15 透视表的完成形式

表 3-21 某班学生的性别情况

性 别	人 数
男	4
女	12
合 计	16

2. 单项式分组表的整理

在项目 2 的表 2-2 中插入一列年龄并输入相应的数据，下面以统计各年龄的人数为例，说明单项式分组表的整理过程。但实际上，其操作过程都与数据透视表（品质分组表的整理）过程相同，只是所形成的数据透视表的形式稍有不同而已。

重复本节“1. 数据透视表”中的步骤（1）～（4），注意步骤（2）中导入的是年龄数据，在步骤（4）中将【年龄】按钮拖到“行”及“数据”的位置。最终结果如图 3.16 所示。

很显然，图 3.16 的“汇总”栏中的数字是把年龄数加起来所得，这是不对的。表中“汇总”数应是“计数项”，即与各个年龄相对应的人数相加才对，所以需要做进一步处理。

在图 3.16 左上角的“求和项：年龄”处单击鼠标右键，在弹出的快捷菜单中选择“字段设置”选项，弹出如图 3.17 所示的对话框；在“汇总方式”中选择“计数”，单击【确定】按钮，即可形成如图 3.18 所示的数据透视表。此时，表中汇总栏的数字已是各不同年龄的人数。按图 3.18 中的数据，可再整理成规范的表格见，表 3-22。

求和项:年龄	
年龄	汇总
18	36
19	57
20	40
21	63
22	66
23	69
总计	331

图 3.16 年龄原始透视表

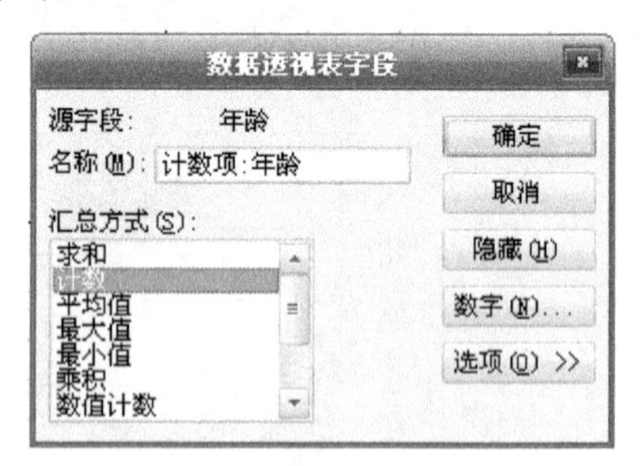

图 3.17 把求和项调整为记数项

3. 组距式分组表的整理

组距式分组表的整理即根据原始数据整理出组距式分组表的技术，下面通过案例说明。

计数项:年龄	
年龄	汇总
18	2
19	3
20	2
21	3
22	3
23	3
总计	16

图 3.18　透视表的完成形式

表 3-22　某班学生年龄分布表

年　　龄	人　　数
18	2
19	3
20	2
21	3
22	3
23	3
合　　计	16

典型案例 3-3

以表 2-2 的“文化成绩”资料为例，来说明组距式分组表的整理过程。

（1）设计如表 3-23 中前两列所示的整理表。表 3-25 中“分组”栏应按照统计整理的任务和要求进行设计；“分隔点”栏的数字为各个组别的实际上限（只有 90～100 这一组除外）；本例的最终结果是要整理出最后一栏的数字，即表 3-23 中第三栏的“人数（频数）”。

表 3-23　组距式透视表的整理表

分　　组	分　隔　点	人数（频数）
60 分以下	59	0
60～70 分	69	0
70～80 分	79	8
80～90 分	89	8
90～100 分	100	0
合　　计	—	16

（2）先求出第一组的频数。把光标定位在第 1 组频数的位置上（如图 3.19 的 I6 单元格）；输入“=FREQUENCY（E4:E19，H6:H10）”后按 Enter 键。但随后只出现第一组的频数，此资料中的第一组频数为 0。其中，FREQUENCY 为求“频数”的函数；E4:E19 为原始数据的范围，它表示从 E4 到 E19 的所有数据；H6:H10 为间隔点的范围。

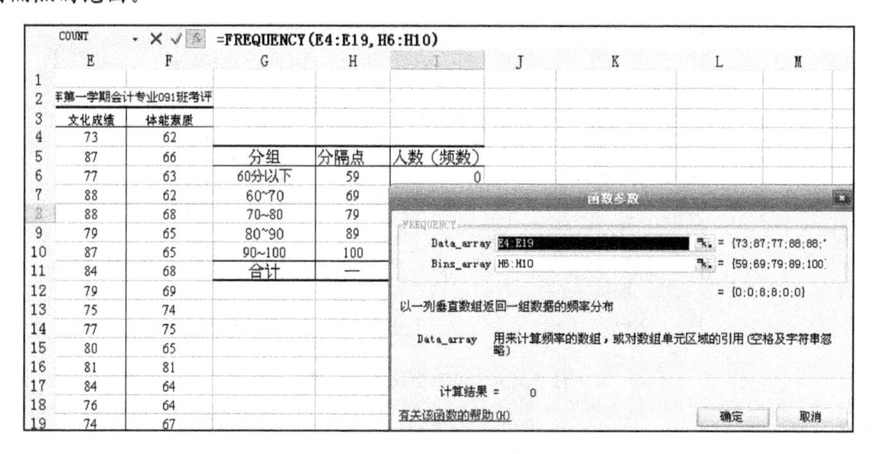

图 3.19　组距数列的整理

（3）用填充法求出其他各组的频数。选中第一组频数所在的单元格 I6；按住填充柄向下拖，直到最后一组的频数 I10 为止（注意：此时在各组频数位置上所出现的数值并不是真正的频数）；按住功能键 F2；同时按住 Ctrl 和 Shift 键，再按 Enter 键即可。其结果见表 3-23 的第三栏。

（4）编制正规的组距式分组表。在表 3-23 的基础上去掉“分隔点”一栏即可，其结果见表 3-24（可以删除频数为 0 的组整行）。

表 3-24　会计 091 班文化成绩情况

分　　组	人数（频数）
60 分以下	—
60～70 分	—
70～80 分	8
80～90 分	8
90～100 分	—
合　　计	16

二、Excel 汇总技术

1．表内汇总

统计汇总包括单位数与标志值两方面的汇总。在 Excel 中，单位数的汇总主要表现为记数，标志值的汇总表现为求和。

表内汇总即在一个统计表中对某项指标的数值进行加总或求和，常用的汇总方法有手工输入法、插入函数法、自动求和法、利用“数据”菜单法等。

1）手工输入法

手工输入法即用手工输入运算式的方法进行求和。它适合于运算式比较简单的情况。

典型案例 3-3

如图 3.20 所示，在工作表“学生成绩单”中，利用手工输入法计算每个学生的“总成绩”，其操作步骤如下。

E3　　fx =B3+C3+D3

	A	B	C	D	E
1	学生成绩单				
2	姓名	税务会计	成本会计	财务管理	总成绩
3	谢丽薇	65	78	69	212
4	陈露露	93	89	79	261
5	毛方银	79	82	69	230
6	田红	85	93	84	262
7	王洒洒	90	87	80	257
8	洪晓芳	86	77	70	233
9	孔跳跳	88	85	89	262
10	谢洁咪	81	77	69	227

图 3.20　公式的相对引用

（1）选中目标单元格 E3。

（2）手工输入运算式。在 E3 单元格中输入“=B3+C3+D3”。或输入“=”号，点击 B3 单元格；输入"十"号，选中 C3 单元格；再输入"十"号，单击 D3 单元格。

（3）确认录入公式。按 Enter 键（以后将其简记为↙），E3 单元格中会出现计算结果"212"。

（4）相同运算的填充，即复制 E3 单元格中的运算式至其他目标单元格中，拖动填充柄至 E10 单元格。这时，所有人的总成绩就都计算出来了，如图 3.20 中 E 列所示。

注意：如果运算式中含有乘法、除法、乘方等运算，可利用其运算符，见表 3-25。

表 3-25　Excel 中乘法、除法、乘方、开方的运算符

运　算　符	运　算　符	示　　例	运 算 结 果
乘法	*	5*3	15
除法	/	56 / 7	8
乘方	^	9^2	81（$=9^2$）
开方	^	81^（1/2）	9（$=\sqrt{81}$）

另外，也可以利用手工输入函数的方法进行汇总。

（1）选中目标单元格 E3。

（2）手工输入运算式。在 E3 单元格中输入"=SUM（B3:D3）"↙。这种方法适合于需要汇总的数字较多的情况，用"=SUM（B3:D3）"可以减少操作次数。

（3）相同运算的填充。同上。

2）插入函数法

上例是用输入函数的办法完成的运算式。如果对于函数的名称不算太熟，则可采用插入函数法的办法。

（1）选中目标单元格 E3。

（2）用插入函数的办法输入运算式。在 E3 单元格中输入"="；单击【插入函数】按钮；在"选择类别"下拉列表中选择"常用函数"选项；在"选择函数"列表框中选择"SUM"函数；单击【确定】按钮，在"Number1"文本框中输入"B3:D3"↙。

（3）相同运算的填充。同上。

可见，如果熟悉函数的名称，这种方法不如手工输入法简单。

3）自动求和法

自动求和法即利用 Excel 提供的工具按钮自动求和的方法。该按钮不但可快捷地调用求和功能，还能快捷地调用计数、平均值、最大值、最小值等功能函数。

在图 3.21 中，利用【自动求和】按钮 Σ ▾计算第一个学生的总成绩，操作步骤如下所述。

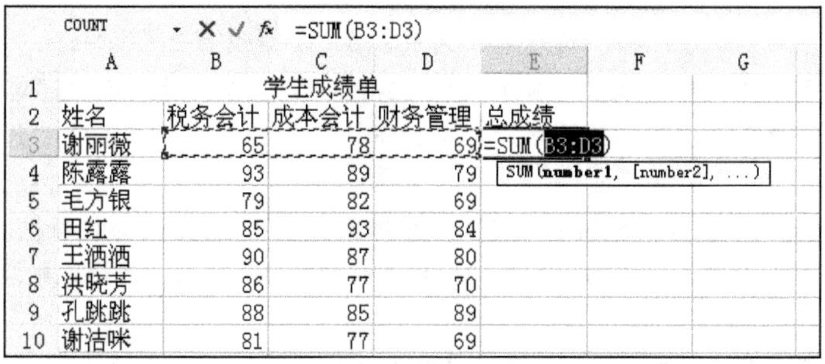

COUNT　▾ ✕ ✓ fx　=SUM(B3:D3)

	A	B	C	D	E	F	G
1			学生成绩单				
2	姓名	税务会计	成本会计	财务管理	总成绩		
3	谢丽薇	65	78	69	=SUM(B3:D3)		
4	陈露露	93	89	79	SUM(number1, [number2], ...)		
5	毛方银	79	82	69			
6	田红	85	93	84			
7	王洒洒	90	87	80			
8	洪晓芳	86	77	70			
9	孔跳跳	88	85	89			
10	谢洁咪	81	77	69			

图 3.21　自动求和

（1）选中目标单元格。即要存放求和结果的单元格，如E3。

（2）单击常用工具栏中的【自动求和】按钮，则Excel会自动在单元格中插入SUM函数，并给出求和范围，生成相应的求和公式。

（3）按Enter键或单击编辑栏中的输入按钮“√”。

如果要对单元格区域数据求计数、平均值、最大值、最小值等函数值，可选中该单元格区域，单击【自动求和】按钮右侧的下拉按钮，在弹出的下拉菜单中选择相应的函数。执行下拉菜单中的“其他函数”命令，还可以弹出“插入函数”对话框。

4）利用“数据”菜单法

利用“数据”菜单进行求和，适合于分类汇总的情况，下面通过案例说明。

典型案例3-4

某企业2010年11月份的部分销售记录如图3.22所示，要求利用“数据”菜单，按销售员分类汇总商品的销售量与销售额。

	A	B	C	D	E	F	G
1	日期	销售员	产品编号	产品类别	单价（元/台）	数量（台）	金额（元）
2	2010/11/1	邓阿灵	330KB	影碟机	840	30	25200
3	2010/11/1	胡晓华	330KB	影碟机	840	20	16800
4	2010/11/1	叶敏	C2919PK	彩电	2200	12	26400
5	2010/11/1	陈欣欣	720KB	影碟机	1000	28	28000
6	2010/11/1	余海燕	C2919PK	彩电	2200	37	81400
7	2010/11/2	邓阿灵	720KB	影碟机	1000	8	8000
8	2010/11/2	胡晓华	C2919PK	彩电	2200	22	48400
9	2010/11/2	叶敏	C2919PV	彩电	2800	17	47600
10	2010/11/2	陈欣欣	810KB	影碟机	1250	25	31250
11	2010/11/2	余海燕	C2919PV	彩电	2800	11	30800
12	2010/11/3	邓阿灵	C2919PK	彩电	2200	20	44000
13	2010/11/3	胡晓华	810KB	影碟机	1250	10	12500
14	2010/11/3	叶敏	C2919PR	彩电	2600	9	23400
15	2010/11/3	陈欣欣	C2919PV	彩电	2800	22	61600
16	2010/11/3	余海燕	C2919PR	彩电	2600	13	33800
17	2010/11/4	邓阿灵	830KB	影碟机	1500	26	39000
18	2010/11/4	胡晓华	330KB	影碟机	840	18	15120
19	2010/11/4	叶敏	720KB	影碟机	1000	24	24000
20	2010/11/4	陈欣欣	810KB	影碟机	1250	20	25000
21	2010/11/4	余海燕	830KB	影碟机	1500	31	46500

图3.22 某企业2010年11月份的部分产品销售记录

（1）排序。选中“销售员”列数据区域任意一个单元格，单击【升序排列】按钮A↓Z，结果如图3.23所示。

（2）分类汇总。选中“数据”菜单，执行“分类汇总”命令，弹出“分类汇总”对话框，如图3.24所示。

在“分类字段”下拉列表中选择“销售员”选项，在“汇总方式”下拉列表中选择“求和”选项，在“选定汇总项”列表框中选中“数量（台）”和“金额（元）”复选框，选中“选定汇总项”列表框下方的“替换当前分类汇总”和“汇总结果显示在数据下方”复选框，单击【确定】按钮，分类汇总结果如图3.25所示。

图3.25中，Excel自动在数据区域的左侧建立了分级显示符号，左上角为横向排列的级别按钮“1”“2”“3”。“1”代表总计，“2”代表分类汇总结果，“3”代表明细数据。单击不同的级别按钮，可显示相应级别的汇总数据。

单击图3.23中左上角的级别按钮“2”，显示2级汇总结果，如图3.26所示。

B14 f_x 叶敏

	A	B	C	D	E	F	G
1	日期	销售员	产品编号	产品类别	单价（元/台）	数量（台）	金额（元）
2	2010/11/1	陈欣欣	720KB	影碟机	1000	28	28000
3	2010/11/2	陈欣欣	810KB	影碟机	1250	25	31250
4	2010/11/3	陈欣欣	C2919PV	彩电	2800	22	61600
5	2010/11/4	陈欣欣	810KB	影碟机	1250	20	25000
6	2010/11/1	邓阿灵	330KB	影碟机	840	30	25200
7	2010/11/2	邓阿灵	720KB	影碟机	1000	8	8000
8	2010/11/3	邓阿灵	C2919PK	彩电	2200	20	44000
9	2010/11/4	邓阿灵	830KB	影碟机	1500	26	39000
10	2010/11/1	胡晓华	330KB	影碟机	840	20	16800
11	2010/11/2	胡晓华	C2919PK	彩电	2200	22	48400
12	2010/11/3	胡晓华	810KB	影碟机	1250	10	12500
13	2010/11/4	胡晓华	330KB	影碟机	840	18	15120
14	2010/11/1	叶敏	C2919PK	彩电	2200	12	26400
15	2010/11/2	叶敏	C2919PV	彩电	2800	17	47600
16	2010/11/3	叶敏	C2919PR	彩电	2600	9	23400
17	2010/11/4	叶敏	720KB	影碟机	1000	24	24000
18	2010/11/1	余海燕	C2919PK	彩电	2200	37	81400
19	2010/11/2	余海燕	C2919PV	彩电	2800	11	30800
20	2010/11/3	余海燕	C2919PR	彩电	2600	13	33800
21	2010/11/4	余海燕	830KB	影碟机	1500	31	46500

图 3.23　按销售员排序

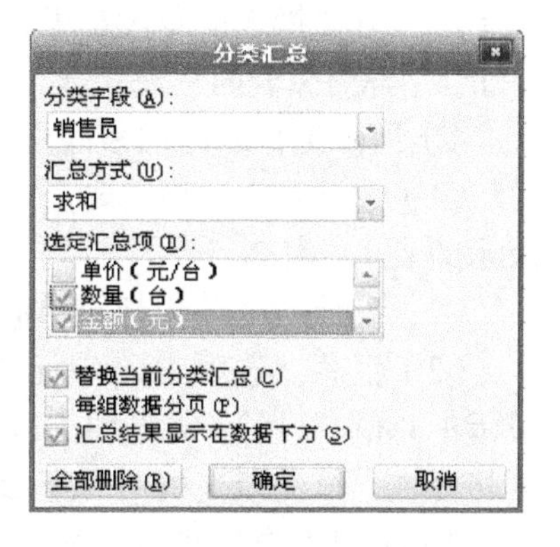

图 3.24　“分类汇总”对话框

	A	B	C	D	E	F	G
1	日期	销售员	产品编号	产品类别	单价（元/台）	数量（台）	金额（元）
2	2010/11/1	陈欣欣	720KB	影碟机	1000	28	28000
3	2010/11/2	陈欣欣	810KB	影碟机	1250	25	31250
4	2010/11/3	陈欣欣	C2919PV	彩电	2800	22	61600
5	2010/11/4	陈欣欣	810KB	影碟机	1250	20	25000
6		**陈欣欣 汇总**				95	145850
7	2010/11/1	邓阿灵	330KB	影碟机	840	30	25200
8	2010/11/2	邓阿灵	720KB	影碟机	1000	8	8000
9	2010/11/3	邓阿灵	C2919PK	彩电	2200	20	44000
10	2010/11/4	邓阿灵	830KB	影碟机	1500	26	39000
11		**邓阿灵 汇总**				84	116200
12	2010/11/1	胡晓华	330KB	影碟机	840	20	16800
13	2010/11/2	胡晓华	C2919PK	彩电	2200	22	48400
14	2010/11/3	胡晓华	810KB	影碟机	1250	10	12500
15	2010/11/4	胡晓华	330KB	影碟机	840	18	15120
16		**胡晓华 汇总**				70	92820
17	2010/11/1	叶敏	C2919PK	彩电	2200	12	26400
18	2010/11/2	叶敏	C2919PV	彩电	2800	17	47600
19	2010/11/3	叶敏	C2919PR	彩电	2600	9	23400
20	2010/11/4	叶敏	720KB	影碟机	1000	24	24000
21		**叶敏 汇总**				62	121400
22	2010/11/1	余海燕	C2919PK	彩电	2200	37	81400
23	2010/11/2	余海燕	C2919PV	彩电	2800	11	30800
24	2010/11/3	余海燕	C2919PR	彩电	2600	13	33800
25	2010/11/4	余海燕	830KB	影碟机	1500	31	46500
26		**余海燕 汇总**				92	192500
27		**总计**				403	668770

图 3.25　分类汇总结果

	A	B	C	D	E	F	G
1	日期	销售员	产品编号	产品类别	单价（元/台）	数量（台）	金额（元）
6		**陈欣欣 汇总**			6300	95	145850
11		**邓阿灵 汇总**			5540	84	116200
16		**胡晓华 汇总**			5130	70	92820
21		**叶敏 汇总**			8600	62	121400
26		**余海燕 汇总**			9100	92	192500
27		**总计**			34670	403	668770

图 3.26　显示 2 级汇总结果

2．表间汇总

表间汇总是指对多个统计表中的数据进行汇总。采用 Excel 汇总时，原则上一张统计表匹配一个工作表，这样能保证逻辑清晰，不重不漏。只有在统计表篇幅很小且张数很少的情况下，从方便操作的角度出发，才可考虑几张统计表匹配一个工作表。根据统计表是否在同一个工作表中，表间汇总又分为同一工作表内的表间汇总与不同工作表的表间汇总两种情况。

1）同一工作表内的表间汇总

（1）数据录入。将需要汇总的多个统计表按一定顺序录入到一个工作表内，如图 3.27 中所示的表 1、表 2。

（2）设计一个结构相同的汇总表，如图 3.27 中所示的表 3（此时应为空表）。

（3）汇总。选中 B17 单元格，输入公式“=SUM（B3，B10）”↙，此时 B17 单元格中显示汇总值“115”；再选中 B17 单元格，拖动填充柄向下至 B20 单元格；再选中 B17:B20 单元格区域，拖动填充柄向右至 D20 单元格。其汇总结果如图 3.27 中的表 3 所示。

2）不同工作表间的汇总

不同工作表间的汇总一般利用公式汇总，其具体操作步骤如下所述：

（1）数据录入。将需要汇总的各统计表分别录入到不同的工作表中。例如，将图 3.27 中所示的表 1 录入到 Sheet1，表 2 录入到 Sheet2 中。

（2）设计汇总表。在工作表 Sheet3 中 B3 单元格输入“=SUM（Sheet1！B3，Sheet2！B3）”↙，此时，Sheet3 中的 B3 单元格显示汇总值“115”；再选中 Sheet3 中的 B3 单元格，拖动填充柄至 B6 单元格；再选中 B3:B6 单元格区域，拖动填充柄至 D6 单元格。其汇总结果如图 3.28 所示。

B17 fx =SUM(B3,B10)

	A	B	C	D
1	表1 2010年甲市卫生机构、床位与人员情况报表			
2		卫生机构（个）	床位数（张）	人员数（人）
3	综合医院	63	15392	24789
4	中医医院	38	4200	7238
5	其他	19	3930	5707
6	合计	120	23522	37734
7				
8	表2 2010年乙市卫生机构、床位与人员情况报表			
9		卫生机构（个）	床位数（张）	人员数（人）
10	综合医院	52	12700	19431
11	中医医院	40	4813	7396
12	其他	25	5358	6532
13	合计	117	22871	33359
14				
15	表3 2010年甲乙两市卫生机构、床位与人员情况汇总表			
16		卫生机构（个）	床位数（张）	人员数（人）
17	综合医院	115	28092	44220
18	中医医院	78	9013	14634
19	其他	44	9288	12239
20	合计	237	46393	71093

图 3.27　同一工作表内的表间汇总

B3 fx =SUM(Sheet1!B3,Sheet2!B3)

	A	B	C	D
1	表3 2010年甲乙两市卫生机构、床位与人员情况汇总表			
2		卫生机构（个）	床位数（张）	人员数（人）
3	综合医院	115	28092	44220
4	中医医院	78	9013	14634
5	其他	44	9288	12239
6	合计	237	46393	71093

图 3.28　不同工作表的表间汇总

三、Excel 制表

1．利用工具按钮制表

利用“绘图边框”中的工具按钮制表非常方便，其具体操作步骤如下所述：

（1）录入文字与数据。在打开的 Excel 工作表中，录入统计表中需要的文字与数据。

（2）设置总标题格式。选中总标题所在的单元格区域，单击【合并及居中】按钮。选中总标题，设置字体、字号及进行加粗处理。

（3）绘制表格线。打开“边框”工具栏（方法：点选“视图”菜单，执行“工具栏”中“边框”命令），如图 3.29 所示；单击左侧的【绘图边框】按钮，在以上录入的文字与数据中，哪里需要画格线就在哪里“画”即可。

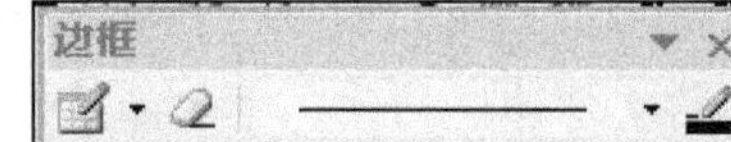

图 3.29 “绘制边框”工具栏

（4）修改格线。对于在步骤（3）中画多的格线，单击【擦除边框】按钮擦掉即可；需要画粗线或不同形式线条的地方，单击【线条样式】按钮右侧的下拉按钮，选择需要的线条即可；若要画出不同颜色的线条，可单击图 3.29 右侧所示的【线条颜色】按钮进行画线。

2．利用对话框制表

利用“格式”菜单中的“单元格格式”制表也是一种常用的方法，其具体操作步骤如下所述：

（1）录入数据。在打开的 Excel 工作表中录入有关数据。

（2）设置总标题格式。选中总标题所在行的单元格区域，执行“格式”菜单中的“单元格”命令，弹出“单元格格式”对话框，在“对齐”选项卡中，设置“居中”对齐方式，勾选“合并单元格”，如图 3.30 所示。在“字体”选项卡中，选择所需的字体、字形和字号，单击【确定】按钮。

（3）设置表体格式。选中表体区域，在选中区域单击鼠标右键，在弹出的快捷菜单中执行“设置单元格格式”命令，在弹出的“单元格格式”对话框的“边框”选项卡（图 3.31）中单击【上框线】按钮和【下框线】按钮，选取粗实线；单击【内部竖框线】按钮和【内部横框线】按钮，选取细实线。分别在“数字”“对齐”“字体”选项卡中设置所需格式，单击【确定】按钮。

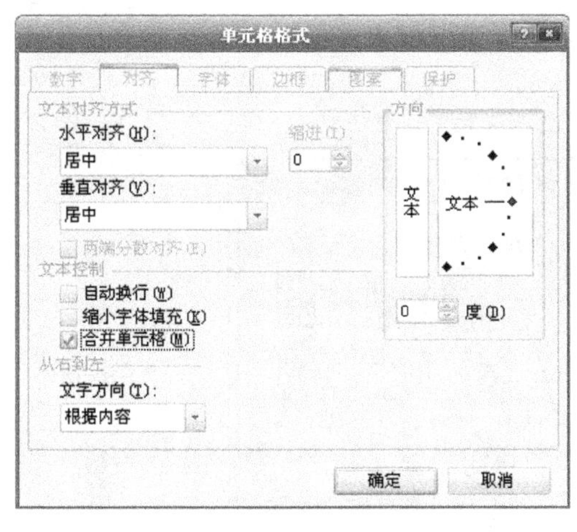

图 3.30 “对齐”选项卡

图 3.31 “边框”选项卡

（4）修改表体格式。选中表体中需要修改格式的单元格区域，单击鼠标右键，在弹出的快捷菜单中执行“设置单元格格式”命令，在弹出的“单元格格式”对话框的“数字”“对齐”“字体”“边框”等选项卡中进行相应的设置后，单击【确定】按钮。

（5）检查与调整制表效果。单击常用工具栏中的【打印预览】按钮，可观察统计表的效果，以便对不足之处进行修改。在预览状态下，单击设置(S)...按钮，可进行页面设置，单击页边距(M)按钮，可调整列宽及统计表在页面中的位置。

如要去掉表体内可省略的横线，可选中要省去横线的单元格区域，选择“格式”菜单，执行“单元格”命令，在弹出的“单元格格式”对话框的“边框”选项卡中，单击【内部横框线】按钮，再单击【确定】按钮。

四、Excel 制图

利用 Excel 制作统计图，是一种非常快捷、有效的方法，所以，统计图的制作是一种非常有用的技能。

1．柱形图的绘制

下面通过案例来说明柱形图的绘制。

典型案例 3-5

表 3-26 是 2001—2009 年浙江省总人口数（年底数）的统计表，试根据表中资料绘制柱形图。

表 3-26　2001—2009 年浙江省总人口数（年底数）

年　份	总人口数/万人	年　份	总人口数/万人	年　份	总人口数/万人
2001	4 519.84	2004	4 577.22	2007	4 659.34
2002	4 535.98	2005	4 602.11	2008	4 687.85
2003	4 551.58	2006	4 629.43	2009	4 716.18

注：本表资料为公安年报数。

1）录入绘图资料

录入数据时，不要按表 3-26 的方式录入，应该年份在一列，总人口数在一列。

2）选定录入的统计资料

选定录入的统计资料，如图 3.32 所示。注意，只选“总人口数”的数字。

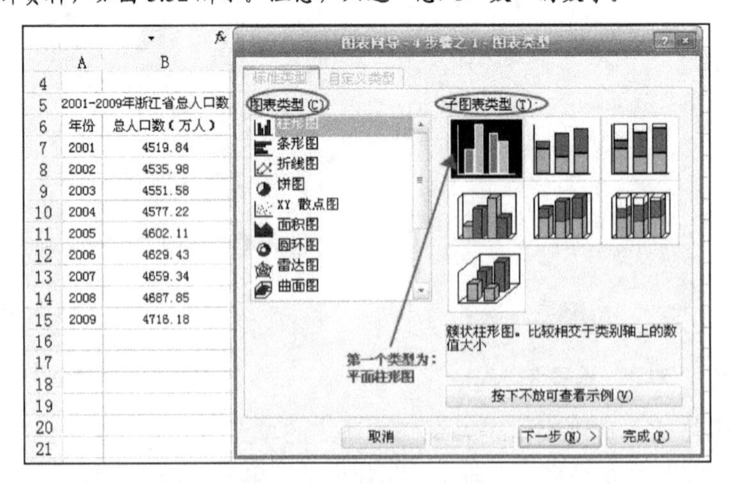

图 3.32　选择图表类型

3）利用计算机绘图

（1）选择“插入”菜单，执行“图表”命令，弹出如图 3.32 所示的对话框，在“图表类型”列表框中选择“柱形图”选项；在“子图表类型”选项组中选择一种图（如平面柱形图）；单击【下一步】按钮，则弹出如图 3.33 所示的对话框。

（2）在图 3.33 中，关键是确定“系列产生在”行或列，本例默认为“列”即可。

（3）选择图 3.33 对话框中的“系列”选项卡，则会弹出如图 3.34 所示的对话框。

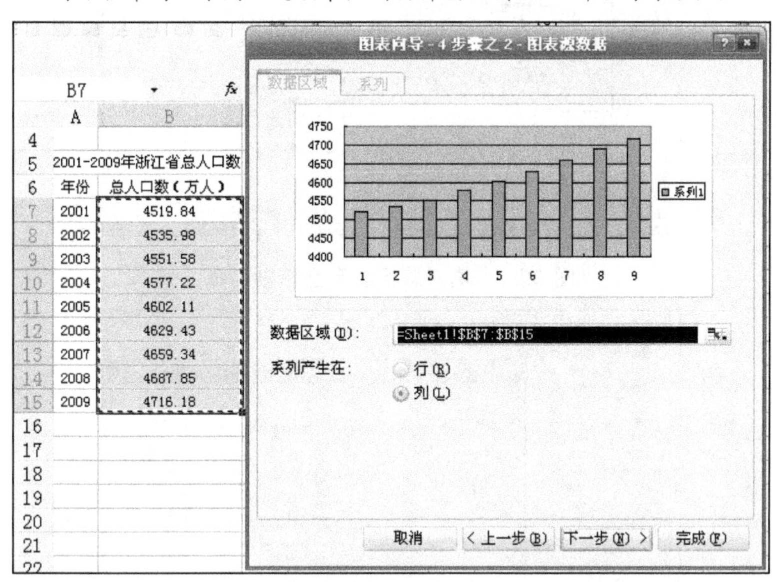

图 3.33　默认数据产生的区域和产生的系列

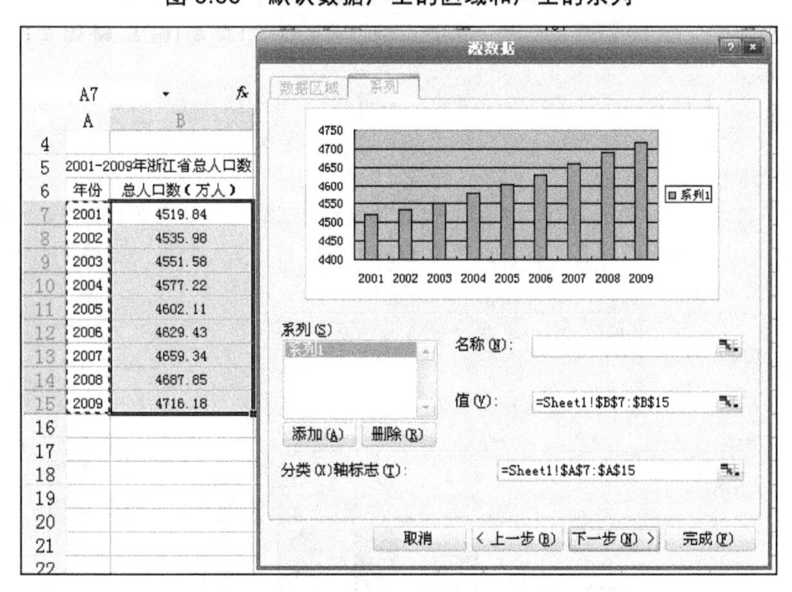

图 3.34　在系列标签下导入 *X* 轴的数据

（4）在图 3.34 中，最关键的是在“分类（X）轴标志”文本框中输入“年份”数据，即把光标移到“分类（X）轴标志”后面的文本框中，再到数据资料中选中所有“年份”的数据，输入后从图 3.34 中可看出，每个柱形的下面都注上了年份的数值；单击【下一步】按钮，会弹出如图 3.35 所示的对话框。

（5）在“标题”的标签下填入有关标题，即在“图表标题”文本框中输入“2001—2009 年浙江省总人口数（年底数）”；在“分类（X）轴”文本框中输入“年份”；在“数值（Y）轴”文本框中输入“总人口数”；选择“图例”选项卡，取消选中“显示图例”（若是复式柱形图则应保留此“√”号），如图 3.36 所示。

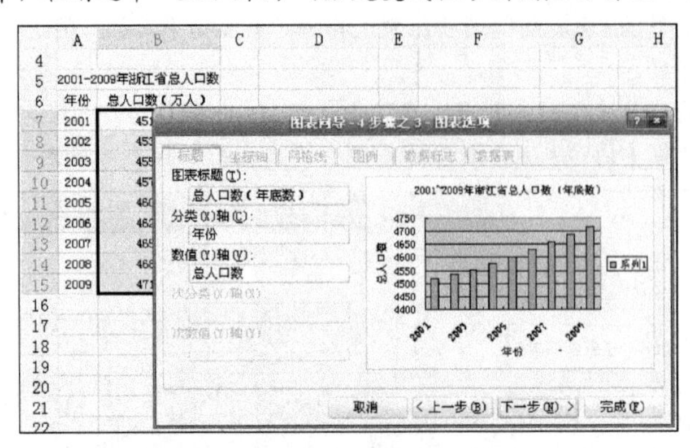

图 3.35　填入总标题和坐标轴名称

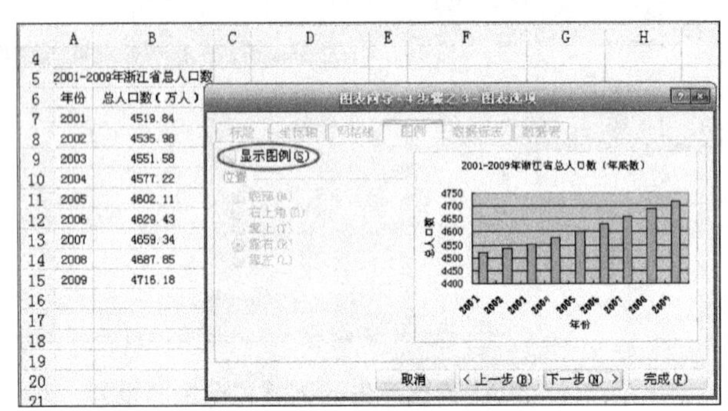

图 3.36　确定是否保留图例

（6）单击【下一步】按钮；选择“作为其中的对象插入”（也可选择“作为新工作表插入”）；单击【完成】按钮。此时，一个柱形图已插入到工作表中了，其图表的样式如图 3.35 右侧所示。

4）对统计图进行修改

若对图 3.35 不满意，还可进行修改。要修改哪里就单击哪里，之后进行修改即可。例如，改变图式的大小，改变字号的大小，把坐标轴的名称拖到你自己认为合适的位置，把纵坐标的名称转变方向等。修改后的统计图如图 3.37 所示。

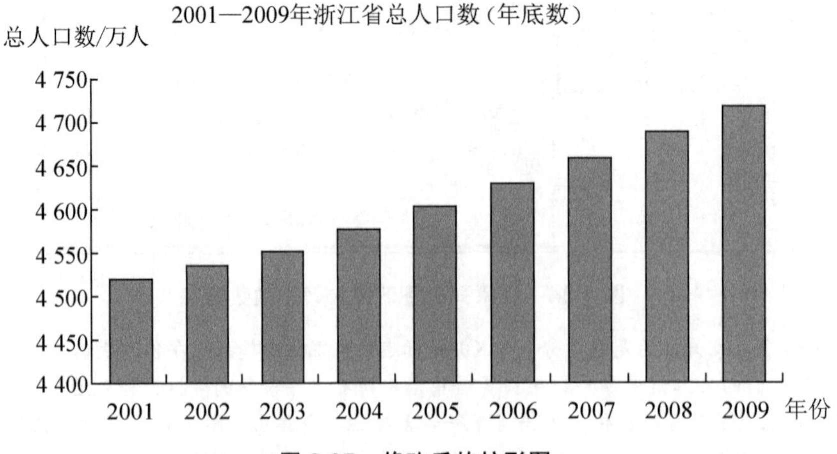

图 3.37　修改后的柱形图

又如，若想把纵坐标的名称转变方向，其操作方法：单击“总人口数”（如图3.36所示的纵坐标左侧的位置），则出现一个边框；在该边框上单击鼠标右键，则出现一个快捷菜单；执行“坐标轴标题格式”命令；单击“对齐”选项卡，在“方向”选项组中调整角度；单击【确定】按钮即可，如图3.38所示。其他修改，也可照此操作。

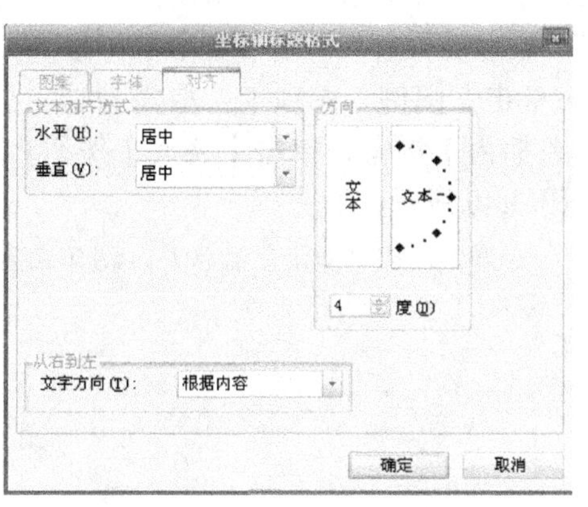

图3.38　修改坐标轴的名称

2．直方图的绘制

直方图的绘制，是在柱形图的基础上进行的，其操作过程如下所述：

（1）先绘制柱形图。操作过程见“柱形图的绘制”。

（2）把柱形图改成直方图。在图3.37的基础上，右击图中任意一个条形，在弹出的快捷菜单中执行“数据系列格式”命令；弹出如图3.39所示的对话框，单击“选项”选项卡；再单击【分类间距】右侧的微调按钮，选择数值0；单击【确定】按钮即可。形成的直方图如图3.40所示。

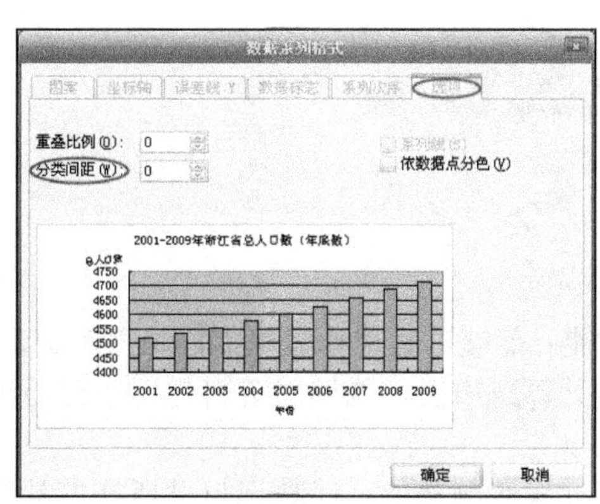

图3.39　把柱形图变成直方图的选项操作

3．散点图的绘制

散点图是一种非常重要的统计图，尤其在进行回归分析时其作用更加重要。

散点图及其他类型的统计图，其操作过程都与柱形图的操作基本相同。仍以表3-26的资料为例，介绍散点图的完整操作过程。

录入绘图资料（仍需按两列录入），选定录入的统计资料（只选“总人口数”的数字），点选“插入”菜单，执行“图表”命令，在“图表类型”列表框中选择“XY散点图”选项，在“子图表类型”选项组中选择一种图（如第一个类型），单击【下一步】按钮，确定“系列产生在”行还是列（如选择“列”），单击“系列”选项卡，在“分类（X）轴标志”文本框中输入“年份”数据，单击【下一步】按钮，在“图表标题”文本框中输入“2001—2009年浙江省总人口数（年底数）”，在“分类（X）轴”文本框中输入“年份”，在“数值（Y）轴”文本框中输入“总人口数”，单击“图例”选项卡，取消勾选“显示图例”，单击【下一步】按钮，单击【作为其中的对象插入】按钮，单击【完成】按钮。此时，可见到一个散点图已插入到工作表中，其样式如图3.40所示。

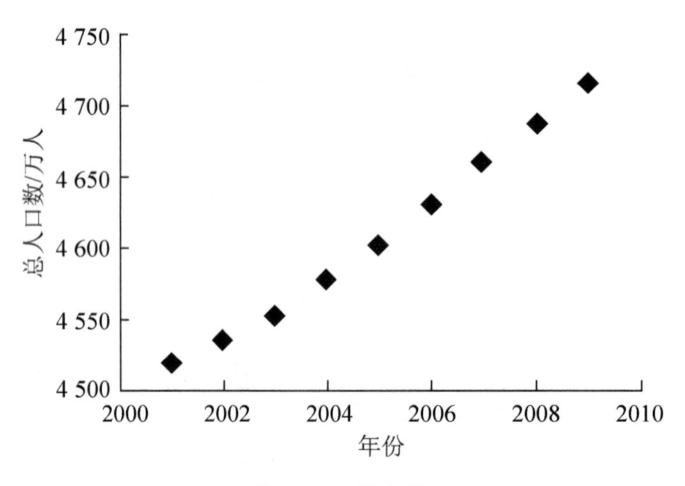

图3.40 散点图

其他统计图的绘制，其步骤和方法与柱形图、散点图等基本相同。

任务7 统计技能实践

一、基本技能概述

1. 统计整理的运用技能

（1）掌握统计分组的技能：能够正确选择分组标志，正确确定组别；会编制统计分组表；会确定组距和组距形式，会计算组中值，能够对资料进行正确归组；能够判别平行分组法和复合分组法。

（2）能够识别和运用统计编码的技能：能熟记自己所在的县级行政区划代码和自己的身份证号码。

（3）熟练掌握手工汇总技术：能够对统计资料进行审核，能够分清统计汇总方式，能对审核后的统计资料进行手工汇总。

（4）熟练掌握统计制表：能够合理安排统计表的形式，合理设计分组栏和指标栏；熟练掌握统计表的制表规则；能进行手工制表。

（5）能够绘制统计图。能选择合适的图式，能运用制图规则进行手工制图。

2. Excel 的数据整理能力

（1）数据透视表技术的运用包括品质分组表的整理、单项式分组表的整理和组距式分组表的整理。

（2）汇总技术的运用技能包括简单公式的运用、函数的运用、一个统计表内的数据汇总技术以及多个统计表的表间汇总技术。

（3）制作统计表包括利用工具按钮制表和利用“单元格格式”对话框制表。

（4）制作统计图：能跟着绘图向导制出柱形图、直方图等统计图，并能对制出的统计图进行修改。

二、技能实训材料

1. 统计整理的运用技能

1）统计分组的技能

（1）实训材料：在第六次人口普查中，某普查小区某一长表调查住户组（由相邻的 4 户组成）中，其部分调查资料见表 3-27。

表 3-27 某普查小区某一长表调查住户组的部分调查情况表

户编号	姓名	性别	年龄	普查时点居住地	户口登记地	离开户口登记地时间	离开户口登记地原因	受教育程度
041	郑××	男	38	本普查小区	本村（居）委会	没有离开户口登记地	—	初中
	汪××	女	34	本普查小区	本乡（镇、街道）其他村（居）委会	六年以上	婚姻嫁娶	初中
	郑××	男	7	本普查小区	本村（居）委会	没有离开户口登记地	—	小学
042	郑××	男	46	本普查小区	本村（居）委会	没有离开户口登记地	—	高中
	何××	女	38	本普查小区	本县（市、区）其他乡（镇、街道）	六年以上	婚姻嫁娶	小学
	郑××	女	15	本县（市、区）其他乡（镇、街道）	本村（居）委会	半年以下	学习培训	高中
	郑××	男	4	本普查小区	本村（居）委会	没有离开户口登记地	—	
043	卢××	女	58	本普查小区	本村（居）委会	没有离开户口登记地	—	小学
	叶××	男	64	本普查小区	本村（居）委会	六年以上	寄挂户口	高中
	叶××	女	40	本县（市、区）其他乡（镇、街道）	本村（居）委会	六年以上	拆迁搬家	高中
	叶××	男	35	本县（市、区）其他乡（镇、街道）	本村（居）委会	六年以上	拆迁搬家	大学本科

续表

户编号	姓名	性别	年龄	普查时点居住地	户口登记地	离开户口登记地时间	离开户口登记地原因	受教育程度
043	叶××	女	9	本县（市、区）其他乡（镇、街道）	本村（居）委会	六年以上	拆迁搬家	小学
044	叶××	男	47	本普查小区	本村（居）委会	没有离开户口登记地	—	小学
	叶××	男	22	其他县（市、区）	本村（居）委会	半年至一年	务工经商	初中

注：① 教育程度只需6周岁及以上的人填报。
② 没有离开户口登记地的人员不需填报离开户口登记地的原因。

（2）实训要求。

① 按性别进行分组，并编制单项式分组表。

② 按年龄进行分组，并编制组距式分组表。

③ 根据表3-27的资料，选择两个分组标志进行多标志分组，即编制平行分组表和编制复合分组表。

④ 根据表3-27的资料，选择3个分组标志进行多标志分组，即编制平行分组表和编制复合分组表。

⑤ 按户口登记地、离开户口登记地时间、离开户口登记地原因等分组标志，编制不规则分组表。

2）统计编码的技能

（1）实训材料：某市某年有28家工业企业，其相关资料见表3-28。

表3-28 某市工业企业基本情况（复合分组）

企业类型	编　码	企业数/个	职工人数/人	总产值/万元
国有企业	10	12	28 110	79 380
大型	11	2	10 300	58 000
中型	12	6	16 800	20 740
小型	13	4	1 010	640
集体企业	20	13	8 545	41 906
大型	21	1	4 600	38 000
中型	22	1	1 800	2 000
小型	23	11	2 145	1 906
个体企业	30	3	1 548	2 329
大型	31	—	—	—
中型	32	1	1 500	2 300
小型	33	2	48	29
合　计	—	28	38 203	123 615

（2）实训要求：对表3-28中的组别进行统计编码。

① 编制不等位顺序码和等位顺序码，并写出编码规则。

② 编制不等位类型码和等位类型码，并写出编码规则。

③ 编制不等位层次码和等位层次码，并写出编码规则。

3）统计汇总的技术

（1）实训材料：第六次全国人口普查中，浙江省台州市黄岩区××社区 001 普查小区的普查员是张××，负责人是李××，该小区信息如下：

该小区总户数 9 户，短表户 7 户，长表户 2 户。

① 001 户，普查时点住有 4 人，都是人户一致（R6、R7、R8 都为 1），无出生死亡人口。

② 002 户，普查时点人户一致 3 人，人户分离 2 人，人户分离详细信息为 R6=3、R7=1、R8=2，出生男婴一名，死亡女一名。

③ 003 户，普查时点人户一致 1 人，人户分离 1 人，人户分离详细信息为 R6=4、R7=1、R8=3，无出生死亡信息。

④ 601 户，普查时点，人户分离 3 人，详细信息为 R6=3、R7=1、R8=5，出生男婴一名。

⑤ 004 户，普查时点住有本户 4 人，人户一致 1 人，人在户不在 3 人，详细信息为 R6=1、R7=3、R8=3，户在人不在 1 人，详细信息为 R6=3、R7=1、R8=2，出生女婴一名。

⑥ 005 户，该户为长表户，普查时点人户一致 2 人，无出生死亡信息。

⑦ 006 户，该户为长表户，普查时点人在户不在 1 人，详细信息为 R6=1、R7=4、R8=9，无出生死亡信息。

⑧ 007 户，普查时点人在户不在 2 人，详细信息为 R6=1、R7=2、R8=6，死亡男一名。

⑨ 602 户，普查时点人户分离 5 人，其中 3 人详细信息为 R6=4、R7=1、R8=4，另外 2 人详细信息为 R6=5、R7=1、R8=7，无出生死亡信息。

⑩ 999 全户死亡户，死亡人口为男 2 人、女 3 人。

（2）实训要求：根据以上材料进行汇总，并填写在表 3-29 和表 3-30 的空白位置（不必分长表户和短表户）。

表 3-29　第六次全国人口普查快速汇总（过录）表（1）

地址：______县（市、区）______乡（镇、街道）______普查区______普查小区短/长表

地址码：______总户数______　出生人口______　死亡人口______

户编号	一、普查时点居住人数	1. 户口登记在本村居委会	2.户口登记在本乡镇街道其他村（居）委会	3. 户口登记在其他乡镇街道	其中：（1）离开户口登记地不满半年	（2）离开户口登记地半年以上	4. 户口待定
过录项目	H3_1	R6=1 且 R7=1	R6=1 且 R7=2	R6=1 且（R7=3 或 4）	R6=1 且（R7=3 或 4）且 R8=2	R6=1 且（R7=3 或 4）且 R8≥3	R6=1 且 R7=5
甲	（1）	（2）	（3）	（4）	（5）	（6）	（7）
合计							

表 3-30　第六次全国人口普查快速汇总（过录）表（2）

户编号	二、户口在本户，未住本户人数	1. 居住在本村（居）委会其他普查小区	2. 居住在本乡镇街道其他村（居）委会	3. 居住在其他乡镇街道			4. 居住在港澳台或国外
					其中：（1）离开不满半年人数	（2）离开半年以上人数	
过录项目	H3_2	R7＝1 且 R6＝2	R7＝1 且 R6＝3	R7＝1 且（R6＝4 或 5）	R7＝1 且（R6＝4 或 5）且 R8＝2	R7＝1 且（R6＝4 或 5）且 R8≥3	R7＝1 且 R6＝6
甲	（8）	（9）	（10）	（11）	（12）	（13）	（14）
合计							

注：① 逻辑关系　（1）＝（2）＋（3）＋（4）＋（7）；（8）＝（9）＋（10）＋（11）＋（14）；（4）＝（5）＋（6）；（11）＝（12）＋（13）。

② 此表是过录表，主栏开列各户的“户编号”。

③ 由于版面原因，把第六次全国人口普查快速汇总（过录）表分成两部分，其中第二张的第一列“户编号”是特别添加的，填写时应与第一张第一列“户编号”保持一致。

4）统计表的编制技术

（1）实训材料：浙江统计局 2011 年 5 月 6 日公布的《浙江省 2010 年第六次全国人口普查主要数据公报》显示，全省常住人口中，0～14 岁人口为 718.92 万人，占总人口数的 13.21%；15～59 岁人口为 3 967.91 万人，占 72.90%；60 岁及以上人口为 755.86 万人，占 13.89%，其中 65 岁及以上人口为 508.17 万人，占 9.34%。同 2000 年第五次全国人口普查相比，0～14 岁人口的比重下降了 4.86 个百分点，15～59 岁人口的比重上升了 3.31 个百分点，60 岁及以上人口的比重上升了 1.54 个百分点，65 岁及以上人口的比重上升了 0.50 个百分点。

（2）实训要求：根据上述材料编制一张统计表。

2. Excel 的基本操作

1）数据透视表

（1）实训材料：在第六次全国人口普查中，某普查小区某一长表调查住户组（由相邻的 4 户组成）中，其部分调查资料见表 3-27。

（2）实训要求：根据上述材料，利用数据透视表。

① 按性别进行分组，并编制单项式分组表。

② 按年龄进行分组，并编制组距式分组表。

③ 选择两个分组标志进行多标志分组：编制平行分组表和复合分组表。

④ 选择两个分组标志进行多标志分组：编制平行分组表和复合分组表。

2）绘制条形图

（1）实训材料：中国国家统计局提供的第六次全国人口普查部分地区的常住人口数据见表 3-31。

表 3-31　第六次全国人口普查部分地区的常住人口数据

地　　区	人口数/人	地　　区	人口数/人	地　　区	人口数/人
北京市	19 612 368	内蒙古自治区	24 706 321	上海市	23 019 148
天津市	12 938 224	辽宁省	43 746 323	江苏省	78 659 903
河北省	71 854 202	吉林省	27 462 297	浙江省	54 426 891
山西省	35 712 111	黑龙江省	38 312 224	安徽省	59 500 510

注：① 本公报中数据均为初步汇总数。

② 常住人口包括居住在本乡镇街道且户口在本乡镇街道或户口待定的人；居住在本乡镇街道且离开户口登记地所在的乡镇街道半年以上的人；户口在本乡镇街道且外出不满半年或在境外工作学习的人。“境外”是指我国海关关境以外。

（2）实训要求：绘制条形图，说明这 12 个地区的人口分布的特点。

3）绘制直方图

（1）实训材料：为了确定灯泡的使用寿命（单位：小时），在一批灯泡中随机抽取 100 个进行测试，所得结果如下所列。

700　716　728　719　685　709　691　684　705　718
706　715　712　722　691　708　690　692　707　701
708　729　694　681　695　685　706　661　735　665
668　710　693　697　674　658　698　666　696　698
706　692　691　747　699　682　698　700　710　722
694　690　736　689　696　651　673　749　708　727
688　689　683　685　702　741　698　713　676　702
701　671　718　707　683　717　733　712　683　692
693　697　664　681　721　720　677　679　695　691
713　699　725　726　704　729　703　696　717　688

（2）实训要求。

① 利用计算机对上面数据进行排序。

② 以 10 为组距进行等距分组，整理成频数分布图。

③ 根据分组数据绘制直方图，说明数据分布的特点。

4）绘制线图和饼图

（1）实训材料：2003—2009 年浙江省的全省生产总值数据（按当年价格计算）见表 3-32。

表 3-32　2003—2009 年浙江省的全省生产总值数据　　单位：亿元

年　　份	全省生产总值			
	合　　计	第一产业	第二产业	第三产业
2003	9 705.02	717.85	5 096.38	3 890.79
2004	11 648.7	814.1	6 250.38	4 584.22

续表

年份	全省生产总值			
	合计	第一产业	第二产业	第三产业
2005	13 437.85	892.83	7 166.15	5 378.87
2006	15 742.51	925.1	8 509.57	6 307.84
2007	18 780.44	986.02	10 148.45	7 645.97
2008	21 486.92	1 095.43	11 580.33	8 811.16
2009	22 990.35	1 163.08	11 908.49	9 918.78

（2）实训要求。

① 用Excel绘制浙江省全省生产总值的线图。

② 绘制全省第一、第二、第三产业生产总值的线图。

③ 根据2009年的全省生产总值及其构成数据绘制饼图。

业务训练题

一、单项选择题

1. 统计分组是统计资料整理中常用的统计方法，它能够区分（　　）。
   A．总体中性质相同的单位　　B．总体标志
   C．一总体和它总体　　D．总体中性质相异的单位
2. 统计分组的关键在于确定（　　）。
   A．组中值　　B．组距
   C．组数　　D．分组标志和分组界限
3. 按照反映事物属性差异的品质标志进行分组称为按品质标志分组。下述分组中属于这一类的是（　　）。
   A．人口按年龄分组　　B．在校学生按性别分组
   C．职工按工资水平分组　　D．企业按职工人数规模分组
4. 按数量标志分组的关键是确定（　　）。
   A．变量值的大小　　B．组数　　C．组中值　　D．各组界限
5. 全国总人口按年龄分成5组，这种分组方法属于（　　）。
   A．简单分组　　B．复合分组
   C．按品质标志分组　　D．以上都不对
6. 对某校学生先按年级分组，在此基础上再按年龄分组，这种分组方法是（　　）。
   A．简单分组　　B．复合分组　　C．再分组　　D．平行分组
7. 对某校学生分别按年级和年龄分组，由此形成的分组体系是（　　）。
   A．平行分组体系　　B．复合分组体系
   C．两者兼而有之　　D．两者都不是
8. 组距和组数是组距数列中的一对基本要素，当变量的全距一定时，组距和组数（　　）。
   A．没有关系　　B．关系不确定
   C．有正向关系　　D．有反向关系
9. 等距数列和异距数列是组距数列的两种形式，其中等距数列是指（　　）。
   A．各组次数相等的数列　　B．各组次数不等的数列
   C．各组组距相等的数列　　D．各组组距不等的数列

10. 某村农民人均月收入最高为 426 元，最低为 270 元，据此分为 6 个组，形成闭口式等距数列，则组距应为（　　）。

A. 71　　B. 26　　C. 156　　D. 348

11. 对各组的上限与下限进行简单平均，得到（　　）。

A. 组中值　　B. 组平均数　　C. 组距　　D. 组数

12. 划分连续变量的组限时，相邻的组限必须（　　）。

A. 重叠　　B. 相近　　C. 不等　　D. 不重叠

13. 为统计运算方便，在编制等距数列时，如果全距是 48，组数是 5，则组距为（　　）。

A. 5　　B. 10　　C. 9.6　　D. 9

14. 有一连续变量数列，其最末组是开口组，下限为 500，又知其相邻的组中值为 480，则最末组的组中值为（　　）。

A. 520　　B. 510　　C. 500　　D. 490

15. 17 位工人分别看管的机器台数：2、5、4、4、3、4、3、4、4、2、2、4、3、4、6、3、4。依据以上资料编制分配数列，应采用（　　）。

A. 单项式分组　　B. 等距分组

C. 不等距分组　　D. 以上几种分组均可以

16. 在分组时，如果遇到某单位的标志值刚好等于相邻两组上下限数值时，一般（　　）。

A. 将此标志值单列为一组

B. 将此值归入作为上限的那一组

C. 将此值归入作为下限的那一组

D. 将此值归入作为上限的组或下限的组均可

17. 在组距数列中，用组中值代表组内变量值的一般水平，是因为（　　）。

A. 组内各变量值是相等的　　B. 组中值比组平均数更具有代表性

C. 组中值和组平均数是一致的　　D. 不可能得到组平均数

18. 统计整理主要是对（　　）的整理。

A. 历史统计资料　　B. 统计分析资料

C. 原始调查资料　　D. 综合统计资料

19. 在分配数列中，频数是指（　　）。

A. 各组单位数与总单位数之比　　B. 各组分布次数的比率

C. 各组单位数　　D. 各单位数

20. 将某地区 30 个商店按零售额多少分组编制而成的分配数列，其变量值是（　　）。

A. 零售额　　B. 商店数

C. 各组的零售额　　D. 各组的商店数

二、多项选择题

1. 统计整理的基本方法包括（　　）。

A. 分组　　B. 汇总　　C. 编制统计图表

D. 计算机录入　　E. 计算指标值

2. 统计分组（　　）。

A. 是一种统计方法　　B. 对总体而言是“合”

C. 对总体而言是“分”　　D. 对个体而言是“合”

E. 对个体而言是“分”

3. 统计分组是（　　）。

A. 在统计总体内进行的一种定性分类

B. 在统计总体内进行的一种定量分类

C．将同一总体分为不同性质的组

D．把总体划分为一个个性质不同、范围更小的总体

E．将不同的总体划分为性质不同的组

4．在次数分配数列中（　　）。

A．总次数一定，频数和频率成反比

B．各组频率之和等于 100

C．各组频率大于 0，频率之和等于 1

D．频数越小，则该组的标志值所起的作用越小

E．频率又称为次数

5．在组距数列中，组中值是（　　）。

A．上限和下限之间的中点数值

B．用来代表各组标志值的平均水平

C．在开口式分组中无法确定

D．在开口式分组中，可以参照相邻组的组距来确定

E．就是组平均数

6．指出表 3-33 表示的分布数列的类型（　　）。

表 3-33　按劳动生产率分组的各组职工人数

按劳动生产率分组（件/人）	职 工 人 数
56～60	5
60～70	10
70～80	20
80～100	15
合　　计	50

A．品质数列　　B．变量数列　　C．组距数列

D．不等距数列　　E．等距数列

7．按计划完成程度不同把一些企业分为 3 组，第一组为 80%～100%，第二组为 100%～120%，第三组为 120%以上，则（　　）。

A．若将上述各组组别及次数依次排列，就是变量数列

B．该数列的变量属于连续变量，所以相邻组的组限必须重叠

C．此类数列只能是等距数列，不可能采取异距数列

D．各组的上限分别为 80%、100%、120%，某企业计划完成 100%应归第一组

E．各组的下限分别为 80%、100%、120%，某企业计划完成 100%应归第二组

8．在某厂工人按日产量（件）分组的变量数列中，下面正确的说法有（　　）。

A．“日产量”是分组的数量标志

B．各组工人的日产量数值是变量值或标志值

C．各组的工人数是次数或频数

D．各组工人数的比重是频率

E．分组变量是离散变量

9．统计表从形式上要求（　　）。

A．由纵横线条交叉组成的长方形表格，避免过于细长、过于粗短

B．统计表上下两端的端线应以粗线绘制

C．长宽之间应保持适当的比例

D．表中其他线条一般应以细线绘制

E．左右两端习惯上均不画线，采用不封闭的“开口”表式

10．填写统计表中指标数值的具体方法有（　　）。

A．当数字为0时要填写“0”

B．如不应有数字时，要用符号“—”表示出来

C．如不应有数字时，就不用填

D．当缺某项数字或因数小可略而不计时，用符号“…”表示

E．统计表中数字部分不应留下空白，不可出现“同上”等字样

三、判断题

1．统计分组是统计整理的中心问题。（　　）

2．统计表是表达统计整理结果的唯一形式。（　　）

3．复合分组是对同一总体选择两个或两个以上的标志，将它们排列起来，逐一对总体进行分组。（　　）

4．对连续变量数列，既可以编制成单项式变量数列，也可以编制成组距式变量数列。（　　）

5．统计表的内容可分为主词和宾词两部分，前者是说明总体的统计指标，后者是统计表所要说明的总体。（　　）

6．平行分组体系是要按照主要标志和次要标志对总体进行多次分组。（　　）

7．统计汇总主要是计算标志总量的。（　　）

8．组距式分组中各组包含多个变量值。（　　）

9．目前，对于大量统计资料，一般使用计算机对其进行汇总。（　　）

10．统计表的格式一般是“开口”式的，表的左右两端不画纵线。（　　）

四、计算题

某班40名学生统计学考试成绩（分）分别为：

57　89　49　84　86　87　75　73　72　68　75　82　97　81　67　81　54　79　87　95

76　71　60　90　65　76　72　70　86　85　89　89　64　57　83　81　78　87　72　61

学院规定：60分以下为不及格，60～70分为及格，70～80分为中，80～90分为良，90～100分为优。

要求：

（1）将该班学生分为不及格、及格、中、良、优5组，编制一张频数分布表。

（2）指出分组标志及其类型、分组方法的类型，分析该班学生的考试情况。

（3）利用Excel绘制统计图。

项目 4

认识统计数据的描述方式

先导案例

根据《全国人口普查条例》和《国务院关于开展第六次全国人口普查的通知》，我国以 2010 年 11 月 1 日 0 时为标准时点进行了第六次全国人口普查。在国务院和地方各级人民政府的统一领导下，在全体普查对象的支持配合下，通过广大普查工作人员的艰苦努力，目前已圆满完成人口普查任务。现将快速汇总的主要数据公布如下。

一、总人口

全国总人口数为 1 370 536 875 人，其中：

普查登记的大陆 31 个省、自治区、直辖市和现役军人的人口数共 1 339 724 852 人；

香港特别行政区人口数为 7 097 600 人；

澳门特别行政区人口数为 552 300 人；

台湾地区人口数为 23 162 123 人。

二、人口增长

大陆 31 个省、自治区、直辖市和现役军人的人口数，同第五次全国人口普查 2000 年 11 月 1 日 0 时的 1 265 825 048 人相比，十年共增加 73 899 804 人，增长 5.84%，年平均增长率为 0.57%。

三、家庭户人口

大陆 31 个省、自治区、直辖市共有家庭户 401 517 330 户，家庭户人口为 1 244 608 395 人，平均每个家庭户的人口为 3.10 人，比 2000 年第五次全国人口普查的 3.44 人减少 0.34 人。

四、性别构成

大陆 31 个省、自治区、直辖市和现役军人的人口数中，男性人口数为 686 852 572 人，占 51.27%；女性人口为 652 872 280 人，占 48.73%。总人口性别比（以女性人口数为 100，男性对女性的比例）由 2000 年第五次全国人口普查的 106.74 下降为 105.20。

五、年龄构成

大陆 31 个省、自治区、直辖市和现役军人的人口中，0～14 岁人口数为 222 459 737 人，占总人口数的 16.60%；15～59 岁人口数为 939 616 410 人，占 70.14%；60 岁及以上人口数为 177 648 705 人，占 13.26%，其中 65 岁及以上人口数为 118 831 709 人，占 8.87%。同 2000 年第五次全国人口普查相比，0～14 岁人口的比重下降 6.29 个百分点，15～59 岁人口的比重上升 3.36 个百分点，60 岁及以上人口的比重上升 2.93 个百分点，65 岁及以上人口的比重上升 1.91 个百分点。

六、民族构成

大陆 31 个省、自治区、直辖市和现役军人的人口中，汉族人口数为 1 225 932 641 人，占 91.51%；各少数民族人口数为 113 792 211 人，占 8.49%。同 2000 年第五次全国人口普查相比，汉族人口增加 66 537 177 人，增长 5.74%；各少数民族人口数增加 7 362 627 人，增长 6.92%。

七、各种受教育程度人口

大陆 31 个省、自治区、直辖市和现役军人的人口中，具有大学（指大专以上）文化程度的人口数为 119 636 790 人；具有高中（含中专）文化程度的人口数为 187 985 979 人；具有初中文化程度的人口数为 519 656 445 人；具有小学文化程度的人口数为 358 764 003 人（以上各种受教育程度的人包括各类学校的毕业生、肄业生和在校生）。

同 2000 年第五次全国人口普查相比，每 10 万人中具有大学文化程度的由 3 611 人上升为 8 930 人；具有高中文化程度的由 11 146 人上升为 14 032 人；具有初中文化程度的由 33 961 人上升为 38 788 人；具有小学文化程度的由 35 701 人下降为 26 779 人。

大陆 31 个省、自治区、直辖市和现役军人的人口中，文盲人口数（15 岁及以上不识字的人）为 54 656 573 人，同 2000 年第五次全国人口普查相比，文盲人口减少 30 413 094 人，文盲率由 6.72%下降为 4.08%，下降 2.64 个百分点。

八、城乡人口

大陆31个省、自治区、直辖市和现役军人的人口中，居住在城镇的人口数为665 575 306人，占人口总数的49.68%；居住在乡村的人口数为674 149 546人，占50.32%。同2000年第五次全国人口普查相比，城镇人口增加207 137 093人，乡村人口减少133 237 289人，城镇人口比重上升13.46个百分点。

九、人口的流动

大陆31个省、自治区、直辖市的人口中，居住地与户口登记地所在的乡镇街道不一致且离开户口登记地半年以上的人口数为261 386 075人，其中市辖区内人户分离的人口数为39 959 423人，不包括市辖区内人户分离的人口数为221 426 652人。同2000年第五次全国人口普查相比，居住地与户口登记地所在的乡镇街道不一致且离开户口登记地半年以上的人口增加116 995 327人，增长81.03%。

十、登记误差

普查登记结束后，全国统一随机抽取402个普查小区进行了事后质量抽样调查。抽查结果显示，人口漏登率为0.12%。

（资料来源：国家统计局. 2010年第六次全国人口普查主要数据公报（第1号）. 中华人民共和国国家统计局网站，2011-04-28.）

【案例思考】

（1）第六次人口普查快速汇总主要公布的数据包括哪些？

（2）这些公布的数据都有哪些类型？这些数据是怎样得来的？

（3）试说明一下每种类型数据都反映了什么？

任务提炼

《2010年第六次全国人口普查主要数据公报（第1号）》中，首先运用了总人口——总量指标，反映了特定时间我国人口的总规模和总水平，通过这些描述使得人们对我国的人口状况有了具体、形象的认识。但这样的人口数量是大是小、是上升了还是下降了，人口内部结构有没有变化等都很难直接用总量指标做出评价。为此，公报中还应用了“相对指标”对人口状况进行了相对分析，如对我国大陆31个省、自治区、直辖市和现役军人的人口从性别构成、年龄构成、民族构成、各种受教育程度人口构成和城乡人口构成等方面进行了描述。这种结合相对分析的方法，会让人形成更加具体、深刻的认识，从而使之对我国人口发展状况做出恰当的评价。除此之外，公报中还应用了平均每个家庭户的人口——平均指标来反映我国家庭户人口的一般水平。为能灵活运用统计数据的描述方式，我们应掌握以下方面的任务：

（1）认识总量指标。

（2）计算相对指标。

（3）计算平均指标。

（4）计算标志变异指标。

（5）用Excel计算描述统计量。

（6）统计技能实践。

任务1　认识总量指标

一、总量指标的含义

总量指标又称绝对数，是反映在一定时间、地点和条件下某种现象的总体规模、总水平和工作总量，包括增加或减少的总量，用绝对数形式表示。它是对通过统计调查得来的原始资料进行分组和汇总而得到的各项总计数字，是统计整理阶段的直接成果，其指标的数值大小与总体范围的大小成正比。

二、总量指标的分类

1. 按其反映内容的不同分类

根据总量指标反映内容的不同，总量指标可以分为总体单位总量和总体标志总量。

例如，某班有 50 名学生，统计学课程期中考试总成绩为 4 250 分。结合前面所学知识，“50 人”是指作为总体的班级的总学生人数，也就是总体单位总量，而“4 250 分”是每个学生“成绩”这个标志的数量表现（标志值）的合计数。所以说，总体单位总量是反映总体内个体单位数总和的总量指标，表示总体本身规模的大小；总体标志总量是反映总体单位的标志值总和的总量指标。

一个特定总体内，只能存在一个总体单位总量，而可以同时并存多个标志总量，从而构成一个总量指标体系。总体单位总量和总体标志总量并不是固定不变的，而是会随研究目的不同而变化。

2. 按计量单位的不同分类

根据计量单位的不同，总量指标可以分为实物量指标、价值量指标和劳动量指标。

实物单位有自然单位，如学校按“所”、汽车按“辆”计算；度量衡单位，如粮食按“千克”、钢铁按“吨”计算；双重单位，如发电机按“台/千瓦”、重型设备按“吨/台”来计量；复合单位，如货运量按“吨公里”、客运量按“人次”计算；标准单位，如“标准台”“标准只”等。不同类实物其使用价值不同，内容性质不同，无法按实物单位进行直接汇总。例如，企业生产不同产品的总成果、不同商品的总销售量，都不能用某一项实物单位来反映，必须借助货币单位去解决。

以货币单位计算的总量指标又称货币指标和价值指标。它能够使不能直接相加的产品或商品数量过渡到能够加总，用以综合说明不同使用价值的产品总量或商品总量等的总规模或总水平。

劳动单位是劳动力劳动时间的计量单位，如工时、工日等。借助劳动单位计算的劳动总消耗量指标来确定劳动规模，并作为评价劳动时间利用程度和计算劳动生产率的依据。

3. 按反映时间状况的不同分类

按反映时间状况的不同，总量指标可分为时期指标和时点指标。

1）时期指标

时期指标是指反映某种社会经济现象在一段时间发展变化结果的总量指标，如产品产量、商品销售额、工资总额、人口出生数等。

（1）统计上常用的时期有日、月、季、年、5 年、10 年等。

（2）时期指标的特点有以下几方面：

① 可连续登记是指其指标数值在时间上是连续的，即不丢时间段的登记，而不能理解成登记时间的连续。它可以每天一登记，也可以隔几天一登记，但不管相隔多长时间进行登记，都需要把资料所属的时期连续上。

② 数值的大小与时期长短有直接关系。在一般情况下，时期越长指标数值越大，反之则越小。

③ 具有动态可加性。动态可加性是指该指标在不同时间上的数值可以累计相加，累计后具有独立的经济意义，表示更长一段时间内事物发展过程的总数量。例如，月产量等于日产量之和、年产量等于月产量之和等。

2）时点指标

时点指标是反映社会经济现象在某一时刻（瞬间）上所达到的数量，如人口数、商品库存额、固定资产原值、银行存款余额等。

（1）统计上常用的时点。

① 以某一时刻或瞬间为时点，如我国第六次人口普查的标准时点是2010年11月1日0时。

② 以某一天为时点，如月初、月末，季初、季末，年初、年末等。在把某天作为时点的情况下，其数字可以作为上下期交界的“联结点”，即当在“上期期末数”和“下期期初数”中仅知其一时，可以用其中之一来代替，如常见的有上月月末数＝下月月初数，上年年末数＝下年年初数等。

（2）时点指标的特点。

① 不能连续登记。时点指标只能在某一时刻登记得到，无法连续登记。

② 数值的大小与时间间隔的长短没有直接关系。其数值的大小不会因间隔时间的长短而与之成比例地增减，如某校年末学生人数并不一定比年内某月月末学生人数多。

③ 没有动态可加性。例如，“工人人数”就是时点指标，假设某月1日有600名工人，2日有608名工人，若把两者相加，所得的1 208就不是“两天内的工人总数”，因为两天的工人大部分是相同的，存在重复，所以两者相加没有独立的经济意义。根据这一特点可以很容易地区别时期或时点指标。也就是说，把不同时间上的指标数值进行累计相加，累计相加不存在重复现象的，表示更长一段时间内事物发展过程的总数量的就是时期指标；如果累计相加过程中存在重复现象，相加没有独立的经济意义的就是时点指标。

三、运用总量指标的注意事项

1. 明确指标的含义和范围

有一些总量指标表面看比较简单，但是若不对其含义、范围做出明确规定，则很难正确计算其总量。例如，要计算国内生产总值，就必须清楚指标的含义和性质，据此确定统计范围和方法。要解决好这一问题，必须正确理解被研究现象的性质、含义，同时要熟悉统计制度的有关规定，才能统一计算口径，正确计算出它们的总量。

2. 计算实物量时，要注意现象的同质性

同质性意味着同样的使用价值和经济内容是可以综合汇总的，对于不同质的现象则不能简单地相加汇总，这一点非常重要。例如，不同商品的总销售量等，就不能用某一项实物单位来反映。

3. 要有统一的计量单位

计量单位不同不能相加，包括以下两种情况：

（1）不同类型的单位不能相加。例如，固定资产有的按“台”统计，有的按“千瓦”统计，尽管都是固定资产，其实物量也不能相加。

（2）同一类型不同大小的单位不能相加。例如，粮食产量有的按“吨”统计，有的按“千

克”统计，这也不能相加。

4．不是总量指标不能直接相加

不是总量指标不能直接相加，即相对指标、平均指标不能直接相加。

四、总量指标的分析结论

从人们对总量指标的一般心理期望来说，总量指标大致可分为 3 类：期增指标、期减指标和期适指标。人们对这 3 类指标的期望不同，因而在分析后所下的结论也就不同。

1．期增指标越大越好

期增指标就是按照人们的一般心理期望增加的指标，如产品产量、产值、利润等。这些指标是不可以无限增加的，实际上由于各种条件的制约，这类指标的增加是有限制的，只是不易找到严格的界限罢了。

由于不易找到标准的上限，所以对期增指标的分析常常采用比较分析法进行，如与计划比较、与同类企业比较、与本企业的历史比较等。

对期增指标进行比较后得出的一般结论：增加比减少好，增加的幅度越大越好。

2．期减指标越小越好

期减指标就是按照人们的一般心理期望减少的指标，如产品成本、费用、材料消耗等。这类指标也不是无限减少的，实际上由于各种条件的制约，这类指标的减少也是有限制的，也不易找到严格的界限。

对期减指标的分析与期增指标一样，常常采用比较分析法进行，如与计划比较、与同类企业比较、与本企业的历史比较等。

对期减指标进行比较后得出的一般结论：减少比增加好，减少的幅度越大越好。

3．期适指标适当为好

期适指标就是按照人们的一般心理既不期望太大也不期望太小的指标，如生产规模、人口数量、劳动时间等。这类指标由于各种条件的制约，应该存在着一个“标准”数，但这个“标准”也不易找到。

对期适指标的分析，尽管不易找到这个“标准”，但总是可以确定一个比较适用的“标准范围”，再把这类指标与这个“标准范围”进行比较。

对期适指标进行比较后得出的结论：不超出“标准范围”为好，小于标准的下限和大于标准的上限都不好，超出“标准范围”越多越不好。

任务2 计算相对指标

一、相对指标的含义和表现形式

1．相对指标的含义

相对指标就是应用对比的方法，将两个相互联系的指标数值加以对比计算出的一种比值。相对指标主要用以反映现象的发展程度、结构、强度、普遍程度或比例关系，其结果表现为相对数，如人口的性别比例和年龄构成、人口的出生率和死亡率等。

相对指标的基本计算公式为

$$相对指标=\frac{比数}{基数} \tag{4.1}$$

式中：比数——指被研究现象的指标数值；

基数——指作为对比基础的现象的指标数值。

2．相对指标的表现形式

相对指标的表现形式取决于比数和基数的计量单位，如果两者的计量单位相同，即比数和基数属于同一类指标，那么它们的比值一般表现为无名数；当比数和基数是不同类指标时，其比值表现为复名数。

（1）无名数通常以百分数、千分数、系数或倍数、成数等表示。

① 百分数：将对比的基数抽象化为100而计算出来的相对数，通常用“%”表示。

② 千分数：将对比的基数抽象化为1 000而计算出来的相对数，它适用于比数比基数小很多的情况，通常以“‰”表示。

③ 系数或倍数：将对比的基数抽象化为1而计算出来的相对数。系数常用于对比的比数与基数差别不大的情况，倍数则用于比数与基数差别很大的情况。

④ 成数：将对比的基数抽象化为10而计算出的相对数。

（2）复名数以分子分母的复合单位计量，如万元GDP能耗的计量单位为“吨/万元”。

二、相对指标的种类和计算原则

由于研究目的和对比基础不同，形成了许多不同的相对指标。相对指标归纳起来有两类：一是同一总体内部之比的相对指标；二是两个总体之间对比的相对指标。

1．同一总体内部之比的相对指标

1）计划完成程度相对数

（1）基本计算方法。计划完成程度相对数简称计划完成率，用来检查、监督计划执行情况，它以现象在某一段时间内的实际完成数与计划任务数对比，借以观察计划完成程度。其基本公式为

$$计划完成程度相对数=\frac{实际完成数}{计划数}\times 100\% \tag{4.2}$$

（2）根据不同形式的计划指标计算计划完成程度相对数。计划数是计划完成程度相对指标的基数。由于计划任务数下达的表现形式不同，计划完成程度相对数也就有了几种不同的计算方法。

① 根据绝对数计算计划完成程度（见计划完成程度相对指数的基本公式）。

② 根据相对数计算计划完成程度。

在计划工作中，可以通过提高或降低百分比来规定计划任务。例如，劳动生产率计划提高百分之几，成本水平规定降低百分之几，这时计算计划完成百分比有它特殊的地方，计算提高或降低率计划完成程度相对数应采用如下公式

$$计划完成程度相对数=\frac{实际为上期的百分比}{计划为上期的百分比}=\frac{1+（-）实际提高率（降低率）}{1+（-）计划提高率（降低率）} \tag{4.3}$$

典型案例 4-1

某企业计划规定劳动生产率比上年提高 10%，实际提高 15%。在这种情况下，计划完成程度指标不能直接用实际提高或降低率除以计划提高或降低率，而应当恢复计划为上年的“110%”，实际应为“115%”，然后进行对比，公式表达为

$$劳动生产率计划完成程度=\frac{100\%+15\%}{100\%+10\%}=\frac{115\%}{110\%}\approx 104.5\%$$

计算结果表明，该企业劳动生产率比计划提高 4.5%，或者说该企业劳动生产率计划完成 104.5%。

典型案例 4-2

如果计划规定的任务是降低率，计算结果应该越小越好。例如，某企业计划规定某种产品单位成本 2006 年比 2005 年下降 5%，实际下降 7%，则

$$单位成本计划完成程度相对数=\frac{100\%-7\%}{100\%-5\%}=\frac{93\%}{95\%}\approx 97.9\%$$

计算结果表明，实际单位成本比计划规定的单位成本降低了 2.1%。

③ 当计划数为平均数时，其计划检查的方法与绝对数形式相同。

对计划完成情况的评价，一定要注意指标的性质。对于期增指标而言，大于 100%为超额完成计划；对于期减指标而言，小于 100%为超额完成计划。

（3）长期计划的检查。长期计划（如五年计划），计划任务的规定其有不同的性质。有的任务是按全期应完成的总数来规定的，有的任务则是规定计划期末所应达到的水平，因而产生了两种不同的检查分析方法：累计法和水平法。

① 累计法。凡是计划指标是按计划期内各年的总和规定任务的，或者说是按计划全期（如五年）提出累计完成量任务的，就要求按累计法计算，如基本建设投资额、新增生产能力、造林面积指标等。计算时用整个计划期间实际完成的累计数与计划指标相比较，以检查计划完成程度。

典型案例 4-3

某地区“十一五”计划规定：2006—2010 年的五年社会固定资产投资总额合计为 12 960 亿元，实际完成 19 745.75 亿元，则

$$计划完成程度相对数=\frac{五年计划期间累计完成数}{五年计划规定的累计数}=\frac{19\,745.75}{12\,960}\approx 1.523\,6\text{（或152.36\%）}$$

按累计法检查计划执行情况，将计划全部时间减去自计划执行之日起至累计实际数量已达到计划任务时间，即为提前完成计划的时间。例如，某地区“十一五”时期基本建设投资总额规定为 20 亿元，该地区到 2010 年 6 月 30 日止实际完成投资额累计已达到 20 亿元，即提前半年完成投资计划。

② 水平法。制订长期计划时，有些计划指标是以计划期末应达到的水平来下达的，这样检查其计划完成情况就要用另一种方法——水平法来检查。

典型案例 4-4

某地区“十一五”计划规定 2010 年粮食产量达到年产 42 500 万吨的水平，实际执行结果，2010 年达到 43 500 万吨，则

$$计划完成程度指标=\frac{计划期末实际达到的水平}{计划规定期末应达到的水平}=\frac{43\,500}{42\,500}\approx 1.023\,5（或102.35\%）$$

即超额完成计划 2.35%。

按水平法检查计划执行情况，计算提前完成计划的时间，是根据连续一年时间（无论是否在一个日历年度，只要连续 12 个月即可）的产量和计划规定最后一年的产量相比较来确定的。例如，计划规定某产品 2010 年年产量应达到 120 万吨的水平，实际执行结果从 2009 年 7 月到 2010 年 6 月止连续 12 个月产量已达到 120 万吨的水平，那么，提前完成计划任务的时间为半年。

（4）计划执行进度情况的检查。一般的计划完成程度相对数都是在计划期末才进行计算和检查，这属于“事后检查”，它只能对下一个工作周期起作用。若将其改为“事中检查”就能对本期工作起到更有利的促进作用，这时就要用到“计划执行进度”指标，其计算公式为

$$计划执行进度=\frac{累计至本期止实际完成数}{全期计划数} \tag{4.4}$$

计划执行进度指标的检查标准是“实际进度要与计划进度相同”。在各期计划指标均等的情况下，进度指标的检查标准就变为“指标进度要与时间进度相同”，这就是实际工作中所说的“时间过半，进度过半”的标准。一般来说，任务进度小于时间进度为没有完成计划执行进度，任务进度大于时间进度为超额完成计划执行进度。

典型案例 4-5

某企业的计划产值和实际产值完成情况见表 4-1。

表 4-1　某企业产值的计划进度控制情况

项目	计划产值/万元	实际产值/万元		计划执行进度	情况分析
		各季度	累计		
甲	（1）	（2）	（3）	（4）	
第一季度	2 000	1 800	1 800	22.5%	没到 25%，没完成进度计划
第二季度	2 000	2 000	3 800	47.5%	没到 50%，没完成进度计划
第三季度	2 000	2 300	6 100	76.25%	已超 75%，超额完成了进度计划
第四季度	2 000	2 400	8 500	106.25%	已超 100%，超额完成了全年计划
合　计	8 000	8 500	—	106.25%	此指标已变为计划完成程度指标

2）结构相对指标

结构相对指标是利用分组法将总体区分为不同特征的各部分，以部分总量与总体总量对比求得的比重或比例来反映总体内部组成状况的综合指标。它一般用百分比或系数表示，各组比重总和等于 100%或 1，其计算公式为

$$结构相对指标=\frac{各组（或部分）总量}{总体总量}\times 100\% \tag{4.5}$$

3）比例相对指标

比例相对指标是反映总体中各组成部分之间数量联系程度和比例关系的综合指标，它是总体内部各个不同部分的数值进行对比而得到的比值，其计算公式为

$$比例相对指标=\frac{总体中某一部分数值}{同总体中另一部分数值} \tag{4.6}$$

比例相对指标计算结果通常以百分比来表示，有时也以比较基数单位为 1、100、1 000 时被比较单位数是多少的形式来表示。

4）动态相对指标

动态相对指标又称发展速度，是同一总体中同一指标在不同时间上的数值之比。这个指标用来反映现象发展速度，并据以推测现象变化的趋势。统计上把作为比较标准的时期称为“基期”，而把和基期对比的时期称作“报告期”。对时期的确定，一般基期在前，报告期在后，其计算公式为

$$动态相对指标=\frac{报告期水平}{基期水平}\times 100\% \tag{4.7}$$

动态相对指标在统计中应用很广，其将在项目 5“时间数列分析”中加以详细论述。

2. 两个总体之间对比的相对指标

1）比较相对指标

比较相对指标是通过不同空间（国家、地区、企业等）的同类现象数量对比而确定的相对指标，用以表明同类事物在不同条件下的数量对比关系，其计算公式为

$$比较相对指标=\frac{甲单位（地区、部门等）某指标值}{乙单位（地区、部门等）同类指标值} \tag{4.8}$$

2）强度相对指标

强度相对指标是两个性质不同但却有联系的总量指标之间的对比，用来表明某一现象在另一现象中发展的强度、密度和普遍程度，其计算公式为

$$强度相对指标=\frac{某种现象问题指标}{另一个有联系但性质不同的现象总量指标} \tag{4.9}$$

典型案例 4-6

我国国土面积为 960 万平方公里，2010 年 11 月 1 日 0 时，全国的总常住人口为 133 972.485 2 万人，则

$$我国人口密度=\frac{133\,972.485\,2万人}{960万平方公里}\approx 139.55（人/平方公里）$$

强度相对指标在计算过程中可以将分子和分母指标互换。在实际工作中，通常把强度相对指标中数值大小与现象的发展程度或密度成正比的指标称为正指标，将与现象的发展程度或密度成反比的指标称为逆指标。正、逆指标往往不同时使用，应根据需要加以选择。另外，不是所有强度相对指标都有正、逆指标，有些只采用一种方式计算，如人口密度指标。

典型案例 4-7

某市人口数为20万人，零售商业机构600个，则该市零售商业网密度为

$$商业网密度=\frac{600个}{200千人}=3（个/千人）$$

这是零售商业网密度正指标，说明该市居民每千人中有3个零售网点为他们服务。正指标数值越大，说明零售网的密度越大。

零售商业网密度逆指标为

$$商业网密度=\frac{200\,000人}{600个}\approx 333（人/个）$$

该指标说明每333人拥有一个零售网点。逆指标数值越大，说明零售网的密度越小。

3．计算相对指标的原则

1）要正确选择对比的基数

各种相对指标都是通过指标数值对比来反映现象之间的联系，因此，必须根据研究目的，从现象的性质、特点出发，正确选择对比基数，才能真实反映现象之间的联系。

2）要保持对比指标的可比性

由于相对指标是两个有联系的指标之比，所以这两个指标就必须在经济内容、统计范围、计算方法、计算价格以及计算单位等方面具有可比性。需注意的是，不同的相对指标要求是不同的。

任务3　计算平均指标

一、平均指标概述

1．平均指标的概念

平均指标是将一个总体内各个单位在某个数量标志上的差异抽象化，以反映总体的一般水平的综合指标。其中，一般水平是指通过截长补短、移多补少来抵消总体内各个单位在某个数量标志上的差异。

典型案例 4-8

某公司生产车间有甲、乙、丙3名工人，他们的工作量分别为81件、82件和83件。现把丙工人的工作量1件送给甲工人，则3个工人的工作量都是82件，这时3个工人的工作量差异就不存在了，我们就没必要一一列举每个工人的工作量，就用82件一个数来代表3个工人的工作量。而这代表值82件就是这3个工人工作量的平均数。

平均指标具有两个基本特点：一，它是一个代表性的指标，代表总体各个单位某一数量标志的一般水平，代表总体各单位标志值的集中趋势；二，它把总体各个单位某一标志数值

的差异抵消掉而反映总体的综合特征。

2. 平均指标的分类

平均指标分为数值平均数和位置平均数。

（1）数值平均数包括算术平均数、调和平均数、几何平均数等。其中，几何平均数多在计算平均发展速度中应用；在反映社会经济现象总体各单位标志的一般水平时多采用算术平均数或调和平均数。

（2）位置平均数有中位数、众数等。它是先将总体各单位标志值按一定顺序排列，然后取某一位置能够反映一般水平的代表值。

本书主要介绍数值平均数的计算。

二、算术平均数

统计中，算术平均数是将总体标志总量除以总体单位总数，它是计算社会经济现象平均数最常用方法，其基本公式为

$$\text{算术平均数}=\frac{\text{总体标志总量}}{\text{总体单位总数}} \tag{4.10}$$

这里需要说明，虽然算术平均数也是两个总量指标的对比关系，和强度相对数颇有相似的地方，但实质上却并不相同。平均指标是在一个同质总体内标志总量和单位总量的比例关系，它要求标志总量必须是总体各单位标志值的总和。强度相对指标的分子、分母是两个不同总体现象总量，不存在各个标志值与各个单位对应的问题。

按计算方法不同，算术平均数分为简单算术平均数和加权算术平均数。

1. 简单算术平均数

简单算术平均数是每一个标志值加总得到的标志总量除以单位总量所求出的平均数，其计算公式为

$$\bar{x}=\frac{\sum x}{n} \tag{4.11}$$

式中：$\bar{x}$——算术平均数；

x——各单位标志值；

$\sum$——求和符号；

n——总体单位平均数。

简单算术平均数的特点是，各变量值出现的次数相同。在计算时就不必再考虑变量值出现的次数问题。如果变量值出现的次数不同，就得计算加权算术平均数。

2. 加权算术平均数

加权算术平均数是在总体经过分组形成变量数列（包括单项数列和组距数列）、有变量值和次数的情况下，将各组变量值分别与其次数相乘后加总求得标志总量，再除以总体单位数（次数总和）而求得的数值，其计算公式为

$$\bar{x}=\frac{\sum xf}{\sum f}=\sum x\frac{f}{\sum f} \tag{4.12}$$

式中：f——标志值出现的次数。

1）单项式计算加权算术平均数

下面通过案例进行说明。

典型案例 4-9

某厂工人日检查产品数量资料见表 4-2。

表 4-2　某厂工人日检查产品数量资料表

按日检查产品数量分组/件	职工人数/人	比重	日检查产品总量/件	变量值×比重
x	f	$\frac{f}{\sum f}$	xf	$x\frac{f}{\sum f}$
42	8	3.2%	336	1.34
45	7	2.8%	315	1.26
48	10	4%	480	1.92
54	46	18.4%	2 484	9.94
58	44	17.6%	2 552	10.21
65	50	20%	3 250	13
72	24	9.6%	1 728	6.91
78	26	10.4%	2 028	8.11
84	25	10%	2 100	8.4
88	10	4%	880	3.52
合　计	250	100%	16 153	64.61

该厂平均日检产品数量为

$$\bar{x}=\frac{\sum xf}{\sum f}=\frac{16153}{250}\approx 64.6\text{（件）}$$

或

$$\bar{x}=\sum x\frac{f}{\sum f}\approx 64.6\text{（件）}$$

上例表明，各组的次数 f 具有权衡各组变量值轻重的作用：某一组的次数越大，则该组的变量值对平均数的影响就越大；某一组的次数越少，则该组的变量值对平均数的影响就越小。因此，在计算算术平均数时，习惯称各组的次数 f 为权数。需要说明的是，影响平均数大小的不是次数本身，而是次数的相对数，即各组次数占总次数的比重。

因此，加权算术平均数值的大小受两个因素的影响：①受各组变量值 x 的影响；②受次数分配值也就是各组次数占总次数的比重（$\frac{f}{\sum f}$）的影响。

2）组距数列计算加权算术平均数

组距数列计算加权算术平均数方法与单项数列相同，只是各组的变量值要用各组的组中值代替。以典型案例 4-10 中表 4-3 为例说明，先计算组中值，而后计算资料的平均数。

典型案例 4-10

某厂工人日检查产品数量资料见表 4-3。

表 4-3 某厂工人日检查产品数量资料表

按日检查产品数量分组/件	职工人数/人	组中值/件	日检查产品总量/件	比重	变量值×比重
	f	x	xf	$\frac{f}{\sum f}$	$x\frac{f}{\sum f}$
40～50	25	45	1 125	10%	4.5
50～60	90	55	4 950	36%	19.8
60～70	50	65	3 250	20%	13
70～80	50	75	3 750	20%	15
80～90	35	85	2 975	14%	11.9
合　计	250	—	16 050	100%	64.2

该厂平均日检产品数量为

$$\bar{x}=\frac{\sum xf}{\sum f}=\frac{16\,050}{250}\approx 64.2\text{（件）}$$

或

$$\bar{x}=\sum x\frac{f}{\sum f}\approx 64.2\text{（件）}$$

3．算术平均数的特殊运用

实际工作中，有时需要根据各组的平均数计算总体的平均数，或根据各组的相对数计算总体的相对数。在计算总体的平均数或相对数时，不能将各组的平均数或相对数直接相加，再除以其组数来计算。正确的处理方法是，根据总体指标的经济含义写出其计算公式，分别计算出分子与分母的总量，将分子视为总体标志总量，将分母视为总体单位总量，代入公式求得。

1）根据各组的平均数计算总体平均数

下面通过案例进行说明。

典型案例 4-11

某村粮食产量情况见表 4-4，要求计算该村粮食的总单产。

表 4-4 某村粮食产量情况

土地类型	单产 x/（千克/公顷）	播种面积 f/公顷	总产量 xf/万千克
山地	2 400	18	4.32
丘陵	6 000	90	54.00
平原	15 000	72	108.00
合 计	—	180	166.32

计算步骤如下：

（1）写出粮食单产的基本公式。

$$粮食单产=\frac{粮食总产量}{总播种面积}$$

（2）计算粮食总产量（见表 4-4 中最后一栏）。

（3）计算全村粮食单产。

$$\bar{x}=\frac{\sum xf}{\sum f}=\frac{166.32\times 10\,000}{180}\approx 9\,240（千克/公顷）$$

2）根据各组的相对数计算总体相对数

下面通过案例进行说明。

典型案例 4-12

某季度某工业公司 18 个工业企业产值计划完成程度资料见表 4-5，计算平均产值计划完成程度。

表 4-5 某工业公司产值完成情况

产值计划完成程度	组中值 x/个	企业/个	计划产值 f/万元	实际产值 xf/万元
80%～90%	85	2	800	680
90%～100%	95	3	2 500	2 375
100%～110%	105	10	17 200	18 060
110%～120%	115	3	4 400	5 060
合 计			24 900	26 175

计算步骤如下：

（1）写出产值计划完成程度的基本公式。

$$产值的计划完成程度=\frac{实际总产值}{计划总产值}\times 100\%$$

（2）计算实际总产值（见表 4-5 中最后一栏）。

（3）计算平均产值计划完成程度。

$$\bar{x}=\frac{\sum xf}{\sum f}=\frac{26175}{24\,900}\approx 105.12\%$$

4．算术平均数的性质

利用算术平均数作为代表值，则可以使误差相互抵消，反映出事物必然性的数量特征。

另外，它具有下面一些重要的数学性质，这些数学性质在实际工作中有着广泛的应用，同时体现了算术平均数的统计思想。

（1）各变量值与其算术平均数的离差之和等于零，即 $\sum(x-\bar{x})f=0$。

（2）各变量值与其算术平均数的离差平方和最小，即 $\sum(x-\bar{x})^2f=\min$。

三、调和平均数

在没有掌握各组单位数的资料及总体单位数，只掌握了各组的标志值和各组的标志总量的情况下，则用调和平均数的方法计算平均指标。

1．简单调和平均数

简单调和平均数法适用于未分组资料或各组标志总量均等的情况。

典型案例 4-13

某人在农贸市场分别以一元钱购买了 3 种蔬菜，3 种蔬菜的价格分别为每千克 0.15 元、0.20 元、0.24 元，则这 3 种蔬菜的平均价格为

$$H=\frac{n}{\sum\frac{1}{x}}=\frac{3}{\frac{1}{0.15}+\frac{1}{0.20}+\frac{1}{0.24}}\approx 0.19\text{（元）}$$

2．加权调和平均数

加权调和平均数法适用于资料已分组且各组变量值出现的次数不相同的情况。其计算公式为

$$H=\frac{m_1+m_2+\cdots+m_n}{\frac{1}{x_1}m_1+\frac{1}{x_2}m_2+\cdots+\frac{1}{x_n}m_n}=\frac{\sum m}{\sum\frac{m}{x}} \qquad (4.13)$$

当 $m_1,\cdots,m_n$ 相等时，加权调和平均数就等于简单调和平均数，简单调和平均数是加权调和平均数的特例。

调和平均数是标志值倒数的算术平均数的倒数，又称倒数平均数。但在社会经济生活中，符合严格意义上的调和平均数所表现的数量关系并不多见。加权调和平均数一般作为加权算术平均数的变形使用。

当 $m=xf$ 时，加权调和平均数与加权算术平均数的关系为

$$H=\frac{\sum m}{\sum\frac{m}{x}}=\frac{\sum xf}{\sum\frac{1}{x}xf}=\frac{\sum xf}{\sum f}=\bar{x}$$

即根据资料情况，当掌握各单位标志值和相应次数资料时，采用加权算术平均数公式；当掌握各单位标志值和各组标志总量时，采用加权调和平均数公式。

3．由相对数或平均数计算平均数

下面通过案例进行说明。

典型案例 4-14

某行业 150 个企业的有关产值和利润资料见表 4-6，其中一季度已知实际产值资料，二季度已知实际利润资料。

表 4-6　某行业产值和利润情况表

产值利润率	组中值	一季度			二季度		
		企业数/个	实际产值/万元	实际利润/万元	企业数/个	实际利润/万元	实际产值/万元
	x		f	xf		m	$\frac{m}{x}$
5%～10%	7.5%	30	5 700	427.5	50	710	9 466.67
10%～20%	15.0%	70	20 500	3 075.0	80	3 514	23 426.67
20%～30%	25.0%	50	22 500	5 625.0	20	2 250	9 000.00
合　计	—	150	48 700	9 127.5	150	6 474	41 893.34

由于产值利润率是一个相对指标，为了计算全行业的平均产值利润率，必须以产值利润率的基本公式为依据。

$$\text{产值利润率}=\frac{\text{实际利润}}{\text{实际产值}}\times100\%$$

并根据已知是分子还是分母的资料，采取适当的平均数形式，对各组企业的产值利润率进行加权平均。计算第一季度的平均产值利润率，由于已知分母资料实际产值，则把实际产值设为 f，用算术平均，即

$$\text{一季度平均产值利润率}=\frac{\sum xf}{\sum x}=\frac{9\,127.5}{48\,700}\approx18.74\%$$

而计算第二季度的平均产值利润率，由于已知分子资料实际利润，则把实际利润设为 m，用调和平均，即

$$\text{二季度平均产值利润率}=\frac{\sum m}{\sum\frac{m}{x}}=\frac{6\,474}{41\,893.34}\approx15.45\%$$

从上例可见，对于同一问题的研究，算术平均数和调和平均数的实际意义是相同的，计算公式也可以相互推算，采取哪一种方法完全取决于所掌握的实际资料。一般做法是，如果掌握的是基本公式中的分母资料，则采用算术平均数；如果掌握的是基本公式中的分子资料，则采用调和平均数的计算公式。

四、几何平均数

几何平均数是 n 个变量值（比率）的乘积开 n 次方根。用几何平均方法计算平均数的变量必须满足两个条件：一是所掌握的变量值本身是比率的形式；二是这些变量值的积有意义。在社会经济现象中，符合以上两个条件的变量主要有 4 个，即连续生产的产品合格率、连续销售的商品本利率、连续储蓄的本息率和连续比较的发展速度（环比发展速度）。而由这 4 个变量引申出另 4 个变量，即连续生产的产品废品率、连续销售的商品毛利率、连续储蓄的利息率和连续比较的增长速度（环比增长速度），就不能直接用几何平均，必须转化为前面的 4

个变量才能计算几何平均数。

几何平均数有两种计算方法：简单几何平均法和加权几何平均法。

简单几何平均数的计算公式为

$$G=\sqrt[n]{x_1\cdot x_2\cdot x_3\cdot\cdots\cdot x_n}=\sqrt[n]{\Pi x} \tag{4.14}$$

式中： G——几何平均数；

$x_1,\cdots,x_n$——被平均的变量值；

n——被平均变量的个数；

Π——连乘符号。

加权几何平均数的计算公式为

$$G=\sqrt[f_1+f_2+\cdots+f_n]{x_1^{f_1}\cdot x_2^{f_2}\cdot x_3^{f_3}\cdot\cdots\cdot x_n^{f_n}}=\sqrt[\Sigma f]{\Pi x} \tag{4.15}$$

 **典型案例 4-15**

某企业生产某种产品需经过毛坯、粗加工、精加工、装配 4 个流水线作业的车间才能完成，现已知 2010 年 2 月各车间的产品合格率分别是 95%、93%、94%和 92%，求各车间产品的平均合格率。

由于各车间的产品合格率是在其前一车间的合格产品的基础上计算，所以成品的总合格率并不等于各个车间的产品合格率的总和而是连乘积，那么计算平均合格率应当采用几何平均数的方法。

各车间产品的平均合格率为

$$G=\sqrt[n]{x_1\cdot x_2\cdot x_3\cdot\cdots\cdot x_n}=\sqrt[4]{95\%\times 93\%\times 94\%\times 92\%}\approx 93.5\%$$

若上面各车间的产品合格率分别是 95%、93%、93%和 92%，则各车间产品的平均合格率为

$$G=\sqrt[f_1+f_2+\cdots+f_n]{x_1^{f_1}\cdot x_2^{f_2}\cdot x_3^{f_3}\cdots x_n^{f_n}}=\sqrt[1+2+1]{95\%^1\times 93\%^2\times 92\%^1}=93.24\%$$

几何平均数常用于平均发展速度和平均增长速度的计算，这部分内容将在下一项目动态数列中分析。

五、位置平均数

位置平均数就是根据总体中处于特殊位置上的个别单位或部分单位的标志值来确定的代表值，它对于整个总体而言具有非常直观的代表性，因此，常用来反映总体分布的集中趋势，常用的有众数、中位数。

1．众数

下面通过案例来说明。

典型案例 4-16

某制鞋厂要了解消费者最需要哪种型号的男皮鞋，调查了某百货商场某季度男皮鞋的销售情况，得到的资料见表 4-7。

表 4-7 某商场某季度男皮鞋销售情况

男皮鞋号码/厘米	销售量/双	男皮鞋号码/厘米	销售量/双
24.0	12	26.0	320
24.5	84	26.5	104

续表

男皮鞋号码/厘米	销售量/双	男皮鞋号码/厘米	销售量/双
25.0	118	27.0	52
25.5	541	合　计	1 231

从表 4-7 可以看出，25.5 厘米的鞋号销售量最多，如果我们计算算术平均数，则平均号码为 25.65 厘米，而这个号码显然是没有实际意义的，而直接用 25.5 厘米作为顾客对男皮鞋所需尺寸的集中趋势既便捷又符合实际。

统计上把这种在一组数据中出现次数最多的变量值叫作众数。例如，要说明一个企业中工人最普遍的技术等级，说明消费者需要的内衣、鞋袜、帽子等最普遍的号码，说明农贸市场上某种农副产品最普遍的成交价格等，都需要利用众数。但是必须注意，从分布的角度看，众数是具有明显集中趋势点的数值，一组数据分布的最高峰点所对应的数值就是众数。当然，如果数据的分布没有明显的集中趋势或最高峰点，众数也可能不存在；如果有两个最高峰点，也可以有两个众数。只有在总体单位比较多而且又明显地集中于某个变量值时，计算众数才有意义。

2．中位数

中位数就是将总体中各单位标志值按大小顺序排列，位于中间位置的那个数据就是中位数。从中位数的定义可以看出，用于计算中位数的数据必须能够适当排序。不能适当排列的数据是无法确定中位数的。可见，中位数适用的数据范围要比众数小。

假如一组数据中有 n 个数据，在未分组的情况下，当 n 为奇数时，则中间位置为第 $\frac{n+1}{2}$ 项，第 $\frac{n+1}{2}$ 所对的那个标志值就是中位数；当 n 为偶数时，位于中间位置分别是第 $\frac{n}{2}$ 位和第 $\frac{n}{2}+1$ 的两个单位，中位数应该是这两个单位所对应的标志值的平均数。

典型案例 4-17

小明在测量本班学生身高时，得到以下 9 位男生的身高数据（单位：厘米）如下：

168　182　171　165　169　172　170　166　181

将以上数据从小到大或从大到小排列起来，你能找出位于中间的那个数据吗？如果增加一位男生的身高为 182 厘米，同样地将以上 10 位男同学的身高数据从小到大或从大到小排列起来，位于中间的数据又是多少？

针对上面资料（当 n 为奇数时），从小到大排列及其中位数（单位：厘米）如下：

165　166　168　169　170　171　172　181　182

因为 $\frac{n+1}{2}=\frac{9+1}{2}=5$，即中间位置为第五位，所以中位数为 170。

当 n 为偶数时，从小到大排列及其中位数（单位：厘米）如下：

165　166　168　169　170　171　172　181　182　182

因为 $\frac{n}{2}=\frac{10}{2}=5$，$\frac{n}{2}+1=\frac{10}{2}+1=6$，即中间位置为第五位和第六位，所以中位数 $=\frac{170+171}{2}=170.5$。

任务4　计算标志变异指标

一、标志变异指标概述

平均指标代表总体单位某一标志的一般水平，它把总体各个单位标志值的差异抽象掉了。标志变异指标是表明总体各个单位标志值的差异程度，或者说离散程度的指标，所以又称为标志变异度。它与平均指标的作用是相辅相成的。

标志变异指标是评价平均指标代表性大小的依据。平均指标是总体单位某个标志的代表数值，它的代表性与总体该标志变动的程度直接相关。如果标志值的分布很分散，则平均数的代表性就差，用它作为总体各单位的一般水平分析问题，意义就不大了。

典型案例 4-18

有甲、乙两个生产小组，每组各有5个生产工人，每人每日的生产量见表4-8。

表4-8　甲、乙生产组每人日产量资料表　　单位：件

工人序号	甲组生产件数 $x_{甲}$	离差 $x_{甲}-\bar{x}_{甲}$	乙组生产件数 $x_{乙}$	离差 $x_{乙}-\bar{x}_{乙}$
1	5	−45	48	−2
2	20	−30	49	−1
3	45	−5	50	0
4	85	35	51	1
5	95	45	52	2
合　计	250	—	250	—

甲组平均每人日产量＝50（件）

乙组平均每人日产量＝50（件）

甲、乙两组平均每个工人日产量都是50件，但各组工人日产量的离散程度不同，甲组离散程度较大，乙组只是稍微变动，因而明显可以看出甲组平均数的代表性较乙组就差得多。

二、标志变异指标的计算

1. 全距

全距（R）也称极差，是总体中单位标志值的最大值与最小值的差距，说明标志值变动范围。一般而言，全距越小说明标志变动值越集中，全距越大说明标志变动值越分散。但这个指标只考虑变量的两个极端值的差异，不能全面反映各单位标志值的差异程度。

2. 平均差

平均差（$A.D$）是指总体中各单位标志值与平均数离差绝对值的算术平均数。在统计中，把总体各单位的每一个变量值与平均数之差（$x-\bar{x}$）叫作离差。

（1）由分组的变量资料直接计算，采用简单算术平均法，即

$$A.D=\frac{\sum|x-\bar{x}|}{n} \tag{4.16}$$

（2）由已分组的变量数列计算，采用加权算术平均数的方法，即

$$A.D=\frac{\sum|x-\bar{x}|f}{\sum f} \tag{4.17}$$

平均差不同于全距，它是根据所有变量值计算的，所以它能够综合反映总体中各单位标志值的离散程度。平均差越大说明标志变动程度越大，平均数代表性越小；反之，平均差越小说明标志变动程度越小，平均数代表性越大。

典型案例 4-19

以典型案例 4-18 中的资料说明平均差的计算，甲、乙生产组每人日产量资料见表 4-9。

表 4-9　甲、乙生产组每人日产量资料表

工人序号	甲组生产件数	离差	离差绝对值	乙组生产件数	离差	离差绝对值
	$x_{甲}$	$x_{甲}-\bar{x}_{甲}$	$\lvert x_{甲}-\bar{x}_{甲}\rvert$	$x_{乙}$	$x_{乙}-\bar{x}_{乙}$	$\lvert x_{乙}-\bar{x}_{乙}\rvert$
1	5	−45	45	48	−2	2
2	20	−30	30	49	−1	1
3	45	−5	5	50	0	0
4	85	35	35	51	1	1
5	95	45	45	52	2	2
合　计	250	—	160	250	—	6

$$甲组平均差\ A.D=\frac{\sum|x_{甲}-\bar{x}_{甲}|}{n}=\frac{160}{5}=32（件）$$

$$乙组平均差\ A.D=\frac{\sum|x_{乙}-\bar{x}_{乙}|}{n}=\frac{6}{5}=1.2（件）$$

由于甲、乙两组平均数一致，甲组平均差大于乙组平均差，所以乙组平均数的代表性比甲组大。

典型案例 4-20

以典型案例 4-10 中的资料计算平均差，某厂工人日检查产品数量资料见表 4-10。

表 4-10　某厂工人日检查产品数量资料表

日检产品件数/件	职工人数	组中值	xf	$x-\bar{x}$	$\lvert x-\bar{x}\rvert$	$\lvert x-\bar{x}\rvert f$
	f	x				
40～50	25	45	1 125	−19.2	19.2	480
50～60	90	55	4 950	−9.2	9.2	828

续表

日检产品件数/件	职工人数	组中值	xf	$x-\bar{x}$	$\lvert x-\bar{x}\rvert$	$\lvert x-\bar{x}\rvert f$
	f	x				
60～70	50	65	3 250	0.8	0.8	40
70～80	50	75	3 750	10.8	10.8	540
80～90	35	85	2 975	20.8	20.8	728
合　计	250	—	16 050	—	—	2 616

$$\text{职工平均日产量 } \bar{x}=\frac{\sum xf}{\sum f}=\frac{16153}{250}\approx 64.6\text{（件）}$$

$$A.D=\frac{\sum|x-\bar{x}|f}{\sum f}=\frac{2\,616}{250}\approx 10.46\text{（件）}$$

从计算方法中可以看出，平均差计算简便、意义明确，它将研究总体中所有标志值的差异情况都包括进去了，可以准确地综合反映总体的离散程度。但由于平均差是用绝对值进行运算，而绝对值不适用于代数方法，有碍于进一步的统计分析，在实际应用上受到很大限制，所以在实际中应用更多的是标准差指标。

3．标准差

标准差（σ）是测定标志变动程度的主要指标，是总体各单位变量值与其平均数的离差平方的算术平均数的平方根，其计算公式如下所示。

1）对于未分组资料

$$\text{标准差 } \sigma=\sqrt{\frac{\sum(x-\bar{x})^2}{n}} \quad (4.18)$$

式中：$\sum(x-\bar{x})^2$ ——离差平方和；

n ——总体单位数，即离差项数。

通常把 $\frac{\sum(x-\bar{x})^2}{n}$ 称为方差，用符号 σ^2 表示，所以标准差又称均方差。

2）对于分组资料

$$\text{标准差 } \sigma=\sqrt{\frac{\sum(x-\bar{x})^2 f}{\sum f}} \quad (4.19)$$

式中：f ——每组的单位数，即每组离差项数。

标准差越大，说明标志变动程度越大，因而平均数代表性就越小；反之，标准差越小，说明标志变动程度越小，平均数代表性就越大。

典型案例 4-21

以典型案例 4-18 的资料说明标准差的计算（$\overline{x_{甲}}=50$ 件，$\overline{x_{乙}}=50$ 件），某车间日产量分配次数资料见表 4-11。

表 4-11　某车间日产量分配次数资料表

工人序号	甲组生产件数	离差	离差的平方	乙组生产件数	离差	离差的平方
	$x_{甲}$	$x_{甲}-\bar{x}_{甲}$	$(x_{甲}-\bar{x}_{甲})^2$	$x_{乙}$	$x_{乙}-\bar{x}_{乙}$	$(x_{乙}-\bar{x}_{乙})^2$
1	5	45	2 025	48	2	4
2	20	30	900	49	1	1
3	45	5	25	50	0	0
4	85	35	1 225	51	1	1
5	95	45	2 025	52	2	4
合　计	250	—	6 200	250	—	10

$$甲组标准差\ \sigma=\sqrt{\frac{\sum(x_{甲}-\bar{x}_{甲})^2}{n}}=\sqrt{\frac{6\,200}{5}}=\sqrt{1\,240}\approx 35.2\ (件)$$

$$乙组标准差\ \sigma=\sqrt{\frac{\sum(x_{乙}-\bar{x}_{乙})^2}{n}}=\sqrt{\frac{10}{5}}=\sqrt{2}\approx 1.4\ (件)$$

在两组平均值相等的情况下，甲组的标准差大于乙组，说明甲组的标志变动度比乙组大，因而甲组的平均数代表性比乙组差。

典型案例 4-22

以典型案例 4-10 中的资料计算标准差，某工厂检查产品数量资料见表 4-12。

表 4-12　某厂工人日检查产品数量资料表

日检产品件数/件	职工人数	组中值	xf	$x-\bar{x}$	$(x-\bar{x})^2$	$(x-\bar{x})^2f$
	f	x				
40～50	25	45	1 125	−19.2	368.64	9 216
50～60	90	55	4 950	−9.2	84.64	7 617.6
60～70	50	65	3 250	0.8	0.64	32
70～80	50	75	3 750	10.8	116.64	5 832
80～90	35	85	2 975	20.8	432.64	15 142.4
合　计	250	—	16 050	—	—	37 840

$$职工平均日产量\ \bar{x}=\frac{\sum xf}{\sum f}=\frac{16\,050}{250}=64.2\ (件)$$

$$标准差\ \sigma=\sqrt{\frac{\sum(x-\bar{x})^2f}{\sum f}}=\sqrt{\frac{37\,840}{250}}=\sqrt{151.36}\approx 12.3\ (件)$$

4．标准差系数

标准差系数（v_σ）是标准差和平均数的比值，是用相对数表现的标志变动度指标，通常用“%”表示。

$$标准差系数 v_{\sigma}=\frac{\sigma}{\bar{x}}\times 100\% \qquad (4.20)$$

标准差的大小受两个因素的影响：一是受总体单位标志值的平均水平高低的影响；二是受总体单位标志变动度大小的影响。为此，对于不同水平即平均指标不同的总体不宜直接用标准差比较其标志变动度的大小，而需要利用标准差系数进行比较。因为标准差系数是将标准差和相应的平均数对比，消除了平均水平高低不同的影响。

典型案例 4-23

有甲、乙两个生产小组，每组有3个生产工人，甲组每人每小时的生产量（劳动生产率）分别为1、2、3个，而乙组每人每小时的生产量分别为2、4、6个，则两组工人的劳动生产率的平均数、标准差及标准差系数计算结果见表4-13。

表4-13 两组工人的劳动生产率的有关指标计算结果

组别	平均劳动生产率	标准差	标准差系数
	x	σ	$V_{\sigma}=\frac{\sigma}{\bar{x}}$
甲组	2	$\frac{\sqrt{6}}{3}$	$\frac{\sqrt{6}}{6}$
乙组	4	$\frac{2}{3}\sqrt{6}$	$\frac{\sqrt{6}}{6}$

乙组的标准差大于甲组，但不能断言乙组工人的平均劳动生产率的代表性比甲组小。因为乙组的平均数是甲组的2倍，乙组的标准差也是甲组的2倍，排除了两组平均水平大小的影响，两组的标准差系数一样，这说明了两组的标志变动度是一样的，即两组平均数的代表性是相同的。

总之，当说明两个总体标志值差异大小时，只有当两者的平均数相等时，才可以使用标准差比较其差异；否则就要用标准差系数。

任务5 用Excel计算描述统计量

一、计算累计数

下面通过案例进行说明。

典型案例 4-24

已知某商店2011年上半年各月份商品销售额资料，如图4.1中A、B两栏所示。要求计算上半年各月份商品销售额的累计数。

1）方法一

（1）如图4.1所示录入资料。

（2）选中C4单元格；输入“=B4”↙；选中C5单元格输入“=C4+B5”↙；此时，在C5单元格中出现的“692”即为2月份的累计数；再选中C5单元格，按住填充柄向下拖至C9单元格即可。

2）方法二

（1）如图4.1所示录入资料。

（2）选中D4单元格；输入“=SUM（B$4:B4）”↙（注意，这里运用了绝对引用“B$4”）；此时，在D4单元格出现的“350”即为1月份的累计数；再选中D4单元格，按住填充柄向下拖至D9单元格即可。

D4 　 fx =SUM(B$4:B4)

	A	B	C	D
1	某商场2011年上半年销售额			
2	月份	商品销售额（万元）	累计数	
3			方法1	方法2
4	1	350	350	350
5	2	342	692	692
6	3	380	1072	1072
7	4	420	1492	1492
8	5	490	1982	1982
9	6	520	2502	2502
10	合计	2502	—	—

图4.1　Excel计算累计数

二、计算相对数

1．比重的运算

下面通过案例进行说明。

典型案例4-25

C3 　 fx =B3/B$5*100

	A	B	C
1	第六次人口普查城乡人口比重（%）		
2	城乡	人口（人）	比重（%）
3	城镇	665575306	49.68
4	乡村	674149546	50.32
5	合计	1339724852	100

图4.2　Excel计算比重

第六次全国人口普查中，普查登记的大陆31个省、自治区、直辖市和现役军人的人口共1 339 724 852人，其按居住地点分类如图4.2中A、B两栏所示。要求运用Excel计算城镇和乡村人口占总人口的比重。

（1）编制Excel表格。

（2）选中C3单元格，输入“=B3/B$5*100”↙；此时，在C3单元格中出现“49.68”；再选中C3单元格，按住填充柄向下拖至C4单元格即可。

2．其他相对数的运算

其他相对数包括计划完成程度相对数、比较相对数、动态相对数、强度相对数，其运算方法也都与比重的计算基本相同。此处仅以动态相对数（发展速度）为例进行说明。

典型案例4-26

我国2005—2010年出生人口资料如图4.3中第2、第3行所示。

以2005年为基期的动态相对数计算过程如下：

（1）首先编制Excel表格。

（2）选中 D4 单元格，输入“=D3/$C$3*100”↙；再选中 D4 单元格，按住填充柄向右拖至 H4 单元格即可。

以上年为基期的动态相对数计算过程如下：

（1）首先编制 Excel 表格。

（2）选中 D5 单元格，输入“=D3/C$3*100”↙；再选中 D5 单元格，按住填充柄向右拖至 H5 单元格即可。

D4 fx =D3/$C$3*100

	A	B	C	D	E	F	G	H
1		2005-2010我国人口出生资料						
2	年份		2005	2006	2007	2008	2009	2010
3	出生人口（万人）		1617	1585	1595	1608	1615	1592
4	发展速度（%）	以2005年为基期	—	98.021027	98.639456	99.443414	99.876314	98.453927
5		以上年为基期	—	98.021027	100.63091	100.81505	100.43532	98.575851

图 4.3 Excel 计算动态相对数

三、计算平均数

根据统计资料所处的不同状况，可选择用函数法或公式来计算平均数。对于原始资料，应采用函数法计算平均数；对于已分组资料，可用公式计算平均数。

1. 用函数法计算平均数

计算平均数的函数主要有简单平均数 AVERAGE、中位数 MEDIAN 和众数 MODE，其操作步骤如下所述：

（1）在 Excel 工作表中录入原始数据。

（2）选中存放计算结果的单元格。

（3）单击“插入”菜单，执行“函数”命令，或单击工具栏上的【插入函数】按钮 fx，弹出“插入函数”对话框，在“选择类别”下拉列表中选择“统计”选项，在“选择函数”列表框中选择函数（如 AVERAGE），单击【确定】按钮，弹出“函数参数”对话框。

（4）在弹出的“函数参数”对话框中的“Number1”文本框中直接输入原始数据区域（或用鼠标选择区域），单击【确定】按钮即可。

也可直接在目标单元格或编辑栏中输入函数名称及参数，再按 Enter 键即可得到计算结果。

2. 用公式计算平均数

以表 4-2 为例，用公式计算人均日检查产品数的操作步骤如下所述：

（1）在 Excel 工作表中录入表 4-2 所示的单项分组资料。

（2）计算各组总检查产品数。如图 4.4 所示，在 D5 单元格中录入“=A5*B5”↙，选中 D5 单元格，拖动填充柄至 D14 单元格。

（3）计算总检查产品数。选中 D5:D14 单元格区域，单击【自动求和】按钮Σ ▾。

（4）计算平均日检查产品数。选中目标单元格，录入“=D15/B15”↙，其值为“64.61”。

在 E5 单元格中，录入“=A5*C5/100”↙；再选中 E5 单元格，拖动填充柄至 E14 单元格；然后再选中 E15 单元格，单击【自动求和】按钮，即可算出平均数“64.61”。

	A	B	C	D	E
1	表4-2 某厂工人日检查产品数量资料表				
2	已知单项分组资料			计算过程	
3-4	日检查产品数x（件）	工人数f（人）	$\frac{f}{\sum f}$(%)	x.f	$x\cdot\frac{f}{\sum f}$
5	42	8	3.2	336	1.34
6	45	7	2.8	315	1.26
7	48	10	4	480	1.92
8	54	46	18.4	2484	9.94
9	58	44	17.6	2552	10.21
10	65	50	20	3250	13.00
11	72	24	9.6	1728	6.91
12	78	26	10.4	2028	8.11
13	84	25	10	2100	8.40
14	88	10	4	880	3.52
15	合计	250	100	16153	64.61

E5 fx =A5*C5/100

图 4.4 Excel 计算加权算术平均数

四、计算标准差

标准差的计算有两种办法：一是利用现有函数进行计算；二是手工操作进行计算。

1. 简单标准差的计算

目前，Excel 的现有函数只能计算简单标准差。能够进行标准差计算的 Excel 函数有总体标准差函数（STDEVP）和样本标准差函数（STDEV）。此处只讲解总体标准差函数的操作过程，样本标准差函数的操作过程同总体标准差函数的不同，只是在“选择函数”列表框中选择“STDEV”函数而已。

典型案例 4-27

参照典型案例 4-18 中的资料，要求计算甲组工人日产量的总体标准差。

1）插入函数法

（1）首先编制 Excel 表格。

（2）确定存放标准差的位置，如 B9；选择“插入”菜单，执行“函数”命令；在“选择类别”下拉列表中选择“统计”选项；在“选择函数”列表框中选择“STDEVP”函数；单击【确定】按钮；弹出“函数参数”对话框，在“Number1”文本框中输入“B2:B6”；单击【确定】按钮即可，其值为“35.21”。

2）录入函数法

（1）首先编制 Excel 表格。

（2）在 B9 单元格中，输入“=STDEVP（B2:B6）↙”即可得到如图 4.5 所示结果。

B9 fx =STDEVP(B2:B6)

	A	B	C
1	工人序号	甲组生产件数x	
2	1	5	
3	2	20	
4	3	45	
5	4	85	
6	5	95	
7	合计	250	
8	平均日产量（件）	50	
9	总体标准差（	35.21363372	
10	样本标准差（件）	39.37003937	

图 4.5 Excel 计算标准差

2. 加权标准差的计算

由于利用 Excel 的现有函数不能直接对整理后带有权数的分组资料进行标准差运算，所以必须掌握手工操作计算标准差的方法。

1）标准差的计算

下面通过案例进行说明。

典型案例 4-28

参照典型案例 4-22 中的资料，要求计算其标准差。

（1）首先编制 Excel 表格，如图 4.6 中的 A1:C7 所示。

（2）计算平均数。先计算 D3 至 D7 的数字：选中 D3 单元格，输入“B3*C3↙”；选中 D3 单元格，用填充的办法算出 D4 至 D7 的所有数字。再求 $\sum xf$：选中 D8 单元格，对 D3 至 D7 求和。最后计算平均数：选中 D9 单元格，输入“＝D8/B8”，即可得出平均数“64.2”。

（3）计算 $(x-\overline{x})^2 f$ 的值。选中 E3 单元格，输入“＝（C3－D$9）^2*B3↙”，得出数据“9216”；再选中 E3 单元格，用填充的办法算出 E4:E7 的所有数字；选中 E8 单元格，对 E4 至 E7 求和；最后再选中 D10 单元格，输入“＝sqrt（E8/B8↙）”，即得标准差为“12.302 845 2”。

D10 　 fx =SQRT(E8/B8)

	A	B	C	D	E
1	日检产品件数（件）	职工人数	组中值	xf	$(x-\overline{x})^2 f$
2		f	x		
3	40-50	25	45	1125	9216
4	50-60	90	55	4950	7617.6
5	60-70	50	65	3250	32
6	70-80	50	75	3750	5832
7	80-90	35	85	2975	15142.4
8	合计	250	-	16050	37840
9	平均数（件）			64.2	
10	标准差（件）			12.3028452	
11	标准差系数（%）			19.16331028	

图 4.6 Excel 计算加权标准差

2）标准差系数的计算

选中合适的单元格，如 D11，输入“＝D10/D9*100↙”，即可求得标准差系数。

利用 Excel 手工操作的办法还可以计算极差、平均差等，此处不再讲述。

任务 6 统计技能实践

一、基本技能概述

1. 统计数据的描述技能

（1）区分总量指标的技能：能区分单位总量和标志总量；区分实物量、价值量和劳动量；区分时点指标和时期指标；区分期增指标、期减指标和期适指标。

（2）相对数的计算和判别技能：能够根据不同的资料形式正确地选择相对数的形式，并能够正确计算和使用各种相对数。

（3）掌握算术平均法、调和平均法、众数和中位数的计算方法，并能正确运用平均分析法分析实际问题。

（4）能够将标志变异指标与平均指标结合起来，对社会经济现象进行正确、全面的分析。

2. Excel 的基本操作

（1）能够运用 Excel 计算累计数的技能。

（2）能够运用 Excel 计算各种相对指标。

（3）能够运用 Excel 计算各种平均指标。

（4）能够运用 Excel 计算各种标志变异指标。

二、技能实训材料

1. 统计数据的描述技能

1）总量指标的分类和鉴别

（1）实训材料：某乡镇在汇总报表时所涉及的有关指标如下：①现有行政村的个数；②工业企业的个数；③家庭农场的个数；④总户数；⑤总人口；⑥年内出生人口数；⑦年内死亡人口数；⑧土地总面积；⑨耕地总面积；⑩果园面积；⑪可养殖水面面积；⑫当年受灾面积；⑬总播种面积；⑭粮食播种面积；⑮油料作物播种面积；⑯粮食总产量；⑰油料作物总产量；⑱烟叶总产量；⑲役用牲畜头数；⑳出栏肥猪头数；㉑牛奶总产量（吨）；㉒鹿茸产量（千克）；㉓牛皮产量（张）；㉔饲养蜜蜂箱数；㉕木耳生产规模（千段）；㉖拖拉机总量（标准台）；㉗轮式拖拉机数量（混合台）；㉘汽车总台数；㉙农用载重汽车（千瓦）；㉚电动机数量（台/千瓦）；㉛水电厂数；㉜高压输电线路（千米）；㉝工业总产值（万元）；㉞工业增加值（万元）；㉟全年用工总量（工日）；㊱上缴利税总额（万元）；㊲农业运输量（吨·千米）；㊳化肥使用量（折纯吨数）；㊴居民银行存款余额；㊵国有资产总额；㊶煤炭存储量；㊷在校生人数；㊸客运量；㊹商品库存量；㊺工业企业月初在册职工总人数；㊻进出口总额；㊼商品销售额；㊽工资总额。

（2）实训要求：

① 将以上指标按时间属性分为时期指标和时点指标，并填入表 4-14。

② 再将以上指标按其计量单位不同，分为实物量指标、价值量指标和劳动量指标。

表 4-14　指标分类练习表

分类		指标编号
按时间属性分	时期指标	
	时点指标	
按计量单位分	实物量指标	
	价值量指标	
	劳动量指标	

2）结构相对数、比较相对数和动态相对数的计算

（1）实训材料：我国 2009—2010 年国内生产总值按产业分组的统计资料见表 4-15。

表 4-15 2009—2010 年我国国内生产总值

国内生产总值	2009 年		2010 年		发展速度
	增加值/亿元	比重	增加值/亿元	比重	
第一产业	35 477		40 497		
第二产业	156 958		186 481		
第三产业	142 918		171 005		
合　　计	335 353		397 983		

（2）实训要求：

① 分别计算 2009 年和 2010 年各产业增加值占国内生产总值的比重。

② 计算以 2009 年为基期的 2010 年各产业增加值的发展速度。

③ 采用比例的形式，分别计算 2009 年和 2010 年第一、第二、第三产业增加值的比较相对数，并说明其变化情况。

3）相对数的计算和判别

（1）实训材料：某局所属甲、乙两个商场销售资料见表 4-16。

表 4-16 某局两个商场的销售规模与销售情况

商　　场	营业面积/米 ^{2}	营业员人数/人	上月销售额/万元	本月销售额/万元	
				计划	实际
甲商场	5 000	320	1 200	1 300	1 370
乙商场	3 000	280	750	800	830
合　　计	8 000	600	1 950	2 100	2 200

（2）实训要求：

① 根据表 4-16 的资料填写表 4-17。

② 指出表 4-17 中各项相对数的种类。

表 4-17 某局两个商场的销售情况分析表

商　　场	占总销售额的比重	甲商场销售额与乙商场的百分比	与上月销售额相比	人均营业面积/米 ^{2}	与计划数相比
甲	（1）	（2）	（3）	（4）	（5）
甲商场					
乙商场					
合　　计					
相对数种类					

4）算术平均数的计算

（1）实训材料：某集团所属两厂工人日检查产品数量资料见表 4-18 和表 4-19。

表 4-18　甲厂工人日检查产品数量资料表

按日检查产品数量分组/件	职工人数/人	组中值/件	日检查产品总量/件	比重/%	变量值×比重
	f	x	xf	$\frac{f}{\sum f}$	$x\frac{f}{\sum f}$
40～50	50				
50～60	180				
60～70	100				
70～80	100				
80～90	70				
合　计	500				

表 4-19　乙厂工人日检查产品数量资料表

按日检查产品数量分组/件	职工人数/人	组中值/件	日检查产品总量/件	比重/%	变量值×比重
	f	x	xf	$\frac{f}{\sum f}$	$x\frac{f}{\sum f}$
40～50	35				
50～60	50				
60～70	50				
70～80	90				
80～90	25				
合　计	250				

（2）实训要求：

① 在表 4-18 和表 4-19 的空白位置填上相应的数据。

② 分别计算该集团所属两厂工人平均日检查产品数量。

③ 与典型案例 4-10 的相应数据相比，在表 4-20 的空白位置上填上“变”或“不变”，并说明原因。

表 4-20　与典型案例 4-10 的相应数据相比的变化情况表

项　目	日检查产品数量/件	职工人数/人	职工人数比重	平均日检查产品数
	x	f	$\frac{f}{\sum f}$	$\bar{x}$
甲厂				
乙厂				

5）相对数求平均

（1）实训材料：美国某高校招收 6 个专业方向的研究生，其男、女生的报考人数、录取人数及录取率的资料见表 4-21。从各个专业方向来看，女生的录取率大多高于男生，但计算出的男生的总录取率为 44.52% ，女生的总录取率为 30.35%，男生总录取率约比女生的总录取率高 14%。有人认为，该校在录取研究生时有歧视女生的倾向，甚至准备起诉到法庭。该校希望能有方法解释这种矛盾的现象，证明该校在录取研究生时没有歧视女生的倾向。他们能做到这一点吗？

表 4-21 某校研究生录取资料

专业	报考人数/人			录取数/人			录取率	
	男性	女性	合计	男性	女性	合计	男性	女性
A	825	108	933	512	89	601	62%	82%
B	560	25	585	353	17	370	63%	68%
C	325	593	918	120	202	322	37%	34%
D	417	375	792	138	131	269	33%	35%
E	191	393	584	53	94	147	28%	24%
F	373	341	714	22	24	46	6%	7%
合计	2 691	1 835	4 526	1 198	557	1 755	44.52%	30.35%

（2）实训要求：

① 男生的总录取率为 44.52%，女生的总录取率为 30.35%，这两个数据是怎么算出来的。

② 解释为什么各专业方向女生的录取率大多高于男生，但实际上总录取率男生却高于女生。

③ 你认为该校在研究生录取中存在性别歧视吗？为什么？

6）选择平均数的形式

（1）实训材料：20××年某月份，甲、乙两个农贸市场某 3 种农产品价格、成交量和成交额的资料见表 4-22。

表 4-22 甲、乙两个农贸市场某 3 种农产品销售情况

品种	价格/（元/千克）	甲市场成交额/万元	乙市场成交量/万千克
甲	1.2	1.2	2
乙	1.4	2.8	1
丙	1.5	1.5	1
合计	—	5.5	4

（2）实训要求：计算并比较哪一个市场农产品的平均价格高。

7）标准差的计算

（1）实训材料：某生产车间 40 名工人日加工零件数（单位：件）如下。

30	26	42	41	36	44	40	37	43	35
37	25	45	29	43	31	36	49	34	47
33	43	38	42	32	25	30	46	29	34
38	46	43	39	35	40	48	33	27	28

（2）实训要求：

① 根据以上资料分成以下几组：25～30、30～35、35～40、40～45、45～50，计算出各组的频数和频率，编制次数分布表。

② 根据次数分布表计算工人的平均日产零件数与标准差。

8）利用标准差系数分析平均数

（1）实训材料：两种不同品种的水稻，分别在生产条件相同的5个田块上试种，其产量资料见表4-23。

表4-23　两种不同品种的水稻产量资料　单位：元

试验田块	甲品种		乙品种	
	田块面积/亩	产量/斤	田块面积/亩	产量/斤
1	1.2	1 200	1.5	1 680
2	1.1	1 045	1.3	1 300
3	1	1 100	1.3	1 170
4	0.9	810	1	1 208
5	0.8	840	0.9	630
合　计	5	4 995	6	5 988

（2）实训要求：

① 计算两个品种的平均亩产量。

② 分析哪一个品种具有较大的稳定性和推广价值。

2. Excel的基本操作

1）计算相对数的平均数

（1）实训材料：某公司所属3个企业生产同种产品，2010年的实际产量、计划完成情况及产品优质率资料见表4-24。

表4-24　某公司所属3个企业生产同种产品资料

企　业	实际产量/万件	完成计划	实际优质品率
甲	100	120%	95
乙	150	110%	96
丙	250	80%	98

（2）实训要求：

① 运用Excel计算该公司产量计划完成百分比。

② 利用Excel计算该公司实际的优质品率。

2）算术平均数的计算

（1）实训材料：统计你上学期的各科成绩。如果可能的话，统计全班某一科的成绩。

（2）实训要求：

① 运用Excel工具找出你最优秀的课程、最差的课程以及你的各科平均成绩。

② 利用Excel工具分析班级成绩情况以及你在班上的名次。

3）平均数指标和标志变异指标的计算

（1）实训材料：随着生活水平的提高，居民的储蓄存款也日益增加。1997—2008年，城乡居民人民币储蓄存款额见表4-25。储蓄存款包括定期和活期（单位：亿元）。

表 4-25　1997—2008 年城乡居民人民币储蓄存款额

年　份	总　计	定　期	活　期
1997	46 279.8	36 226.7	10 053.1
1998	53 407.5	41 791.6	11 615.9
1999	59 621.8	44 955.1	14 666.7
2000	64 332.4	46 141.7	18 190.7
2001	73 762.5	51 434.9	22 327.6
2002	86 910.6	58 788.9	28 121.7
2003	103 617.3	68 498.6	35 118.7
2004	119 555.4	78 138.9	41 416.5
2005	141 051.0	92 263.5	48 787.5
2006	161 587.3	103 011.4	58 575.9
2007	172 534.2	104 934.5	67 599.7
2008	217 885.4	139 300.2	78 585.2

（2）实训要求：

① 计算城乡居民人民币存款的众数、中位数和算术平均数。

② 计算城乡居民人民币存款的标准差。

③ 定期存款和活期存款相比，哪一种数据的变动更大？

4）平均数代表性大小的判断

（1）实训材料：某车间有甲、乙两个生产组，甲组平均每个工人的日产量为 36 件，标准差为 9.6 件；乙组工人日产量资料见表 4-26。

表 4-26　乙组工人日产量资料

日产量/件	工人数/人
10～20	18
20～30	39
30～40	31
40～50	12

（2）实训要求：

① 试用 Excel 计算组距数列的平均数、标准差及标准差系数。

② 比较甲、乙两生产组哪个组的平均日产量更有代表性。

业务训练题

一、单项选择题

1. 总量指标（　　）。

　A．能从无限总体中计算出来

　B．数值大小与总体的范围无关

　C．与数学中的绝对数是一个概念

　D．反映一定时间、地点、条件下某种经济现象的总规模或总水平

2. 质量指标的表现形式是（　　）。

A．绝对数　　B．绝对数和相对数

C．绝对数和平均数　　D．相对数和平均数

3. 反映同一总体在不同时间上的数量对比关系的是（　　）。

A．计划完成程度相对指标　　B．比较相对指标

C．动态相对指标　　D．比例相对指标

4. 某企业计划规定单位产品成本降低2%，实际降低7%，则其单位成本降低计划完成程度为（　　）。

A．102.3%　　B．94%　　C．140%　　D．94.9%

5. 假设计划任务数是五年计划中规定的最后一年应达到的水平，计算计划完成程度相对指标可采用（　　）。

A．累计法　　B．水平法　　C．简单平均法　　D．加权平均法

6. 在未掌握各组单位数资料，只掌握各组标志值和各组标志总量的情况下，若计算平均指标宜采用（　　）。

A．加权算术平均数公式　　B．加权调和平均数公式

C．几何平均数公式　　D．简单算术平均数公式

7. 甲、乙两数列的平均数分别为100和14.5，它们的标准差为12.8和3.7，则（　　）。

A．甲数列平均数的代表性高于乙数列

B．乙数列平均数的代表性高于甲数列

C．两数列平均数的代表性相同

D．两数列平均数的代表性无法比较

8. 对不同水平的总体不能直接用标准差比较其标志变动差异，这时需通过分别计算各自的（　　）来比较。

A．标准差系数　　B．平均差　　C．极差　　D．均方差

9. 2007年国内生产总值为246 619亿元，2002年全国金融、保险业增加值为5　948.9亿元，2003年全社会固定资产投资总额为5 566.61亿元，2003年全国城乡居民人民币储蓄存款余额为103 617.7亿元。以上总量指标依次为（　　）。

A．时期指标、时点指标、时点指标、时期指标

B．时期指标、时期指标、时点指标、时点指标

C．时期指标、时期指标、时期指标、时点指标

D．时点指标、时期指标、时点指标、时期指标

10. 某工业公司所属3个企业某年实际完成工业总产出分别为500万元、700万元、600万元，各企业计划完成相对指标分别为110%、115%、105%，则该公司工业总产出计划完成程度为（　　）。

A. $\dfrac{110\%+115\%+105\%}{3}=110\%$

B. $\dfrac{110\%\times500+115\%\times700+105\%\times600}{500+700+600}\approx110.3\%$

C. $\dfrac{500+700+600}{\dfrac{500}{110\%}+\dfrac{700}{115\%}+\dfrac{600}{105\%}}\approx110.1\%$

D. $\dfrac{3}{\dfrac{1}{110\%}+\dfrac{1}{115\%}+\dfrac{1}{105\%}}\approx109.8\%$

11. 某建设施工队盖一栋大楼，计划320天完成，实际290天就完成了，若求计划完成程度，则下列选项正确的是（　　）。

A．计划完成程度为90.63%，没完成计划

B．计划完成程度为 90.63%，超额 9.37%完成计划
C．计划完成程度为 110.34%，完成了计划
D．计划完成程度为 110.34%，超额 10.34%完成计划
12. 如果所有标志值的频数都扩大为原来的 3 倍，而标志值仍然不变，则算术平均数（　　）。
A．不变　　B．扩大到 3 倍
C．减少为原来的 1/3　　D．不能预测变化

二、多项选择题

1. 下列指标属于总量指标的有（　　）。
A．工资总额　　B．钢材消耗量
C．商业网点密度　　D．年度国内生产总值
E．流动资金周转天数
2. 相对指标的计量单位有（　　）。
A．百分数　　B．千分数　　C．系数或倍数
D．成数　　E．复名数
3. 时期指标的特点是（　　）。
A．不同时期的指标数值可以相加
B．不同时期的指标数值不可以相加
C．某时期的指标数值的大小与该期时间长短有直接关系
D．某时期的指标数值的大小与该期时间长短无关
E．更长时期的指标数值可通过连续相加得到
4.（　　）属于两个总体之间对比的相对指标。
A．比较相对指标　　B．强度相对指标
C．动态相对指标　　D．比例相对指标
E．结构相对指标
5. 某城市人口数为 20 万人，零售商业机构 600 个，则该城市零售商业网密度为（　　）。
A．商业网密度正指标 333 人/个，逆指标 3 个/千人
B．商业网密度为比例相对指标
C．商业网密度为同一总体不同部分总量指标之比
D．商业网密度为强度相对数
E．商业网密度正指标 3 个/千人，逆指标 333 人/个
6. 下列指标属于强度相对指标的是（　　）。
A．人均国民收入　　B．人均钢铁产量
C．人均粮食产量　　D．人均生活费支出
E．职工月平均工资
7. 下列各项超额完成计划的有（　　）。
A．单位成本计划完成百分比为 105%
B．利润计划完成百分比为 107%
C．劳动生产率计划完成百分比为 108%
D．单位成本计划完成百分比为 98%
E．利润计划完成百分比为 95%
8. 属于不同总体数值对比的相对指标有（　　）。
A．比较相对指标　　B．强度相对指标
C．动态相对指标　　D．比例相对指标
E．结构相对指标　　F．计划完成相对指标

9. 众数是（　　）。

A．总体中出现次数最多的变量值　　B．位置平均数

C．不受极端值的影响　　D．处于数列中点位置的那个标志值

E．适用于总体次数多、有明显集中趋势的情况

10. 标志变异指标中的标准差（　　）。

A．也称均方差

B．也称方差

C．是各变量值对其算术平均数离差平方的算术平均数的平方根

D．是各变量值对其算术平均数离差的平均数

E．是各变量值对其算术平均数离差平方的算术平均数

三、判断题

1. 对于一个特定研究总体而言，总体单位总量和总体标志总量可以有若干个。（　　）
2. 平均指标代表了总体各单位某数量标志的一般水平，它抵消了标志数值的差异。（　　）
3. 加权算术平均数的大小受两个因素的影响：受变量值大小的影响；受权数的影响。（　　）
4. 只掌握各组的标志值和各组的标志总量，则用调和平均数的方法计算平均指标。（　　）
5. 标准差越大说明标志变动程度越大，平均数代表性越大。（　　）
6. 可以用标准差直接比较不同水平的总体标志变动的大小。（　　）
7. 不同的实物单位可以进行汇总，指标的综合性能较强。（　　）
8. 时点指标数值的大小与时点间的间隔长短有直接关系。（　　）
9. 总体单位总量指标不能转变为总体标志总量。（　　）
10. 在未分组的偶数项资料中，中位数是无法确定的。（　　）

四、简答题

1. 时期指标与时点指标的区别是什么？
2. 怎样区分算术平均数和强度平均数？
3. 简述几何平均数的适用条件。

项目 5

时间数列分析

先导案例

2011年4月28日，国家统计局发布了第六次全国人口普查主要数据公报，中国人口13.39亿，十年增长了7 390万。中国十年来人口持续低增长，增速远低于上一个十年，预计到2032年人口会达到零增长。

国家统计局专家表示，与2000年第五次全国人口普查相比，十年增加7 390万人，增长5.84%，年平均增长0.57%。这个数字比1990年到2000年的年平均增长率1.07%下降0.5个百分点。

专家分析，这表明中国人口过快增长的势头继续得到有效的控制。1990年到2000年的十年之间，中国人口净增长1.3亿，两个十年相比，后一个十年比前一个十年人口净增长减少了约5 600万人，表明中国计划生育的基本国策得到了较好的执行，这也缓解了人口增长对资源环境的压力。

1. 出生人口仍男多女少

总人口的性别比呈下降趋势，大陆31个省份和现役军人的人口中，男性人口占51.27%；女性人口占48.73%。总人口男女性别比（以女性为100）由2000年第五次全国人口普查的106.74下降为105.20。

但出生人口的男多女少问题依然存在，根据普查初步汇总的情况，出生人口的性别比（以女孩为100）是118.06，比2000年人口普查的出生人口性别比116.86提高了1.2个百分点。

不过国家统计局局长马建堂表示，这个数据比2005年人口抽样调查的118.59下降了0.53，比2009年的人口抽样调查的119.45下降了1.39。尽管如此，118.06的出生人口性别比仍高于正常范围。他表示，要高度重视这个数据反映的挑战和矛盾，采取更加有力的措施，进一步关爱女孩，进一步在就业、工资等方面对男女一视同仁。

2. 中国老龄化进程加快

在第六次人口普查数据中，值得注意的是中国人口的年龄结构变化。普查结果显示，大陆31个省份和现役军人的人口中，0～14岁的人口占16.60%；15～59岁的人口占70.14%；60岁及以上的人口占13.26%，其中65岁及以上人口占8.87%。

同第五次全国人口普查相比，0～14岁人口的比重下降6.29个百分点，15～59岁人口的比重上升3.36个百分点，60岁及以上人口的比重上升2.93个百分点，65岁及以上人口的比重上升1.91个百分点。

3. 流动人口十年增一亿

流动人口的数量在过去十年里大幅增加。大陆31个省份人口中，居住地与户口登记地所在的乡镇街道不一致且离开户口登记地半年以上的人口，同第五次全国人口普查相比，增加116 995 327人，增长81.03%。

同时，人口的地区分布也呈现出一些变化。与2000年人口普查相比，东部地区的人口比重上升2.41个百分点，中部、西部、东北地区的比重都在下降。

（资料来源：http://news.xinhuanet.com/2011-04/29/c_121360849.htm.）

【案例思考】

（1）“与2000年第五次全国人口普查相比，十年增加7 390万人，增长5.84%，年平均增长0.57%”，这句话中包括几种类型的指标，它们都是怎么计算出来的？

（2）为什么说“2032年中国或达人口零增长”？这一结论是怎么得出的？

任务提炼

案例中将2010年第六次全国人口普查主要数据与2000年第五次全国人口普查数据对比，计算出十年人口的增长量、增长速度和年平均增长，并把计算出的2000—2010年的年平均增长与1990—2000年的年平均增长率相比，得出两个十年人口的变化规律：“中国十年来人口持续低增长，增速远低于上一个十年，预计到2032年人口会达到零增长。”然后针对第六次人口普查的焦点，运用了大量的数据说明十年间我国人口的特征变化，所涉及的数据有大量的发展水平、发展速度、增长量、增长速度、平均增长量等。怎样运用以前和现在的资料得出事物的发展规律并预测事物未来的发展，为解决这一问题，我们必须掌握以下任务：

（1）认识时间数列。

（2）时间数列的水平指标。

（3）时间数列的速度指标。

（4）时间数列的变动趋势分析。

（5）Excel在时间数列分析中的运用。

（6）统计技能实践。

任务1 认识时间数列

一、时间数列的含义

将同一统计指标的数值按其发生的时间先后顺序排列而成的数列称为时间数列。时间数列亦称为动态数列，或时间序列。

典型案例5-1

表5-1列举的浙江省2011—2015年全省生产总值等6个数列，表中的6个统计指标随着时间的变化不断地在发生着变动，这就是6个时间数列。在我们的日常生活中，还可以见到很多用不同时间上的数值来分析事物发展变化规律的实例，自己也来列一些吧。

表5-1 浙江省2011—2015年全省生产总值等资料

项　目	2011年	2012年	2013年	2014年	2015年
全省生产总值/亿元	13 417.68	15 718.47	18 753.73	21 462.69	22 990.35
年末人口数/万人	4 602.11	4 629.43	4 659.34	4 687.85	4 716.18
出生人口数/万人	54.37	50.78	52.11	51.92	52.63
农村居民家庭恩格尔系数	38.6%	37.2%	36.4%	38.0%	37.4%
农村居民人均纯收入/元	6 660	7 335	8 265	9 258	10 007
农村居民人均消费性支出/元	5 215	5 762	6 442	7 072	7 375

从表5-1的构成中我们可以看出，时间数列一般由两个基本要素构成：现象所属时间（表中第1行）；反映该现象不同时间的统计指标数值（表中第2～7行）。

二、时间数列的种类

根据时间数列中的指标表现形式不同，可以把时间数列分为总量指标时间数列、相对指标时间数列和平均指标时间数列3种。

1．总量指标时间数列

总量指标时间数列又称绝对数时间数列，是把一系列绝对数按时间先后顺序排列形成的数列。如表5-1中的“全省生产总值”“年末人口数”和“出生人口数”这3个时间数列。

在项目 4 中，总量指标根据反映时间状况不同可以分为时期指标和时点指标。相应地，在总量指标时间数列中，也可以分为时期指标数列（简称时期数列）和时点指标数列（简称时点数列）。

（1）时期数列是指由时期数构成的数列，即数列中每一指标值都是反映某现象在一段时间内发展过程的总量。表 5-1 中“全省生产总值”时间数列就是时期数列。时期数列的特点是，数列中的各数值是连续登记取得的，具有可加性，且各个数值的大小与时期的长短有直接关系。

（2）时点数列是指由时点指标构成的数列，即数列中的每一指标值反映的是现象在某一时刻上的总量。表 5-1 中“年末人口数”时间数列就是时点数列。时点数列的特点是，数列中的各数值不是连续登记取得的，不具有可加性，列中每个指标值的大小与其时间间隔长短没有直接联系。

应该指出，某些时点现象，如人口数、库存量、耕地面积，若是统计其一定时期的增减数量，它们是可以加总的，因而是时期数列。表 5-1 中的“出生人口数”时间数列就是时期数列。

2．相对指标时间数列

将一系列同类相对数按时间先后顺序排列而形成的数列叫作相对数时间数列。表 5-1 中“农村居民家庭恩格尔系数”和“农村居民人均纯收入/元”时间数列就是相对指标时间数列。在相对数时间数列中，各个数值是不能相加的。

3．平均指标时间数列

将一系列平均数按时间先后顺序排列形成的数列即为平均数时间数列。表 5-1 中“农村居民人均消费性支出”时间数列就是平均指标时间数列。平均数时间数列中，各个数值也是不能相加的。

统计中，往往把这 3 种动态数列结合起来运用，以便于对社会经济现象发展过程进行全面分析。

三、时间数列的编制原则

保证时间数列各个指标数值具有可比性是编制时间数列应遵守的基本原则。为此，编制时间数列时应遵守以下原则：

（1）时期数列的时期长短应一致，时点数列的时间间隔力求一致。

（2）指标所属的总体范围应该一致。

（3）指标的经济含义应该一致。

（4）指标数值的计算方法（也叫计算口径）、计算价格和计量单位应该一致。

任务 2　时间数列的水平指标

一、发展水平

在时间数列中每个指标数值就是发展水平，是计算其他时间数列分析指标的基础，它既可以用总量指标来表示，也可以用相对指标或平均指标来表示。

根据各发展水平在动态数列中所处的地位与作用不同，可有以下分类：

（1）最初水平。动态数列中第一项指标值，用 a_0 表示。

（2）最末水平。动态数列中最后一项指标值，用 a_n 表示。

（3）中间水平。除第一项和最后一项指标值，用 a_1，a_2，a_3，…，a_{n-1} 表示。

在动态分析中，常将两个时期的发展水平进行对比，这时，将作为比较基准用的基础时期（时点）的发展水平称为报告期水平，用 a_n 表示；而将所研究的那一时期（时点）的发展水平称为基期水平，用 a_0 表示。报告期水平和基期水平不是固定不变的，它根据研究的目的不同和时间的变更而变化。

时间数列可用符号表示：a_0，a_1，a_2，a_3，…，a_{n-1}，a_n。

二、平均发展水平的计算

平均发展水平是将不同时期（时点）的发展水平加以平均而得到的平均数，统计上又叫作序时平均数或动态平均数。它和一般平均数有共同之处，都是将各个变量值差异抽象化，但彼此又有区别。平均发展水平所平均的是现象总体在不同时期上的数量表现，从动态上说明其在某一时期内发展的一般水平。而一般平均数是将总体各单位同一时间的变量值差异抽象化，用以反映总体在具体历史条件下的一般水平，不体现时间的变动，故又称静态平均数，它是根据变量数列计算的。

在计算序时平均数时，由于所依据的时间数列种类不同，所以其计算方法有所不同，分别说明如下。

1．根据总量指标时间数列计算序时平均数

1）由时期数列计算序时平均数

$$\bar{a}=\frac{a_1+a_2+a_3+\cdots+a_n}{n}=\frac{\sum a}{n} \tag{5.1}$$

式中：$\bar{a}$ ——序时平均数；

a ——各期发展水平；

n ——时期项数。

注意：在计算序时平均数时，为便于公式的表述和理解，用 a_1 表示最初水平，a_n 表示最末水平，这样 n 就代表时间数列的时期项数，这种表示方法与前面通常所采用的表示方法略有差别。

典型案例 5-2

根据表 5-1 中“全省生产总值”时间数列，计算浙江省各年度的平均全省生产总值。

$$\bar{a}=\frac{\sum a}{n}=\frac{13\,417.68+15\,718.47+18\,753.73+21\,462.69+22\,990.35}{5}=\frac{92\,342.92}{5}\approx 18\,468.58\text{（亿元）}$$

2）根据时点数列计算序时平均数

要精确计算时点数列的序时平均数，就应掌握每一时点的资料，但实际上这是不可能的。一般是把一天看作一个时点，即以“天”作为最小时间单位。这样，在时点数列中，资料逐日登记却逐日排列的是连续时点数列；间隔较长一段时间登记一次然后依次排列的是间断时点数列。由于类型不同，计算序时平均数的方法也不同。

（1）由连续时点数列计算序时平均数。连续时点数列有两种登记方式，第一种是时点数列的资料是逐日登记且逐日排列的，既掌握了整个考察期内连续性的时点数据，因此可采用简单算术平均法来计算序时平均数，其计算公式为

$$\bar{a}=\frac{\sum a}{n} \tag{5.2}$$

式中：a——时点指标值；

n——天数。

典型案例 5-3

某物流配送中心从业人员上周5天的出勤情况资料见表5-2，计算该配送中心上周5天的平均出勤人数。

表 5-2　某物流配送中心从业人员出勤情况表

指　　标	星期一	星期二	星期三	星期四	星期五
出勤人数/人	38	35	40	39	43

$$\bar{a}=\frac{\sum a}{n}=\frac{38+35+40+39+43}{5}=39\text{（人）}$$

第二种情况是时点数列资料登记时间仍是一天，只是在指标值发生变动时才记录一次。此时就要用每次资料持续不变的时间长度为权数进行加权平均，其计算公式为

$$\bar{a}=\frac{\sum af}{\sum f} \tag{5.3}$$

式中：f——时间间隔长度。

典型案例 5-4

某企业某年1月份的产品库存量变动记录资料（单位：台）见表5-3。

表 5-3　某企业某年 1 月份的产品库存量变动记录资料

日　　期	1 日	4 日	9 日	15 日	19 日	26 日	31 日
库存量/台	38	42	39	23	2	16	0

如果计算该企业的1月份平均库存量，则以表5-4表示上述资料的特点及计算过程。

表 5-4　某企业某年 1 月份的产品库存量资料

库存量不变的时期	该时期长度 f/日	库存量 a/台	台日数 af
1～3	3	38	114
4～8	5	42	210

续表

库存量不变的时期	该时期长度 *f*/日	库存量 *a*/台	台日数 *af*
9～14	6	39	234
15～18	4	23	92
19～25	7	2	14
26～30	5	16	80
31	1	0	0
合　计	31	—	744

$$\bar{a}=\frac{\sum af}{\sum f}=\frac{744}{31}=24\text{（台）}$$

（2）间断时点数列计算序时平均数。第一种是间隔相等的间断时点数列，即每隔一定的时间登记一次，每次登记的时间间隔相等。当只掌握相邻一个间隔的两个时点的时间数列时，假定所研究现象在相邻时点之间的变动是均匀的，将相邻的两个时点指标数值相加后除以 2，即为这两个时点间隔内的平均数，其计算公式为

$$\bar{a}=\frac{\text{最初水平}+\text{最末水平}}{2} \tag{5.4}$$

由公式（5.4）可以引申出一般的间隔相等的间断时点数列的序时平均数的计算方法，即首先计算各间隔期内的平均数，再用简单算术平均法求得所研究时期内的序时平均数，这种方法称为首尾折半法，其计算公式为

$$\bar{a}=\frac{\frac{a_1+a_2}{2}+\frac{a_2+a_3}{2}+\cdots+\frac{a_{n-1}+a_n}{2}}{n-1}=\frac{\frac{a_1}{2}+a_2+\cdots+a_{n-1}+\frac{a_n}{2}}{n-1} \tag{5.5}$$

典型案例 5-5

某配送中心某年第一季度物流从业人员情况资料见表 5-5，计算第一季度该配送中心物流从业人员平均人数。

表 5-5　某配送中心第一季度物流从业人员情况表

指　　标	1月1日	2月1日	3月1日	4月1日
物流从业人员/人	50	48	53	54

$$\bar{a}=\frac{\frac{50+48}{2}+\frac{48+53}{2}+\frac{53+54}{2}}{4-1}=\frac{\frac{50}{2}+48+53+\frac{54}{2}}{3}=51\text{（人）}$$

第二种是间隔不等的间断时点数列，也假定指标值在两个时点之间的变动是均匀的，先求两时点指标值的平均数，然后以间隔时间为权数进行加权平均，其计算公式为

$$\overline{a}=\frac{\frac{a_1+a_2}{2}f_1+\frac{a_2+a_3}{2}f_2+\cdots+\frac{a_{n-1}+a_n}{2}f_{n-1}}{\sum f_{n-1}} \quad (5.6)$$

式中：a——各指标值；

f——时间间隔长度。

典型案例 5-6

2015 年某企业成品仓库中某产品库存量，见表 5-6。

表 5-6　2015 年某企业成品仓库中某产品库存量资料

日　期	1月1日	3月1日	7月1日	8月1日	10月1日	12月1日
库存量/台	38	42	24	11	60	6

以上所记录的库存量资料间隔不等，假定库存量在两时点之间均匀变动，计算全年平均库存量。

则 2015 年平均库存量为

$$\overline{a}=\frac{\frac{a_1+a_2}{2}f_1+\frac{a_2+a_3}{2}f_2+\cdots+\frac{a_{n-1}+a_n}{2}f_{n-1}}{\sum f}$$

$$=\frac{390.5}{12}\approx 32.5\text{（台）}$$

2．根据相对指标时间数列计算序时平均数

相对指标时间数列一般是由两个具有密切联系的总量指标时间数列相应指标数值对比而得出的相对指标组成，所以根据相对指标时间数列计算序时平均数的基本方法就是先计算构成相对指标时间数列的分子数列与分母数列的序时平均数，然后再将这两个序时平均数进行对比，其计算公式为

$$\overline{c}=\frac{\overline{a}}{\overline{b}} \quad (5.7)$$

式中：$\overline{c}$——相对数时间数列序时平均数；

$\overline{a}$——分子数列的序时平均数；

$\overline{b}$——分母数列的序时平均数。

由于分子、分母数列的种类不同，参考前述计算总量指标时间数列序时平均数的有关方法，分别求出$\overline{a}$、$\overline{b}$，进而再求$\overline{c}$。

典型案例 5-7

某企业 2015 年下半年各月劳动生产率及工人数等资料见表 5-7，要求计算下半年平均月劳动生产率。

表 5-7　某企业 2015 年下半年有关资料情况表

月　份	7月	8月	9月	10月	11月	12月	平　均
总产值 a/万元	706.1	737.1	761.4	838.3	901	1 082.4	837.72

续表

月初工人数 b/人	790	810	810	830	850	880	838.33
劳动生产率 c（元/人）	8 830	9 100	9 290	9 980	10 420	12 090	9 992.72

劳动生产率动态数列是由时期数列和时点数列相应指标（总产值和工人数）对比形成的。计算平均月劳动生产率须先用相应的方法计算出分子分母的平均数，然后相除，即

$$\bar{c}=\frac{\bar{a}}{\bar{b}}=\frac{\dfrac{706.1+737.1+761.4+838.3+901.0+1\,082.4}{6}}{\dfrac{\dfrac{790}{2}+810+810+830+850+880+\dfrac{910}{2}}{7-1}}$$

$$\approx\frac{837.72}{838.33}\approx 0.999\,272\text{（万元/人）}=9\,992.72\text{（元/人）}$$

劳动生产率是单位时间内生产的成果，如果要求确定下半年的劳动生产率，单位时间就不是“月”，而是“半年”。整个下半年劳动生产率就应以月份个数（n）乘以平均月劳动生产率，即

$$n\bar{c}=6\times 9\,992.72\approx 59\,956\text{（元/人）}$$

或

$$\text{下半年劳动生产率}=\frac{706.1+737.1+761.4+838.3+901.0+1082.4}{\dfrac{\dfrac{790}{2}+810+810+830+850+880+\dfrac{910}{2}}{7-1}}$$

$$\approx\frac{5\,026.3}{838.33}\approx 5.9956\text{（万元/人）}=59\,956\text{(元/人)}$$

如果在计算时所掌握的统计资料缺少 a 或 b，则用公式 $c=\dfrac{a}{b}$ 求出所缺的资料，然后再计算 $\bar{c}$ 。

3．根据平均指标时间数列计算序时平均数

1）序时平均数组成的平均指标时间数列

序时平均数组成的平均指标时间数列计算序时平均数时，如时期相等，可直接采用简单平均法来计算；如果时期不等，则采用以时期为权数的加权算术平均法来计算。

2）一般平均数组成的平均指标时间数列

一般平均数组成的平均指标时间数列，实质上是由两个总量指标时间数列相应指标数值对比所形成的，分子数列是标志总量数列，分母数列是总体单位总量数列，所以要计算这种平均指标时间数列的序时平均数，也和相对指标时间数列一样，先分别求出分子数列和分母数列的序时平均数，然后将这两个序时平均数进行对比，就可求得平均指标时间数列的序时平均数。

三、增长量

增长量是用来说明社会经济现象在一定时期内所增长的绝对数量的指标，它是报告期水平与基期水平之差，反映报告期比基期增长的水平。由于所选基期的不同，增长量分为逐期增长量和累计增长量。

1．逐期增长量

逐期增长量是报告期水平减去前一期水平的差额，说明现象逐期增长的绝对数量，用公式表示为

$$逐期增长量=报告期水平-前一期水平 \tag{5.8}$$

2．累计增长量

累计增长量则是报告期水平与基期水平（一般是最初水平）相减的差额，说明一定时期内的总增长量。用公式表示为

$$累计增长量=报告期水平-固定基期水平 \tag{5.9}$$

逐期增长量用符号表示为

$$a_1-a_0, a_2-a_1, a_3-a_2, \cdots, a_n-a_{n-1} \tag{5.10}$$

累计增长量用符号表示为

$$a_1-a_0, a_2-a_0, a_3-a_0, \cdots, a_n-a_0 \tag{5.11}$$

3．逐期增长量与累计增长量之间的关系

逐期增长量与累计增长量之间存在一定的数量关系。各逐期增长量之和等于相应的累计增长量；两个相邻的累计增长量之差等于相应的逐期增长量。用公式表示为

$$(a_1-a_0)+(a_2-a_1)+(a_3-a_2)+\cdots+(a_n-a_{n-1})=a_n-a_0 \tag{5.12}$$

$$(a_2-a_0)-(a_1-a_0)=a_2-a_1,\ (a_3-a_0)-(a_2-a_0)=a_3-a_2 \tag{5.13}$$

典型案例 5-8

我国2005—2010年国内生产总值见表5-8，计算逐期增长量和累积增长量水平。

表5-8　我国2005—2010年国内生产总值及增长量　　单位：亿元

指　　标	2005年	2006年	2007年	2008年	2009年	2010年
国内生产总值	184 939	216 314	265 810	314 045	340 903	397 983
逐期增长量	—	31 375	49 496	48 235	26 858	57 080
累积增长量	—	31 375	80 871	129 106	155 964	213 044

增长量指标的单位与原有发展水平的单位是相同的，当发展水平增长时，增长量就表现为正值，说明增加的绝对量；反之，当发展水平下降时，增长量就表现为负值，说明减少或降低的绝对量。因此，增长量指标也可叫作“增减量”指标。

4．年距增长量

在实际统计工作中，为了消除季节变动的影响，常计算年距增长量，用公式表示为

$$年距增长量=本期发展水平-去年同期发展水平 \tag{5.14}$$

四、平均增长量

平均增长量是用来说明某种现象在一定时期内平均每期增长的数量，从广义上来说，它也是一种序时平均数。用公式表示为

$$平均增长量=\frac{逐期增长量之和}{逐期增长量个数}=\frac{累计增长量}{时间数列项数-1} \tag{5.15}$$

典型案例 5-9

根据表 5-8 的有关资料，计算我国 2005—2010 年间每年国内生产总值的平均增长量。

$$平均增长量=\frac{累计增长量}{时间数列项数-1}=\frac{213\,044}{6-1}=42\,608.8（亿元）$$

任务 3 时间数列的速度指标

一、发展速度

发展速度是以相对数形式表现的动态分析指标，它是两个不同时期发展水平指标对比的结果。发展速度用来说明报告期的水平是基期水平的百分之几或若干倍。其计算公式为

$$发展速度=\frac{报告期水平}{基期水平} \tag{5.16}$$

在计算发展速度时，由于采用的基期不同，可分为定基发展速度和环比发展速度。

1．定基发展速度

定基发展速度是指报告期水平与某一固定时期水平（通常是最初水平）之比，表明现象在较长时期内总的发展速度，所以也叫“总速度”，用公式表示为

$$\frac{a_1}{a_0},\ \frac{a_2}{a_0},\ \frac{a_3}{a_0},\ \cdots,\frac{a_n}{a_0} \tag{5.17}$$

2．环比发展速度

环比发展速度是指报告期水平与前一期水平之比，表明现象逐期的发展速度。如果计算的单位时期为一年，那么这个指标也称为“年速度”，用公式表示为

$$\frac{a_1}{a_0},\ \frac{a_2}{a_1},\ \frac{a_3}{a_2},\ \cdots,\frac{a_n}{a_{n-1}} \tag{5.18}$$

典型案例 5-10

国家统计局从 2011 年 4 月起，对外公布国内生产总值（GDP）、规模以上工业增加值、固定资产投资（不含农户）、社会消费品零售总额四项统计指标的环比数据。为便于用户使用，在发布当期环比数据的同时，通过国家统计局网站发布模型自动修正的当年前期环比数据。

在月度或季度统计中，统计指标的增长速度按照对比基期的不同，可以分为同比速度和环比速度。同比速度的对比基期是上年同期，环比速度的对比基期是相邻的上一个时期。在环比统计中，通常要利用数学方法对时间序列数据进行季节调整，消除季节因素后再进行比较，称为经季节调整的环比统计。国家统计局即将公布的 GDP、规模以上工业增加值、固定资产投资（不含农户）、社会消费品零售总额四项指标的环比数据都是经过季节调整的环比数据。

环比速度可以较好地反映统计指标的短期变化，是进行短期经济趋势分析的有效工具。但长期以来，我国的大部分月度和季度统计指标只计算同比速度，没有计算环比速度。尽管同比速度便于计算，但它的

缺点是两个对比时期间隔较长，月度数据间隔11个月，季度数据间隔3个季度，不便于反映近期变动趋势。因此，开展环比统计工作可以改进我国统计工作在这方面的不足，更好地为宏观决策和分析服务。

环比统计数据主要有以下3个特点：

（1）环比数据一般不是直接统计出来的，而是通过对原始数据进行季节因素调整出来的结果。由于季节因素影响到两个对比时期数据的可比性，所以环比统计需要通过季节调整模型对原始统计数据进行加工处理，以消除季节因素的影响。

在对季节因素进行调整时，选择适当的季节调整模型很重要，因为不同的季节调整模型，以及模型中参数确定方法的差异，都会影响环比统计结果。

（2）环比统计数据要经过多次修订。由于季节调整的对象是时间序列数据，所以当时间序列中任何一个月度或季度数据发生变化时，都会影响季节调整的结果；在时间序列中加入最新的一个时期的数据，也会产生同样的情况，即以前月度或季度的环比数据会或多或少地发生变化，这是模型自动修正的结果。根据季节调整原理，离最新数据时间较近的时期，数据受影响较大；离最新数据时间较远的时期，数据受影响较小。

（3）环比统计数据的波动幅度通常明显大于同比统计数据的波动幅度。以美国为例，2010年四个季度的GDP同比速度分别为2.4%、3.0%、3.2%和2.7%，GDP环比速度分别为3.7%、1.7%、2.6%和2.8%。显然，GDP环比速度的波动幅度大于同比速度。正是由于这个原因，在使用环比数据进行经济分析时，不应仅看一个月度或季度的环比数据，而是应该连续观察一段时间的环比数据。

（资料来源：中国统计信息网. 2011-04-08. 有改动.）

3．定基发展速度与环比发展速度之间的关系

（1）各环比发展速度的连乘积等于相应的定基发展速度，用公式表示为

$$\frac{a_1}{a_0}\times\frac{a_2}{a_1}\times\frac{a_3}{a_2}\times\cdots\times\frac{a_n}{a_{n-1}}=\frac{a_n}{a_0} \quad (5.19)$$

（2）两个相邻的定基发展速度之比等于相应的环比发展速度，用公式表示为

$$\frac{a_2}{a_0}\div\frac{a_1}{a_0}=\frac{a_2}{a_1},\quad \frac{a_3}{a_0}\div\frac{a_2}{a_0}=\frac{a_3}{a_2} \quad (5.20)$$

4．年距发展速度

在实际统计工作中，为了消除季节变动的影响，常计算年距发展速度，用公式表示为

$$年距发展速度=\frac{本期发展水平}{去年同期发展水平} \quad (5.21)$$

二、增长速度

增长速度是反映现象数量增长方向和程度的动态相对指标，由增长量对比基期水平而得，说明报告期水平比基期水平增加了几倍或百分之几，增长速度与发展速度之间存在一定的数量关系，用公式表示为

$$\begin{aligned}增长速度&=\frac{增长量}{基期水平}=\frac{报告期水平-基期水平}{基期水平}\\&=\frac{报告期水平}{基期水平}-1=发展速度-1\end{aligned} \quad (5.22)$$

1．定基增长速度

定基增长速度是报告期的累计增长量与某一固定基期水平之比。它表明现象在某一较长

时期内总的相对增长速度。其计算公式为

$$定基增长速度=\frac{累计增长量}{最初水平}=\frac{a_n-a_0}{a_0}=定基发展速度-1 \quad (5.23)$$

2. 环比增长速度

环比增长速度是指报告期逐期增长量与前一期水平之比，它表明社会经济现象逐期的相对增长方向和程度。其计算公式为

$$环比增长速度=\frac{逐期增长量}{前一期水平}=\frac{a_n-a_{n-1}}{a_{n-1}}=环比发展速度-1 \quad (5.24)$$

定基增长速度和环比增长速度都是发展速度的派生指标，它只反映增长部分的相对程度，所以，环比增长速度的连乘积不等于定基增长速度。如果要由环比增长速度求定基增长速度，必须将环比增长速度加 1 再连乘，然后将所得的结果再减 1。

3. 年距增长速度

在统计实际工作中，为了消除季节变动的影响，也常计算年距增长速度，用以说明年距增长量与去年同期发展水平对比达到的相对增长程度。其计算公式为

$$年距增长速度=\frac{年距增长量}{去年同期发展水平}=年距发展速度-1 \quad (5.25)$$

“翻番”一词也是速度指标。具体说来，翻一番指标数值为原来的两倍，即增长一倍，称为一个倍增（增长速度 100%）。但是，翻二番并非比原来增加二倍，而是在原来增加一倍的基础上再增加一倍，即为原来的四倍，实则比原来增加三倍。对于翻更多番的情况，可以想象它的速度是很大的。

三、平均发展速度

平均发展速度是环比发展速度的平均数，也是一种序时平均数。但是，环比发展速度是根据动态数列中前后项指标对比得来的相对数动态数列，不能按上述计算序时平均数的方法来计算。

现象发展的平均速度一般用几何平均法计算，用公式表示为

$$\bar{x}=\sqrt[n]{x_1\times x_2\times x_3\times\cdots\times x_n}=\sqrt[n]{\Pi x} \quad (5.26)$$

式中：$\bar{x}$ ——平均发展速度；

x ——各年环比发展速度；

n ——环比发展速度的项数；

Π ——连乘符号。

动态数列中定基发展速度等于各环比发展速度的连乘积，故计算平均发展速度的公式还可表示为

$$\bar{x}=\sqrt[n]{\frac{a_1}{a_0}\times\frac{a_2}{a_1}\times\cdots\times\frac{a_n}{a_{n-1}}}=\sqrt[n]{\frac{a_n}{a_0}} \quad (5.27)$$

一段时期的定基发展速度即为现象的总速度。用 R 表示总速度，则平均发展速度的公式还可写为

$$\bar{x}=\sqrt[n]{R} \quad (5.28)$$

以上几个公式，可根据提供的具体资料选择应用。如果有逐期环比速度，用公式（5.26）计算；如果已知期初和期末水平，用公式（5.27）计算；如果已知发展的总速度，则用公式（5.28）计算。

四、平均增长速度

平均增长速度是反映现象在整个研究时期内平均增长变化的程度，一般用平均发展速度减1来求得，即

$$平均增长速度=平均发展速度-1（或100\%） \quad (5.29)$$

上式如为正值，表明现象在一定发展阶段内逐期平均递增的程度；如为负值，表示现象逐期平均递减的程度。由此可见，平均增长速度的计算首先是平均发展速度的计算。

典型案例 5-11

以我国2005—2010年国内生产总值为例计算各种速度指标，见表5-9，并计算平均发展速度和平均增长速度。

表 5-9　我国 2005—2010 年国内生产总值变化表

指　　标		2005年	2006年	2007年	2008年	2009年	2010年
国内生产总值/亿元		184 939	216 314	265 810	314 045	340 903	397 983
发展速度	环比		117.0%	122.9%	118.1%	108.6%	116.7%
	定基	100%	117.0%	143.7%	169.8%	184.3%	215.2%
增长速度	环比		17.0%	22.9%	18.1%	8.6%	16.7%
	定基		17.0%	43.7%	69.8%	84.3%	115.2%

平均发展速度的计算：

$$\overline{x}=\sqrt[n]{\frac{a_n}{a_0}}=\sqrt[5]{215.2\%}\approx 116.56\%$$

$$平均增长速度=平均发展速度-1=116.56\%-100\%=16.56\%$$

任务4　时间数列的变动趋势分析

对经济现象进行动态分析，除了要研究前面用来测定现象动态变动的规模、水平和速度等，还要研究现象变动的趋势，揭示其发展变化的规律性，从而对未来进行科学预测。

一、影响时间数列的因素

影响时间数列中各个时期发展水平变化的因素归纳起来大体有四类，见表5-10，这里主要了解前两种。

表 5-10 影响时间数列中各个时期发展水平变化的因素

项　目	种　类	含　义
第一类	长期趋势变动	指现象在相当长时期内持续发展变化的总趋势。尽管在这个时期内，事物仍有波动，但基本趋势不变。如股票市场的“牛市”和“熊市”，随着农业生产率的提高和工业化发展，城镇人口占总人口比重呈现不断上升的趋势
第二类	季节变动	指现象在一年内或更短的时间内，随着季节的转变而引起的周期性变化。如农产品收购、农业生产资料和其他季节性商品的销售、几大节日的客运量等，就有明显的季节性，而且年复一年地呈规律性变动
第三类	循环变动	社会经济现象变动中发生周期性比较长的涨落起伏的波动变化
第四类	不规则变动	由于临时性、偶然性的因素引起的非周期性或趋势性的随机变动

二、长期趋势分析与预测

1．时距扩大法

时距扩大法是长期趋势最原始最简单的方法，它是对原来时距较短的时间数列加工整理为时距较长的时间数列，以消除原数列因时距过短受偶然因素和季节变动影响所引起的波动，使现象的发展趋势和规律性明显地表现出来。

典型案例 5-12

表 5-11 中是我国 1976—2005 年粮食产量资料，以它来说明时距扩大法的运用。

表 5-11 我国 1976—2005 年粮食产量资料　　单位：万吨

年　份	产　量	年　份	产　量	年　份	产　量
1976	28 631	1986	39 151	1996	50 454
1977	28 273	1987	40 298	1997	49 250
1978	30 477	1988	39 408	1998	51 200
1979	33 212	1989	40 755	1999	50 840
1980	32 056	1990	43 498	2000	46 250
1981	32 502	1991	43 524	2001	45 200
1982	35 450	1992	44 258	2002	45 700
1983	38 728	1993	45 644	2003	43 100
1984	40 731	1994	44 450	2004	46 950
1985	37 911	1995	45 600	2005	48 401

从表中看出，这 30 年我国粮食产量呈不断增长的趋势，但中间有过几次的波动。我们把时距扩大为 5 年，从而可消除短时间受偶然因素影响所带来的波动，见表 5-12。

表 5-12 我国 1976—2005 年粮食产量资料　　单位：万吨

年　份	总　产　量	平均年产量
1976—1980	152 649	30 529.8
1981—1985	185 320	37 064

续表

年　份	总　产　量	平均年产量
1986—1990	203 110	40 622
1991—1995	223 476	44 695.2
1996—2000	247 994	49 598.8
2001—2005	229 351	45 870.2

把时距扩大为5年，把中间个别年份波动修匀了，形成25年来总体上升的总趋势。

2．移动平均法

移动平均法是将时间数列的时距扩大，在数列中按一定项数逐项移动计算平均数，达到对原始数列进行修匀的目的，从而形成一个趋势值数列。

移动平均法的具体做法是从动态数列第一项数值开始，按一定项数求序时平均数，逐项移动，得出一个由移动平均数构成的新的动态数列，这个派生数列把受某些偶然因素影响所出现的波动修匀了，使整个数列的总趋势更加明显。移动平均法根据资料的特点及研究的具体任务，可能进行三项、四项、五项乃至更多项移动平均。奇数项移动平均所得的数值放在中间一项的位置上；偶数项移动平均所得的数值放在中间两项位置中间，它需要移正平均，被移动平均的项数越多，对原数列修匀的作用就越大，但得到的新动态数列，项数却很少。

典型案例 5-13

某企业产品产量资料见表5-13，分别计算五项移动平均数和四项移动平均数。

表5-13　某企业1996—2015年产品产量移动平均计算表　　单位：亿只

年份	产量	年份	产量	年份	产量	年份	产量
1996	2.12	2001	2.37	2006	4.36	2011	5.06
1997	2.2	2002	1.65	2007	4.72	2012	5.17
1998	2.22	2003	1.56	2008	5.03	2013	7.59
1999	2.02	2004	2.55	2009	4.38	2014	8.5
2000	1.92	2005	3.86	2010	5.2	2015	9.46

这20年的产品产量，总的看来是不断增长的趋势，但中间有过几次小波动，属于短期的偶然因素引起的不规则波动。我们做4项和5项移动平均。

五年移动平均：

第一个平均数为（2.12＋2.20＋2.22＋2.02＋1.92）÷5＝2.096，对正第三年的原值；第二个平均数为（2.20＋2.22＋2.02＋1.92＋2.37）÷5＝2.146，对正第四年原值。依次类推移动平均，得出五年移动平均数列共16项。

四年移动平均：

第一个平均数为（2.12＋2.20＋2.22＋2.02）÷4＝2.140，对着第2～3项的中间。

第二个平均数为（2.20＋2.22＋2.02＋1.92）÷4＝2.090，对着第3～4项的中间。

依次类推，得出4年移动平均数列。每个指标值都错半期；无法直接比较，因此，还需进行一次移正平均。即再进行一次两项移动平均，这样各平均数都对准各期，形成新的4项平均数列，见表5-14。

表5-14 某企业1996—2015年产品产量移动平均计算表 单位：亿只

年份	产量	趋势量		
		五年移动平均	四年移动平均	四年移正平均
1996	2.12	—	—	—
1997	2.2	—		—
			2.14	
1998	2.22	2.096		2.115
			2.09	
1999	2.02	2.146		2.111
			2.133	
2000	1.92	2.036	1.99	2.061
2001	2.37	1.904	1.875	1.933
2002	1.65	2.01	2.033	1.954
2003	1.56	2.398	2.405	2.219
2004	2.55	2.796	3.083	2.744
2005	3.86	3.41	3.873	3.478
2006	4.36	4.104	4.493	4.183
2007	4.72	4.47	4.623	4.558
2008	5.03	4.738	4.833	4.728
2009	4.38	4.878	4.918	4.875
2010	5.2	4.968	4.953	4.935
2011	5.06	5.48	5.755	5.604
2012	5.17	6.304	6.58	6.418
2013	7.59	7.156	7.68	7.13
2014	8.5	—	—	—
2015	9.46	—	—	—

注：1999年开始的四年移动平均数也应对着2000年和2001年中间，此处省略了，就直接对着2000年。以下类推。

从表5-14可以看出，移动平均的结果使短期的偶然因素引起的波动被削弱，整个动态数列被修匀得更加平滑，波动趋于平稳。

按移动平均法对动态数列修匀后趋势值的个数比原数列实际水平的个数减少了。可以想象，把移动项数记为N时，凡按奇数项移动平均，首尾各有$\frac{N-1}{2}$时期得不到趋势值；凡按偶数项移动平均，首尾各有$\frac{N}{2}$时期得不到趋势值。

3．数学模型法

数学模型法是对时间数列进行修匀的方法，是用适当的数学模型对时间数列配合一个方程式，据以计算各期的趋势值，测定长期趋势广泛使用这种方法。本任务以直线趋势数学模型为例。

如以时间因素作为自变量（t），把数列水平作为因变量（y），则拟合的直线趋势方程为

$$y_c = a + bt \tag{5.30}$$

式中：　y_c——趋势值或理论值；

a、b——这条直线趋势的两个参数。

计算参数 a、b 的常用方法是最小平方法。最小平方法又称最小二乘法，是拟合趋势直线最理想的一种方法。

1）标准方程式法

根据数学上最小平方法的要求，求解 a、b 两参数所需的两个标准方程

$$\begin{cases} \sum y = na + b\sum t \\ \sum ty = a\sum t + b\sum t^2 \end{cases} \tag{5.31}$$

此联立方程可以通过偏导数的方法或用普通直线方程式与各观察方程式的关系导出，在此不详叙。解 a、b，得

$$\begin{aligned} a &= \frac{\sum y}{n} - \frac{b\sum t}{n} = \overline{y} - b\overline{t} \\ b &= \frac{n\sum ty - \sum t \times \sum y}{n\sum t^2 - (\sum t)^2} \end{aligned} \tag{5.32}$$

2）简化计算法

为简化计算，把原数列中间项作为原点。其具体计算方法：如果动态数列的项数为奇数时，可取数列的中间一项的时间序号等于零，即 $t=\cdots$，-4，-3，-2，-1，0，$+1$，$+2$，$+3$，$+4$，$\cdots$，如果动态数列中的数据为偶数时，则 $t=\cdots$，-7，-5，-3，-1，$+1$，$+3$，$+5$，$+7$，$\cdots$，这样通过正值与负值抵消，可使 $\sum t = 0$。

则上述方程式可简化为

$$\begin{cases} \sum y = na \\ \sum ty = b\sum t^2 \end{cases} \tag{5.33}$$

$$a = \frac{\sum y}{n}, \quad b = \frac{\sum ty}{\sum t^2} \tag{5.34}$$

由此看出，这样大大减少了计算的工作量。因此，在运用最小二乘法配合直线方程时，时间数列不论是奇数项还是偶数项，都可以运用简捷方法计算。

典型案例 5-14

以某地区几年来粮食产量资料为例介绍最小平方法的运用，其计算结果见表 5-15。

表 5-15　最小平方法计算表

年　份	粮食产量	标准方程式法			简化计算法		
	y/万吨	t	t^2	ty	t	t^2	ty
2010	85.6	1	1	85.6	−5	25	−428
2011	91	2	4	182	−3	9	−273
2012	96.1	3	9	288.3	−1	1	−96.1

续表

年份	粮食产量 y/万吨	标准方程式法			简化计算法		
		t	t^2	ty	t	t^2	ty
2013	101.2	4	16	404.8	1	1	101.2
2014	107	5	25	535	3	9	321
2015	112.2	6	36	673.2	5	25	561
合计	593.1	21	91	2 168.9	0	70	186.1

1）用标准方程式法计算

根据公式（5.32）联立方程，求解，得

$$b=\frac{n\sum ty-\sum t\times\sum y}{n\sum t^2-(\sum t)^2}=\frac{6\times 2\,168.9-21\times 593.1}{6\times 91-21^2}\approx 5.32\text{（万吨）}$$

$$a=\frac{\sum y}{n}-\frac{b\sum t}{n}=\frac{593.1}{6}-\frac{5.32\times 21}{6}=80.23\text{（万吨）}$$

则所配合的趋势方程为

$$y_c=a+bt=80.23+5.32t$$

利用已配合的直线方程式，可预测事物未来的发展水平。例如，预测该地区2013年粮食可能达到的产量为

$$y_{2013}=80.23+5.32t=80.23+5.32\times 9=128.11\text{（万吨）}$$

2）用简化计算法计算

根据公式（5.32）联立方程，求解，得

$$b=\frac{\sum ty}{\sum t^2}=\frac{186.1}{70}\approx 2.66,\ a=\frac{\sum y}{n}=\frac{593.1}{6}=98.85\text{（万吨）}$$

所配合的趋势方程为

$$y_c=a+bt=98.85+2.66t$$

预测该地区2013年粮食可能达到的产量为

$$y_{2013}=98.85+2.66t=98.85+2.66\times 11=128.11\text{（万吨）}$$

三、季节变动测定

在现实生活中，有许多社会经济现象，由于受到自然条件和社会条件的影响，随着季节变化有规律地波动。了解季节变动，认识季节变动的趋势，并利用季节变动的规律，合理地安排生产和生活，把其不良影响降低到最低限度，正是测定季节变动的目的所在。

测定季节变动的主要方法是计算季节比率，反映季节变动的程度。季节比率高说明“旺季”，反之说明“淡季”。计算季节比率通常有两种方法：按月（季）平均法和移动平均趋势剔除法。

1．按月（季）平均法

这种方法不考虑长期趋势影响，直接用原始动态数列计算。按月平均法计算的季节比率，即是各月份的水平对全年各月总水平之比。为了较准确地观察季节变动情况，要用连续3年以上的发展水平资料，加以平均分析。其计算步骤如下：

（1）根据各年按月（季）的时间数列资料计算出各年同月（季）的平均水平。

（2）计算各年所有月（季）的总平均水平。

（3）将各年同月（季）的平均水平与总平均水平进行对比，即得出季节比率。

典型案例 5-15

某服装公司 2011—2015 年各月的销售额资料及计算的季节比率见表 5-16。

表 5-16　季节比率计算表

月　份	各年销售额 y_i/万元					五年销售额合计 $\sum y_i$	五年同月销售额平均 $\overline{y}_i$	季节比率 $\overline{y}_i/y_0$
	2011年	2012年	2013年	2014年	2015年			
	（1）	（2）	（3）	（4）	（5）	（6）	（7）	（8）
1月	1.1	1.1	1.4	1.4	1.3	6.3	1.26	17.6%
2月	1.2	1.5	2.1	2.1	2.2	9.1	1.82	25.5%
3月	1.9	2.2	3.1	3.1	3.3	13.6	2.72	38%
4月	3.6	3.9	5.2	5	4.9	22.6	4.52	63.3%
5月	4.2	6.4	6.8	6.6	7	31	6.2	86.8%
6月	14.2	16.4	18.8	19.5	20	88.9	17.78	249%
7月	24	28	31	31.5	31.8	146.3	29.26	409.8%
8月	9.5	12	14	14.5	15.3	65.3	13.06	182.9%
9月	3.8	3.9	4.8	4.9	5.1	22.5	4.5	63%
10月	1.8	1.8	2.4	2.5	2.6	11.1	2.22	31.1%
11月	1.2	1.3	1.2	1.4	1.4	6.5	1.3	18.2%
12月	0.9	1	1.1	1.2	1.1	5.3	1.06	14.8%
年总计	67.4	79.5	91.9	93.7	96	428.5	7.14	1 200%

表中：$\overline{y}_i=\dfrac{\sum y_i}{N}$（$N$代表提供资料的年数），$y_0=\dfrac{\sum \overline{y}_i}{n}$（$n$代表一年的月或季数）。

季节比率计算如下：

（1）五年间月份的平均销售量 $\overline{y}_i=\dfrac{\sum y_i}{N}$，如 1 月份平均销售额为

$$\overline{y}_1=\frac{1.1+1.1+1.4+1.4+1.3}{5}=1.26\text{（万元）}$$

（2）五年间总平均月销售额为

$$y_0=\frac{\sum \overline{y}_i}{n}=\frac{\begin{array}{c}1.26+1.82+2.72+4.52+6.2+17.78\\+29.26+13.06+4.5+2.22+1.3+1.06\end{array}}{12}\approx 7.14\text{（万元）}$$

（3）季节比率 $=\dfrac{\text{同月（季）平均数}}{\text{总月（季）平均数}}\times 100\%$，则

$$1\text{月份的季节比率}=\frac{1.26}{7.14}\approx 17.6\%$$

$$2\text{月份的季节比率}=\frac{1.82}{7.14}\approx 25.5\%$$

这样，由各月份季节比率所组成的数列，清楚地表明该服装公司销售额的季节性变动趋势，自 1 月份起逐月增长，7 月份达到最高峰，8 月份开始下降，到 12 月降到最低点。若以横轴表示月份，纵轴表示季节比率，绘成季节变动图，就更明显地看出季节性变动趋势。

注意：各月（季）的季节比率总和应该为 1 200%（400%）。若不等于 1 200%（400%），则需要进一步计算调整系数，并用调整系数与各月份（季度）季节比率相乘进行调整。

2．移动平均趋势剔除法

如果所提供的三年或更多年份的资料，不仅各月发展水平有规则性的季节变动，而且逐年数值还有显著增长的趋势，这时，为了测定现象的季节变动，就要采用另一种分析方法，即移动平均趋势剔除法。这一方法的特点是，先对动态数列计算移动平均数，作为相应时期的趋势值，而后将其从数列中加以剔除，再测定季节比率。

具体分析方法在这里就不介绍了，有兴趣的同学可翻阅其他资料。

任务 5　Excel 在时间数列分析中的运用

一、构建和使用自造运算器

时间数列分析指标包括本项目任务 2、任务 3 所涉及的各项分析指标，其计算特点是作为计算依据的数据不多，但需要计算的指标多，利用 Excel 可快速准确地获得计算结果。下面通过案例进行说明。

典型案例 5-16

以图 5.1 所示的资料为例，在 Excel 工作表中设计一个动态分析指标计算表，即自造计算器，图中虚线框内 C3:G3 单元格区域为其入口，有阴影的单元格区域为其出口，其构建及运用技巧如下。

H6　=(G7/100)^(1/4)*100

	A	B	C	D	E	F	G	H
1	我国历年国内生产总值动态分析表							
2	年份		2001	2002	2003	2004	2005	平均值
3	国内生产总值（亿元）		107449.7	117208.3	128958.9	141964.5	156775.3	130471.3
4	增长量（亿元）	逐期	—	9758.6	11750.6	13005.6	14810.8	12331.4
5		累计	—	9758.6	21509.2	34514.8	49325.6	
6	发展速度（%）	环比	—	109.1	110.0	110.1	110.4	109.9
7		定基	100.0	109.1	120.0	132.1	145.9	
8	增长速度（%）	环比	—	9.1	10.0	10.1	10.4	9.9
9		定基	—	9.1	20.0	32.1	45.9	
10	说明：国内生产总值按2000年不变价格计算							

图 5.1　动态分析指标的计算

1）设计运算器出口

（1）计算逐期增长量。选中 D4 单元格，录入“=D3−C3”↙；再选中 D4 单元格，拖动填充柄至 G4 单元格。

（2）计算累计增长量。选中 D5 单元格，录入“＝D3－$C3”↙；再选中 D5 单元格，拖动填充柄至 G5 单元格。

（3）计算环比发展速度。选中 D6 单元格，录入“＝D3/C3*100”↙；再选中 D6 单元格，拖动填充柄至 G6 单元格。

（4）计算定基发展速度。选中 D7 单元格，录入“＝D3/$C3*100”↙；再选中 D7 单元格，拖动填充柄至 G7 单元格。

（5）计算环比增长速度。选中 D8 单元格，录入“＝D6－100”↙；再选中 D8 单元格，拖动填充柄至 G8 单元格。

（6）计算定基增长速度。选中 D9 单元格，录入“＝D7－100”↙；再选中 D9 单元格，拖动填充柄至 G9 单元格。

（7）计算平均发展水平。选中虚线框内 C3:G3 单元格区域，单击【自动求和】按钮Σ ▾的右侧下拉菜单中，选择“平均值”选项，或选中 H3 单元格录入“＝AVERAGE（C3:G3）”↙。

（8）计算平均增长量。选中 D4:G4 单元格区域，单击【自动求和】按钮右侧的下拉菜单，选择“平均值”选项，或选中 H4 单元格录入“＝AVERAGE（D4:G4）”或“＝G5/4”↙。

（9）计算平均发展速度。选中 H6 单元格，录入公式“＝（G7/100）^（1/4）*100”↙。

（10）计算平均增长速度。选中 H8 单元格，录入公式“＝H6－100”↙。

2）自造运算器的使用

（1）在自造运算器入口（即图 5.1 所示虚线框内）录入或改变数据。

（2）在自造运算器出口（即图 5.1 所示阴影部分）取数。此时，各项动态分析指标的计算结果，就会随着每一步的数据录入而自动显示在阴影区域相应的单元格中。

注意：为了使自造运算器能够适合更长的动态数列，可以把自造运算器的入口设计得更长一点，如在 G3 的右面再留出一些空的单元格，以备将来之用。

二、计算移动平均数

下面通过案例进行说明。

典型案例 5-17

运用本项目典型案例 5-13 的资料，即表 5-14 某企业 1991—2010 年产品产量资料，利用 Excel 分别计算五项移动平均数和四项移动平均数。

第一步，启动 Excel，新建一个工作簿 Book1。在工作表 Sheet1 上将 20 个产量数据资料输入到 B2:B21 单元格，如图 5.2 所示。

第二步，打开“工具”菜单，执行“数据分析”命令，弹出“数据分析”对话框，在“分析工具”列表框中选择“移动平均”选项，单击【确定】按钮，如图 5.3 所示。

第三步，弹出“移动平均”对话框后，确定输入区域依次为“$B$2:$B$21”“$B$2:$B$21”和“$D$5:$D$21”；输出区域依次为“$C$2”“$D$2”和“$E$5”，间隔依次为 5、4 和 2，如图 5.4 所示。

第四步，单击【确定】按钮后，在指定位置给出移动平均计算结果，最后选中“图表输出”复选框，如图 5.5 和图 5.6 所示。

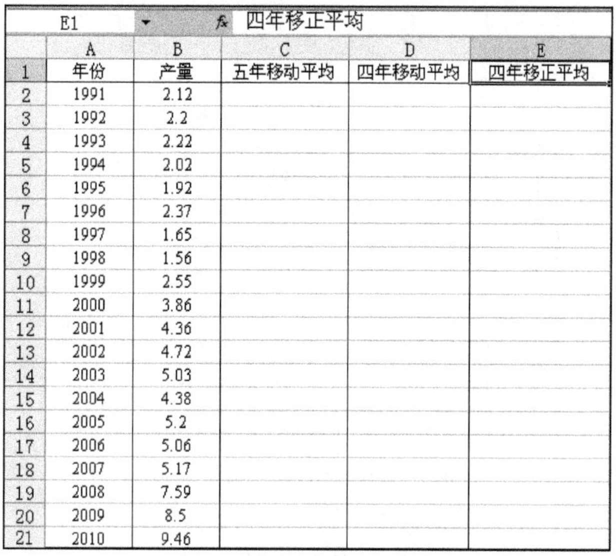

E1 四年移正平均

	A	B	C	D	E
1	年份	产量	五年移动平均	四年移动平均	四年移正平均
2	1991	2.12			
3	1992	2.2			
4	1993	2.22			
5	1994	2.02			
6	1995	1.92			
7	1996	2.37			
8	1997	1.65			
9	1998	1.56			
10	1999	2.55			
11	2000	3.86			
12	2001	4.36			
13	2002	4.72			
14	2003	5.03			
15	2004	4.38			
16	2005	5.2			
17	2006	5.06			
18	2007	5.17			
19	2008	7.59			
20	2009	8.5			
21	2010	9.46			

图 5.2 输入原始数据资料

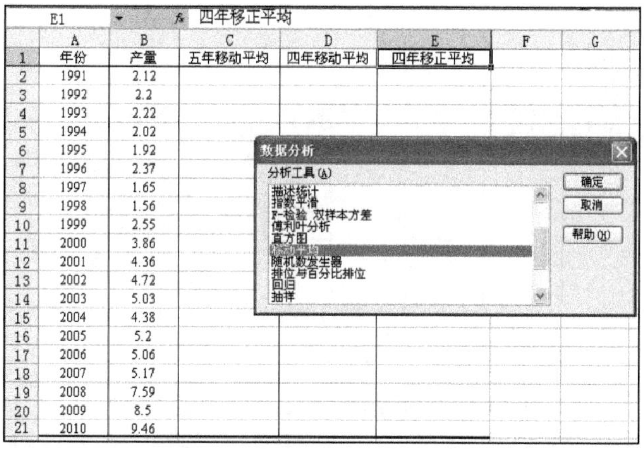

E1 四年移正平均

	A	B	C	D	E	F	G
1	年份	产量	五年移动平均	四年移动平均	四年移正平均		
2	1991	2.12					
3	1992	2.2					
4	1993	2.22					
5	1994	2.02					
6	1995	1.92					
7	1996	2.37					
8	1997	1.65					
9	1998	1.56					
10	1999	2.55					
11	2000	3.86					
12	2001	4.36					
13	2002	4.72					
14	2003	5.03					
15	2004	4.38					
16	2005	5.2					
17	2006	5.06					
18	2007	5.17					
19	2008	7.59					
20	2009	8.5					
21	2010	9.46					

数据分析

分析工具(A)

描述统计
指数平滑
F-检验 双样本方差
傅利叶分析
直方图
移动平均
随机数发生器
排位与百分比排位
回归
抽样

确定
取消
帮助(H)

图 5.3 “数据分析”对话框

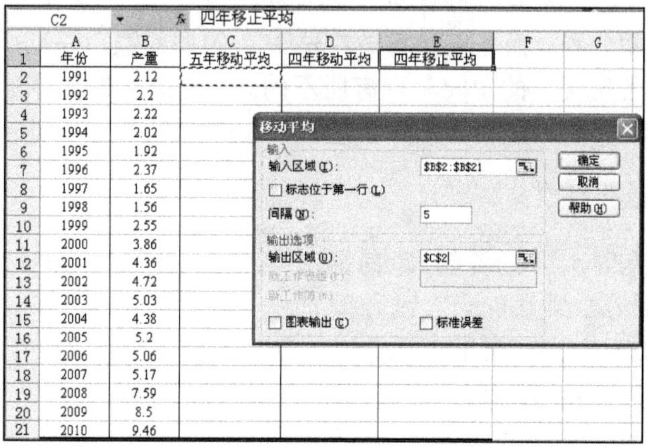

C2 四年移正平均

	A	B	C	D	E	F	G
1	年份	产量	五年移动平均	四年移动平均	四年移正平均		
2	1991	2.12					
3	1992	2.2					
4	1993	2.22					
5	1994	2.02					
6	1995	1.92					
7	1996	2.37					
8	1997	1.65					
9	1998	1.56					
10	1999	2.55					
11	2000	3.86					
12	2001	4.36					
13	2002	4.72					
14	2003	5.03					
15	2004	4.38					
16	2005	5.2					
17	2006	5.06					
18	2007	5.17					
19	2008	7.59					
20	2009	8.5					
21	2010	9.46					

移动平均

输入
输入区域(I): $B$2:$B$21
标志位于第一行(L)
间隔(N): 5
输出选项
输出区域(O): $C$2
图表输出(C)
标准误差

确定
取消
帮助(H)

图 5.4 “移动平均”对话框

	A	B	C	D	E
1	年份	产量	五年移动平均	四年移动平均	四年移正平均
2	1991	2.12			
3	1992	2.2			
4	1993	2.22			
5	1994	2.02		2.14	
6	1995	1.92	2.096	2.09	2.115
7	1996	2.37	2.146	2.1325	2.11125
8	1997	1.65	2.036	1.99	2.06125
9	1998	1.56	1.904	1.875	1.9325
10	1999	2.55	2.01	2.0325	1.95375
11	2000	3.86	2.398	2.405	2.21875
12	2001	4.36	2.796	3.0825	2.74375
13	2002	4.72	3.41	3.8725	3.4775
14	2003	5.03	4.104	4.4925	4.1825
15	2004	4.38	4.47	4.6225	4.5575
16	2005	5.2	4.738	4.8325	4.7275
17	2006	5.06	4.878	4.9175	4.875
18	2007	5.17	4.968	4.9525	4.935
19	2008	7.59	5.48	5.755	5.35375
20	2009	8.5	6.304	6.58	6.1675
21	2010	9.46	7.156	7.68	7.13

图 5.5　计算长期趋势资料及结果

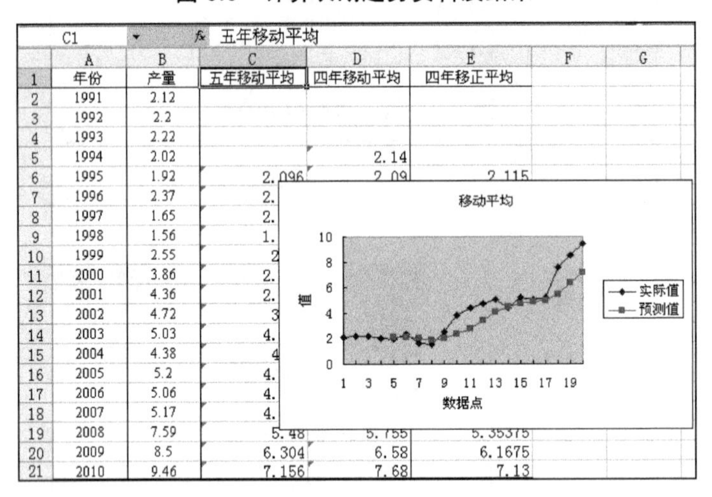

图 5.6　五年移动平均长期趋势图表输出

关于 Excel 中的“移动平均”的计算，需要说明两点：一是移动平均值的位置不是在被平均的 N 项数值的中间位置，而是直接排放在这 N 个时期的最后一期，这一点与通常意义上的移动平均值应排放在 N 时期的中间时期有所不同。二是图 5.6 中图例说明的“预测值”，即移动平均值，由于移动平均法是将移动平均值作为趋势值估计值，所以也将其称为“趋势值”。

三、应用 Excel 配合直线方程

运用本项目典型案例 5-14 的资料，即表 5-15 中某地区 2010—2015 年粮食产量资料为例，介绍应用 Excel 运用最小二乘法配合直线方程。

应用 Excel 配合直线方程可采用 3 种方法，以表 5-15 资料为例，分别介绍如下。

1．使用公式计算

设置参数计算表，使用 Excel 的输入公式和填充柄功能，计算出参数，从而形成趋势方程。

（1）将原始资料输入 Excel，输入年序号，如图 5.7 所示。

（2）计算 D 列和 E 列。单击 D2，输入“=C2*C2”↙，并用填充柄功能计算 D3:D7；再

计算 E 列，单击 E2，输入“=B2* C2”↙，并用填充柄功能计算 E3:E7；最后计算 B、C、D、E 列的合计数，点击 B8，输入“=SUM（B2:B7）”↙，再次利用填充柄功能计算 C、D、E 各列的合计数，如图 5.8 所示。

	A	B	C	D
1	年份	粮食产量y	年份序号t	
2	2010	85.6	1	
3	2011	91	2	
4	2012	96.1	3	
5	2013	101.2	4	
6	2014	107	5	
7	2015	112.2	6	
8	合计	593.1	21	
9				

图 5.7　录入某地区 2010—2015 年粮食产量数据

	A	B	C	D	E
1	年份	粮食产量y	年份序号t	t^2	ty
2	2010	85.6	1	1	85.6
3	2011	91	2	4	182
4	2012	96.1	3	9	288.3
5	2013	101.2	4	16	404.8
6	2014	107	5	25	535
7	2015	112.2	6	36	673.2
8	合计	593.1	21	91	2168.9

图 5.8　最小平方法计算数据

（3）计算参数 a、b。先计算 b，单击任一单元格，输入“=（6*E8−C8*B8）/（6*D8−C8*C8）”↙，得 5.32；再计算 a，单击任一单元格，输入“=B8/6−5.32*C8/6”↙，得 8.23。于是建立直线趋势方程：$y_c = a + bt = 80.23 + 5.32t$。

2．使用函数配合趋势直线

在 Excel 中，使用 INTERCEPT 函数求截距，SLOPE 函数求斜率，从而形成趋势方程。

（1）将数据输入表格，如图 5.7 所示。

（2）单击【插入函数】按钮，弹出“插入函数”对话框，选择“统计”类中的“INTERCEPT”函数，单击【确定】按钮，弹出该函数的对话框，如图 5.9 所示。

（3）在“INTERCEPT”选项组的“Known-y’s”文本框中输入“B3:B8”，在“Known-x’s”文本框中输入“C3:C8”，对话框即显示截距的计算结果为 80.24，如图 5.10 所示。

（4）再用同样的步骤打开“SLOPE”对话框，照此操作，得到斜率为 5.317 142 857，如图 5.11 和图 5.12 所示。

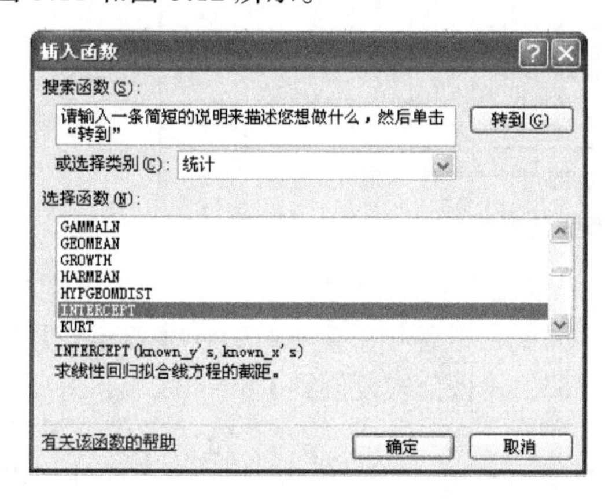

图 5.9　插入“INTERCEPT”函数

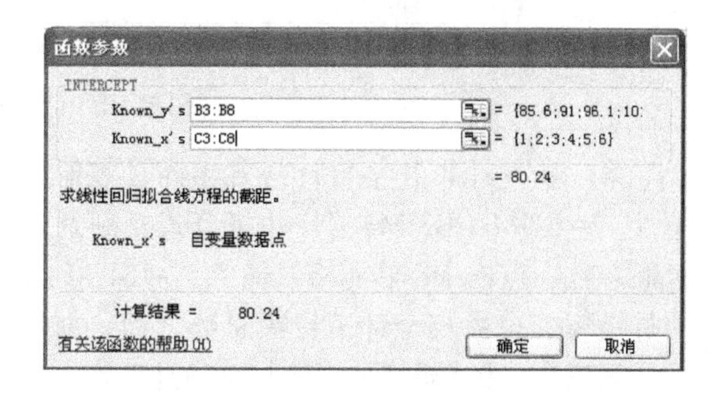

图 5.10　计算截距（参数 a）设置对话框

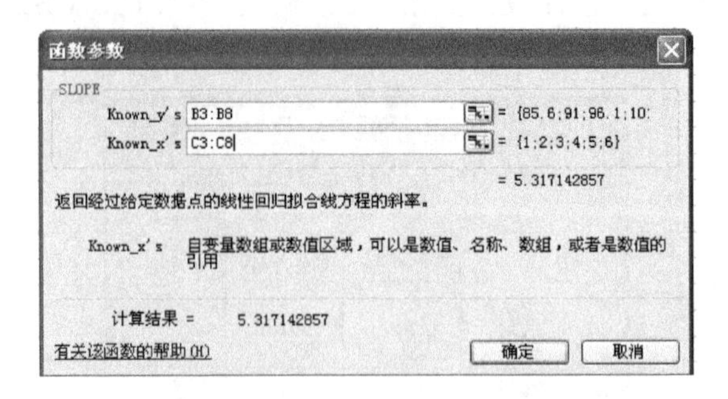

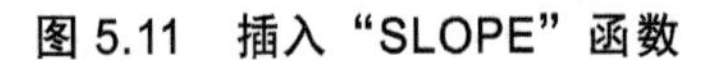
图 5.11　插入“SLOPE”函数

图 5.12　计算斜率（参数 *b*）设置对话框

可见，使用函数比输入公式计算参数简便快捷得多。

3．使用数据分析工具进行直线趋势分析

使用数据分析工具，可以一次性给出参数、标准误差、各年趋势值，同时给出趋势线图。这种方法比用函数更简便，得出的信息更多。操作方法与一元线性回归分析的方法相同，只是自变量要改为时间顺序，具体可参照项目 8 直线回归分析中介绍的方法。

四、计算季节比率

运用本项目典型案例 5-15 的资料，即表 5-16 所示某服装公司 2011—2015 年各月的销售额资料，应用 Excel 计算季节比率。

第一步，在工作表 Sheet1 上输入销售额数据资料。按已知数据资料列出计算表，将各年同月的数值列在同一列内，如图 5.13 所示。

	A	B	C	D	E	F	G	H	I	J	K	L	M	N
1	年份	服装销售额												
2		1月	2月	3月	4月	5月	6月	7月	8月	9月	10月	11月	12月	合计
3	2011	1.1	1.2	1.9	3.6	4.2	14.2	24.0	9.5	3.8	1.8	1.2	0.9	
4	2012	1.1	1.5	2.2	3.9	6.4	16.4	28.0	12.0	3.9	1.8	1.3	1.0	
5	2013	1.4	2.1	3.1	5.2	6.8	18.8	31.0	14.0	4.8	2.4	1.2	1.1	
6	2014	1.4	2.1	3.1	5.0	6.6	19.5	31.5	14.5	4.9	2.5	1.4	1.2	
7	2015	1.3	2.2	3.3	4.9	7.0	20.0	31.8	15.3	5.1	2.6	1.4	1.1	
8	合计													
9	同月平均													
10	季节比率													

图 5.13　计算季节变动资料

第二步，计算各年合计与各年同月数值之和。计算每年的销售额总数：点击 N3 单元格，输入“＝SUM（B3:M3）”，并将公式复制到 N4:N7 区域，得各年销量总数；计算各年同月销售额总数：点击 B8 单元格，输入“＝SUM（B3:B7）”，并将公式复制到 C8:N8 区域，得各年同月销售额总数与全部销售额总数之和，如图 5.14 所示。

第三步，计算同月平均数与总的月平均数。计算同月平均数：点击 B9 单元格，输入“＝B8/5”，并将公式复制到 C9:M9 区域；计算总的月平均数：点击 N9 单元格，输入“＝N8/60”↙，得结果为 7.141 667，如图 5.14 所示。

	A	B	C	D	E	F	G	H	I	J	K	L	M	N
1	年份	服装销售额												
2		1月	2月	3月	4月	5月	6月	7月	8月	9月	10月	11月	12月	合计
3	2011	1.1	1.2	1.9	3.6	4.2	14.2	24.0	9.5	3.8	1.8	1.2	0.9	67.4
4	2012	1.1	1.5	2.2	3.9	6.4	16.4	28.0	12.0	3.9	1.8	1.3	1.0	79.5
5	2013	1.4	2.1	3.1	5.2	6.8	18.8	31.0	14.0	4.8	2.4	1.2	1.1	91.9
6	2014	1.4	2.1	3.1	5.0	6.6	19.5	31.5	14.5	4.9	2.5	1.4	1.2	93.7
7	2015	1.3	2.2	3.3	4.9	7.0	20.0	31.8	15.3	5.1	2.6	1.4	1.1	96.0
8	合计	6.3	9.1	13.6	22.6	31.0	88.9	146.3	65.3	22.5	11.1	6.5	5.3	428.5
9	同月平均	1.26	1.82	2.72	4.52	6.2	17.78	29.26	13.06	4.5	2.22	1.3	1.06	7.141667
10	季节比率													

图 5.14　五年全年及分月服装销售额

第四步，计算季节比率及季节比率之和。单击 B10 单元格，输入“＝B9/$N9*100”，并将公式复制到 C10:M10 区域；单击 N10 单元格，输入“＝SUM（B10:M10）”↙，得季节比率之和为 1 200，如图 5.15 所示。

	A	B	C	D	E	F	G	H	I	J	K	L	M	N
1	年份	服装销售额												
2		1月	2月	3月	4月	5月	6月	7月	8月	9月	10月	11月	12月	合计
3	2011	1.1	1.2	1.9	3.6	4.2	14.2	24.0	9.5	3.8	1.8	1.2	0.9	67.4
4	2012	1.1	1.5	2.2	3.9	6.4	16.4	28.0	12.0	3.9	1.8	1.3	1.0	79.5
5	2013	1.4	2.1	3.1	5.2	6.8	18.8	31.0	14.0	4.8	2.4	1.2	1.1	91.9
6	2014	1.4	2.1	3.1	5.0	6.6	19.5	31.5	14.5	4.9	2.5	1.4	1.2	93.7
7	2015	1.3	2.2	3.3	4.9	7.0	20.0	31.8	15.3	5.1	2.6	1.4	1.1	96.0
8	合计	6.3	9.1	13.6	22.6	31.0	88.9	146.3	65.3	22.5	11.1	6.5	5.3	428.5
9	同月平均	1.26	1.82	2.72	4.52	6.2	17.78	29.26	13.06	4.5	2.22	1.3	1.06	7.14167
10	季节比率	17.6	25.5	38.1	63.3	86.8	249.0	409.7	182.9	63.0	31.1	18.2	14.8	1200.0

图 5.15　分析季节变动数据表

第五步，绘制季节变动曲线。根据季节比率，可绘制季节变动曲线。在 Excel 中单击【图表向导】按钮，在“标准类型”选项卡中的“图表类型”复选框中选择“折线图”选项，横坐标设为季节，纵坐标设为季节比率，即可得图 5.16，即该服装公司服装销售额季节比率趋势折线图。可以看出该企业服装销售额从 1 月份开始递增，到 7 月达到最高点，然后开始逐渐降低。

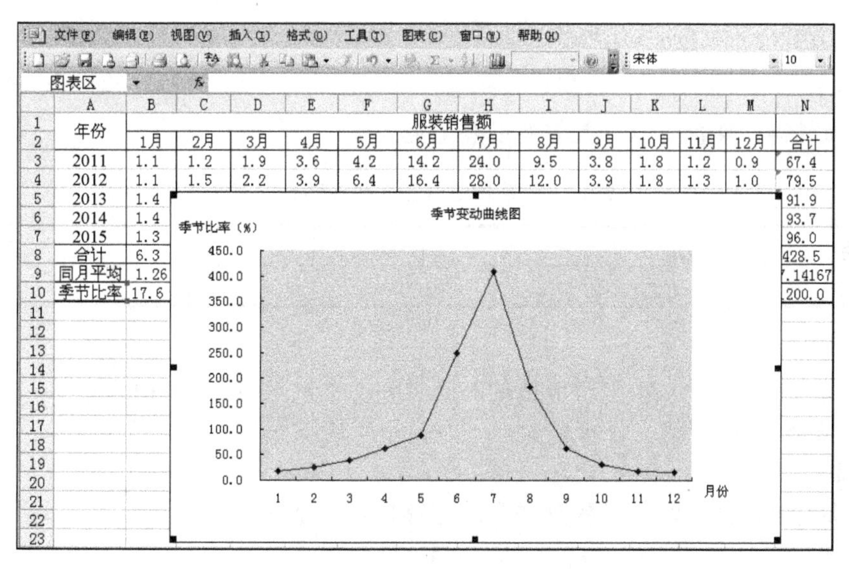

图 5.16　分析季节变动曲线图

任务6 统计技能实践

一、基本技能概述

1．时间数列分析技能

（1）区分时间数列种类的技能：能区分绝对数、相对数与平均数时间数列；区分时期数列和时点数列；区分连续时点数列和间断时点数列。

（2）动态差异分析法技能：能够熟练计算逐期增长量、年距增长量、平均增长量，并能根据这些指标的具体数值，对现象的发展状况做出恰当的描述或结论。

（3）动态平均分析法技能：能够熟练计算平均发展水平、平均增长量、平均发展速度、平均增长速度，并能根据这些指标的具体数值，对现象的发展状况做出恰当的描述或结论。

（4）动态速度分析法技能：能够熟练计算环比发展速度、定基发展速度、年距发展速度、平均发展速度以及环比增长速度、定基增长速度、年距增长速度、平均增长速度，并能根据这些指标的具体数值，对现象的发展状况做出恰当的描述或结论。

（5）时间数列的变动趋势分析技能：能够熟练掌握长期趋势的测定方法，如移动平均法、最小平方法；能够熟练掌握季节变动的测定方法。

2．Excel 的基本操作

（1）利用 Excel 构建和使用自造运算器。

（2）会用 Excel 计算移动平均数。

（3）能熟练运用 Excel 配合直线方程。

（4）会运用 Excel 计算季节比率。

二、技能实训材料

1．时间数列分析技能

1）实训 1

（1）实训材料：某企业职工人数变动登记见表 5-17。

表 5-17　某企业职工人数变动登记表

日　期	6月1日	6月11日	6月16日	7月1日
职工人数/人	1 210	1 260	1 300	1 250

（2）实训要求：

① 指出表 5-17～表 5-21 中所包括的时间数列的个数及时间数列的种类。

② 根据表 5-17 的资料，计算该企业 6 月份平均职工人数。

2）实训 2

（1）实训材料：某企业某年各月初产品库存量资料见表 5-18。

表 5-18 某企业某年各月初产品库存量情况表

月份	1月	2月	3月	4月	5月	6月	7月	8月	9月	10月	11月	12月	次年1月
库存量/吨	63	60	56	48	45	54	48	43	40	50	57	68	60

（2）实训要求：根据表 5-18 的资料，计算上半年、下半年和全年的平均库存量。

3）实训 3

（1）实训材料：某建筑公司某年各月生产工人统计资料见表 5-19。

表 5-19 某建筑公司某年各月生产工人人数表

日　期	1月1日	3月1日	5月1日	8月1日	12月31日
生产工人人数/人	220	358	578	600	300

（2）实训要求：根据表 5-19 的资料，计算该建筑公司全年月平均生产工人人数。

4）实训 4

（1）实训材料：某企业 2015 年工业总产值及职工人数资料见表 5-20，又知 2015 年年初职工人数为 2 200 人。

表 5-20 某企业 2015 年工业总产值及职工人数资料

季　度	一	二	三	四
总产值/万元	620	594.5	627	630
季度末职工人数/人	2 100	2 100	2 080	2 020

（2）实训要求：

① 计算该企业各季度劳动生产率。

② 计算该企业全年劳动出生率。

③ 又知道该企业 2015 年全年劳动生产率为 11 700 元，计算 2010 年比 2015 年全年劳动生产率增长的百分比。

5）实训 5

（1）实训材料：某商业企业 2015 年第一季度销售额、库存额及商品流转资料见表 5-21。

表 5-21 某商业企业 2015 年第一季度商品周转资料

月　份	1月	2月	3月	4月
商品销售额/万元	100	150	240	250
月初库存额/万元	45	55	68	75
商品流转次数/次	2.00	2.44	3.36	—

注：商品流转次数是将商品销售额与平均商品库存额对比计算得出的强度相对指标。

（2）实训要求：根据表 5-21 的资料，计算该企业 2015 年第 1 季度月平均销售额、月平均库存额及月平均商品流转次数。

6）实训 6

（1）实训材料：某地区 2010—2015 年的汽车产量资料见表 5-22。

表 5-22　某地区 2010—2015 年的汽车产量资料

年　份	产量/万辆	累计增长量/万辆	定基发展速度	环比发展速度
2010	71.42			
2011		35.28		
2012			181.81%	
2013				105.27%
2014				106.28%
2015		82.86		

（2）实训要求：运用动态分析指标的相互关系，计算表 5-22 中未填入的指标数值。

7）实训 7

（1）实训材料：某工厂 2015 年各月生产机器台数资料见表 5-23。

表 5-23　某工厂 2015 年各月生产机器台数资料

月　　份	1月	2月	3月	4月	5月	6月	7月	8月	9月	10月	11月	12月
机器台数/台	41	42	52	43	45	51	53	40	51	49	56	54

（2）实训要求：根据表 5-23 的资料，运用三项和四项移动平均法编制时间序列。

8）实训 8

（1）实训材料：某企业 2010—2015 年的产品销售额资料见表 5-24。

表 5-24　某企业 2010—2015 年的产品销售额

年　　份	2010	2011	2012	2013	2014	2014	2015
产品销售额/万元	451	494	517	526	542	596	628

（2）实训要求：根据表 5-24 的资料，试用最小平方法建立直线趋势预测方程，并预测 2010 年的产品销售额。

9）实训 9

（1）实训材料：某商场 2012—2015 年各月某一品牌毛衫的销售量见表 5-25。

表 5-25　某商场 2012—2015 年各月某一品牌毛衫的销售量资料　　单位：件

月份＼年份	2012	2013	2014	2015
1	80	150	240	280
2	60	90	150	140
3	20	40	60	80
4	10	25	40	30
5	6	10	20	12
6	4	8	11	9
7	8	12	32	37
8	12	20	40	48
9	20	35	70	83

续表

月份＼年份	2012	2013	2014	2015
10	50	85	150	140
11	210	340	420	470
12	250	350	480	510

（2）实训要求：根据表 5-25 的资料，按月平均法计算季度比率，并对 2011 年 1 月份的销售量进行预测。

2. Excel 的基本操作

1）实训 1

（1）实训材料：浙江某电器商场 2006—2015 年空调销售额资料见表 5-26。

表 5-26 某电器商场 2006—2015 年空调销售额资料

年份	2006	2007	2008	2009	2010	2011	2012	2013	2014	2015
销售额/亿元	0.4	1.1	3	5.6	11.4	15	18	28	30.1	40.3

（2）实训要求：试用 Excel 计算此动态数列的逐期增长量、累计增长量，定基发展速度、环比发展速度，定基增长速度、环比增长速度，平均增长速度。

2）实训 2

（1）实训材料：见表 5-23 资料。

（2）实训要求：试用 Excel 运用三项和四项移动平均法编制时间序列。

3）实训 3

（1）实训材料：见表 5-24 资料。

（2）实训要求：应用 Excel 试用最小平方法建立直线趋势预测方程。

4）实训 4

（1）实训材料：见表 5-25 资料。

（2）实训要求：试用 Excel 按月平均法计算季度比率，并测算对 2016 年 1 月份的销售量。

业务训练题

一、单项选择题

1. 时间数列的构成要素是（　　）。

A．变量和次数　　B．时间和指标数值

C．时间和次数　　D．主词和宾词

2. 由时期数列计算平均数就按（　　）计算。

A．简单算术平均数　B．加权算术平均数

C．几何平均数　　D．序时平均数

3. 由日期间隔相等的连续时点数列计算平均数应按（　　）计算。

A．简单算术平均数　B．加权算术平均数

C．几何平均数　　D．序时平均数

4. 由日期间隔不等的连续时点数列计算平均数应按（　　）计算。

A．简单算术平均数　B．加权算术平均数

C．几何平均数　　D．序时平均数

5. 某车间月初工人数资料见表 5-27。

表 5-27　某车间月初工人数资料

月　份	1月	2月	3月	4月	5月	6月	7月
工人数/人	280	284	280	300	302	304	320

那么该车间上半年的月平均工人数为（　　）。

A．345　　B．300　　C．201.5　　D．295

6. 定基发展速度与环比发展速度之间的关系表现为（　　）。

A．定基发展速度等于其相应的各个环比发展速度的连乘积

B．定基发展速度等于其相应的各个环比发展速度之和

C．定基发展速度等于其相应的各个环比发展速度之商

D．以上都不对

7. 增长速度的计算方法为（　　）。

A．数列发展水平之差B．数列发展水平之比

C．绝对增长量和发展速度之比　　D．绝对增长量同基期水平相比

8. 十年内每年年末国家黄金储备量是（　　）。

A．时期数列

B．时点数列

C．既不是时期数列，也不是时点数列

D．既是时期数列，也是时点数列

9. 假定某产品产量 2015 年比 2010 年增加 35%，那 2010—2015 年的平均发展速度为（　　）。

A．$\sqrt[5]{35\%}$　　B．$\sqrt[5]{135\%}$

C．$\sqrt[6]{35\%}$　　D．$\sqrt[6]{135\%}$

10. 用最小二乘法配合直线趋势，如果 $y_c=a+bx$，b 为负数，则这条直线是（　　）。

A．上升趋势　　B．下降趋势

C．不升不降　　D．三种情况都不是

11. 已知 2012 年某区粮食产量的环比发展速度为 103.5%，2013 年为 104%，2011 年为 105%；2015 年的定基发展速度为 116.4%，则 2014 年的环比发展速度为（　　）。

A．104.5%　　B．101%　　C．103%　　D．113.0%

12. 时间数列中的平均发展速度是（　　）。

A．各时期定基发展速度的序时平均数

B．各时期环比发展速度的算术平均数

C．各时期环比发展速度的调和平均数

D．各时期环比发展速度的几何平均数

13. 若无季节变动，则各月（或各季）的季节比率为（　　）。

A．0　　B．1　　C．大于 1　　D．小于 1

14. 下列现象属于平均数动态数列的是（　　）。

A．某企业第一季度各月平均每个职工创造产值

B．某企业第一季度各月平均每个职工创造产值

C．某企业第一季度各月产值

D．某企业第一季度平均每人创造产值

15. 根据2009—2015年某工业企业各年产量资料配合趋势直线，已知$\sum x=21$（2009年为原点）$\sum y=150$，$\sum x2=91$，$\sum xy=558$，则直线趋势方程为（　　）。

A. $y_c=18.4+1.8857x$ B. $y_c=1.8857+18.4x$

C. $y_c=18.4-1.8857x$ D. $y_c=1.8857-18.4x$

16. 采用几何平均法计算平均发展速度的理由是（　　）。

A. 各年环比发展速度之和等于总速度

B. 各年环比发展速度之积等于总速度

C. 各年环比增长速度之积等于总速度

D. 各年环比增长速度之和等于总速度

17. 对原有时间数列进行修匀，以削弱短期的偶然因素引起的变化，从而呈现出较长时期的基本发展趋势的一种简单方法称为（　　）。

A. 移动平均法　　B. 移动平均趋势剔除法

C. 按月平均法　　D. 按季平均法

18. 按季平均法测定季节比例时，各季的季节比率之和应等于（　　）。

A. 100%　　B. 120%　　C. 400%　　D. 1 200%

二、多项选择题

1. 时间数列中，各项指标数值不能直接相加的有（　　）。

A. 时期数列　　B. 连续时点数列

C. 间断时点数列　　D. 相对数时间数列

E. 平均数时间数列

2. 时期数列的特点是（　　）。

A. 各项指标数值可以相加

B. 各项指标数值大小与时期长短有直接关系

C. 各项指标数值大小与时间长短没有直接关系

D. 各项指标数值都是通过连续不断登记而取得的

E. 各项指标数值都是反映现象在某一时点上的状态

3. 某工业企业2007年产值为3 000万元，2015年产值为2007年的150%，则年均增长速度及年平均增长量为（　　）。

A. 年平均增长速度=6.25%　　B. 年平均增长速度=5.2%

C. 年平均增长速度=4.6%　　D. 年平均增长量=125万元

E. 年平均增长量=111.111万元

4. 用于分析现象发展水平的指标有（　　）。

A. 发展速度　　B. 发展水平

C. 平均发展水平　　D. 增长量

E. 平均增长量

5. 下列指标构成的时间数列中属于时点数列的是（　　）。

A. 全国每年大专院校毕业生人数　　B. 某企业年末职工人数

C. 某商店各月末商品库存额　　D. 某企业职工工资总额

E. 某农场历年年末生猪存栏数

6. 某企业产量2005年比2004年提高2%，2006年与2005年对比为95%，2007年为2004年的1.2倍，2008年该企业年产量为25万吨，比2007年多10%，2009年产量达30万吨，2010年产量为37万吨，则发展速度指标为（　　）。

A. 2010年为以2004年为基期的定基发展速度为158.4%

B．2010年以2004年为基期的定基发展速度为195.4%

C．2004—2010年平均发展速度为111.8%

D．2004—2010年平均发展速度为110.0%

E．2008—2009年环比发展速度为120%

三、判断题

1. 在时间数列中，基期和报告期、基期水平和报告期水平是相对的。（　　）

2. 把某大学历年招生的人数按时间先后顺序排列，形成的动态数列属于时期数列。（　　）

3. 某公司产品产量较去年同期相比增加了4倍，即翻了两番。（　　）

4. 在时间数列中，累计增长量等于逐期增长量之和，定基增长速度等于环比增长速度之积。（　　）

5. 若各期的增长量相等，则各期的增长速度也相等。（　　）

6. 发展水平是时间数列中的每一项指标数值，可以是绝对数，也可以是相对数和平均数。（　　）

7. 平均发展速度等于时间数列各环比发展速度的几何平均数，平均增长速度等于时间数列各环比增长速度的几何平均数。（　　）

8. 时点数列中的发展水平反映的是现象在一定时期内达到的水平。（　　）

9. 时间数列中各个指标数值是不能相加的。（　　）

10. 序时平均数与一般平均数是两个不同的概念，它们之间没有共同点。（　　）

四、简答题

1. 序时平均数与一般平均数的关系是什么？

2. 时期数列和时点数列有何区别？

3. 怎样计算各种时间数列的平均发展水平？

4. 影响时间数列的因素有哪些？

项目 6

指 数 分 析

先导案例

人口发展是落实科学发展观，确保人口安全乃至国家安全的战略基础。1990 年之前，通常采用单一的经济指标，如人均 GDP 来评价世界各国人口发展的状况。但是经济发展并不能代表人类发展的全部，自 1990 年以来，联合国开发计划署每年都根据人文发展指数（Human Develop Index，HDI）来评价世界各国及地区的人口发展状况。2007 年年初，中国人民大学中国调查评价中心首次发布了“中国人民大学中国发展指数 2006（RCDI）”，对我国 2004 年、2005 年的发展指数进行了发布。然而联合国的 HDI 指数并不能反映中国地区差异影响下的人口发展水平，中国人民大学的 RCDI 指数也并不是单独针对人口发展来研究。为此，相关机构应建立人口发展评价指标体系，并确定评价指标的权重，编制全国及各地区的人口发展评价指数。

根据人口发展的内涵和指标体系设置的原则，结合我国相关统计制度，人口发展评价指标体系囊括人口自身发展水平（数量、素质、结构）、人口与经济社会发展协调度、人口可持续发展能力 3 个一级指标，以及人口自然增长率、人均 GDP、人均水资源量、单位 GDP 能耗等 15 个统计指标，见表 6-1。

表 6-1　人口发展评价指标体系

一级指标	二级指标	三级指标
人口自身发展水平	人口数量	人口自然增长率
	人口素质	6 岁以上人口平均受教育年限
	人口结构	出生人口性别比
		老年人口抚养比
人口与经济社会发展协调度	经济社会发展	人均 GDP
		城镇化率
	就业参与	第三产业就业人数占比
		城镇登记失业率
	人民生活	城乡居民消费支出比值
		预期寿命
人口可持续发展能力	资源约束	人均水资源量
		人均农用地
		单位 GDP 能耗
	环境质量	人均生活污水排放量
		森林覆盖率

人口发展评价指标权重的确定方法有主观法和客观法两大类。经测算，人口自身发展水平、人口与经济社会发展协调度、人口可持续发展能力 3 个一级指标权重分别为 23.7%、45.8%和 30.5%，其中权重位居前 5 位的指标分别是人均 GDP、人均水资源量、城市化率、人均生活污水排放量、人口自然增长率。

依据评价体系中每个指标的评分及其权重，可以加权测算出全国和各地区人口发展综合指数。2007 年全国人口发展综合指数为 40.6%，较 2006 年提高 1.7 个百分点。分地区看，浙江、北京、广东、天津、上海、吉林、黑龙江高于 50%，辽宁、福建、内蒙古等 14 个省份介于 40%～50%，陕西、河北、安徽等 6 个省份介于 30%～40%，而宁夏、甘肃、贵州低于 30%。2007 年全国人口自身发展水平指数、人口与经济社会发展水平指数、人口可持续发展指数分别为 40.9%、42.8%和 37.1%。

从分类指数看，环渤海地区人口自身发展水平指数领先全国其他地区，中部、西部地区较为落后；2007 年，东北 3 省超过 50%，辽宁、吉林、黑龙江分别为 60.7%、59.5%、58.2%，北京、天津分别达到 54.3%、53.9%；而贵州、海南、安徽、江西 4 省最低，分别仅为 28.3%、28.1%、27.4%和 24.9%。对于人口与经济社会发展水平指数，东部地区，尤其是环渤海地区、长三角地区排在前列；2007 年，北京、上海、天津、浙江、广东、江苏6省市超过60%，甘肃、云南、贵州3省低于30%，仅为28.3%、27.7%和21.6%。大西南地区由于在自然资源方面的天然优势，其人口可持续发展指数领跑于全国；2007年，云南、青海高于65%，而上海最低，仅为12.4%。

（资料来源：王军平. 2007年中国人口发展指数测算——基于综合指数评价法，中国人口发展指数研究. 人口学刊，2010（2）. 有改动.）

【案例思考】

（1）人口发展评价指标体系包括哪些指标？

（2）人口发展评价指标权重是怎么确定的？

（3）怎样根据计算出的人口发展指数及分类指数评价各地人口发展水平的高低？

任务提炼

案例中运用综合指数法编制得出2007年全国人口发展综合指数为40.6%，较2006年提高1.7个百分点；东部沿海、东北地区领先于全国其他地区。但指数是什么，与我们前面学过的相对数有什么联系，除综合指数编制方法外，是否还有其他编制方法？指数除用于研究人口发展外，在经济社会生活中还有何用处？为此，我们将在本项目中学习以下任务：

（1）对指数的初步认识。

（2）编制总指数。

（3）利用指数体系进行因素分析。

（4）认识几种常见的统计指数。

（5）用Excel计算指数并进行因素分析。

（6）统计技能实践。

任务1 对指数的初步认识

一、统计指数的含义

典型案例6-1

放假期间，小红对近两年自己开的小超市部分商品的销售情况进行收集汇总，见表6-2。

表6-2 部分商品销售情况统计表

商品名称	计量单位	2014年			2015年		
		销售量	单价/元	销售额/元	销售量	单价/元	销售额/元
露露饮料	箱	500	30		750	35	
羊毛衫	件	230	62		180	70	
合　　计							

请帮助小红把表6-2中空缺的单元格填写完整，并计算思考以下几个问题：

（1）表6-2中空缺的每一个单元格是否都可以填上数字或文字？

（2）2015年与2014年相比，露露饮料的销售量、单价和销售额在绝对量和相对量上有什么变化？

（3）2015 年与 2014 年相比，羊毛衫的销售量、单价和销售额在绝对量和相对量上有什么变化？

（4）2015 年与 2014 年相比，露露饮料和羊毛衫总的销售额是如何变化的？

（5）2015 年与 2014 年相比，露露饮料和羊毛衫总的销售量和单价是如何变化的？

通过以上思考可以发现，前四个问题很容易解决，而问题（5）目前是无法解决的。为此我们引入“统计指数”一词。统计指数有广义与狭义两种理解。

（1）广义的统计指数是指一切社会经济现象变动的相对数，如计算上面问题（2）、（3）、（4）中的有关相对数。还有我们前面已学过的动态相对数、比较相对数、计划完成程度相对数等。

（2）狭义的统计指数仅指反映不能直接相加的复杂现象总体数量上综合变动情况的相对数。上面的问题（5）就要通过这种方式解决，因为露露饮料与羊毛衫是两个不同性质的商品，它们的销售量和单价是不能简单地加到一块的。要反映这两种商品销售总的变动情况，不但要用狭义统计指数来解决，还要用平时所说的零售物价指数、消费价格指数、股价指数等。

所谓复杂现象总体，并不是指容量很大、总体单位很多的庞大总体，它指的是总体单位的标志值不能直接相加的总体。例如，要反映一定时期内全部农副产品销售价格的总变动，由于产品类型、计量单位存在差异，多种商品的价格、销售量不能直接相加，全部农副产品也就构成一个复杂总体。

二、统计指数的种类

1. 个体指数和总指数

按计入指数项目多少的不同，统计指数分为个体指数和总指数。

（1）个体指数是反映个别现象（即简单现象）变动的相对数，如说明一种工业品产量变动的个体产量指数，说明一种商品价格变动的个体价格指数等，它是在简单条件下存在的。其计算公式为

$$\text{个体质量指标指数} \quad k_p = \frac{p_1}{p_0} \tag{6.1}$$

式中：p_0——基期质量指标；

p_1——报告期质量指标。

$$\text{个体数量指标指数} \quad k_q = \frac{q_1}{q_0} \tag{6.2}$$

式中：q_0——基期数量指标；

q_1——报告期数量指标。

（2）总指数是反映多种现象总体（复杂现象总体）数量变动的相对数，如工业产品总产量指数、商品零售物价总指数等。在现代统计指数理论中编制总指数有两种主要形式，即综合指数和平均指数；其中，综合指数是编制总指数的基础，平均指数是综合指数的变形和运用。

2. 数量指标指数和质量指标指数

按其反映的指标（又称指数化指标）性质的不同，统计指数分为数量指标指数和质量指标指数。

（1）数量指标指数是说明现象总规模、总数量变动的相对数，是根据数量指标来计算的，如产品产量指数、商品销售量指数、职工人数指数等。

（2）质量指标指数是说明现象总体内涵数量变动情况的指数，是根据质量指标来计算的，如价格指数、成本指数、劳动生产率指数、平均工资指数等。

3. 动态指数和静态指数

按对比场合的不同，统计指数分为动态指数和静态指数，也称为时间性指数和区域性指数。

（1）动态指数（时间性指数）是反映现象数量方面在时间上的变动程度。动态指数中有定基指数和环比指数之分。在指数数列中，若所有各期指数均使用同一基期计算的，称为定基指数；若所有各期指数均以上一个时期为基期计算的，称为环比指数。现实中，动态指数是应用最为广泛的，本项目主要介绍动态指数。

典型案例 6-2

2011 年 1 月全国 70 个大中城市房价指数是第一次按调整后的统计方式得出的结果。总体而言，这次住宅价格统计方式改革具有很大的进步意义，为房价控制目标提供了更加科学的参照系。

首先，最大的变化是数据采集渠道。原来的数据是由统计部门给房地产开发企业和二手房中介机构发放固定格式的表格，让他们填报得来的。但现阶段很多企业诚信度并不理想，让其自由填报数据，肯定存在失真现象。而现在改为采用当地房地产管理部门的网签数据，基本反映了实际成交价格。

其次，住宅价格统计的分类体系更加完善。改革之后，设置保障性住房和商品住宅两个类别，其中保障性住房包括经济适用住房、限价商品住房等保障性、政策性住房。商品住宅类下设 90 平方米及以下、90～144 平方米、144 平方米以上三个基本分类。显而易见，分类比以前更加细致，尤其是进行三类面积段的划分，既能让民众知道不同户型住宅价格的变化情况，有利于选择购房时机，又能让政府调控更加具有针对性。

再次，使用定基价格指数，首轮基期确定为 2010 年。“定基”反映的是报告期的价格与 2010 年全年的平均价格相比的变化。例如，南京市 2011 年 1 月新建商品住宅价格指数“定基”为 101，也就是说 2011 年 1 月南京市的新建商品住宅价格比 2010 年平均水平上涨了 1%。以前的房价指数的基期是上一年，只能跟上一年比较涨跌，无法跟前年比较。改革之后，未来任何一个月份，都可与 2010 年相比。既方便业内人士分析，也让老百姓能看懂。

最后，环比数据摆上更重要位置。与过去的统计比较重视“同比”不同的是，房产指数新统计方法把“环比”排到了“同比”的前面。这里也要解释一下“同比”与“环比”。同比，即拿现在的价格与一年前的价格比，比如 2011 年 1 月南京市新建商品住宅价格同比指数为 104.2，就是以去年 1 月的基数为 100，1 年来南京市新建商品住宅价格同比上涨了 4.2%。而环比，则是拿当月价格与上个月比，如 1 月南京市新建商品住宅价格环比指数为 100.9，就是以去年 12 月的价格为 100 计算的，实际上 1 月比去年 12 月上涨了 0.9%。环比指数更体现了房价在一段时间内的具体变化趋势，对政府调控房价更具有现实意义。

（资料来源：根据网络资料整理.）

（2）静态指数（区域性指数）是反映同类现象的数量在相同时间内不同空间（地区和单位等）的差异程度。

任务 2 编制总指数

总指数主要是解决复杂现象总体数量对比关系的指数。根据具体编制方法不同，可以分为综合指数和平均指数。

一、综合指数的编制

1. 综合指数的编制原理

如何对小红家超市的露露饮料和羊毛衫总的销售量的变动情况进行综合分析呢？很明显，两种商品的销售量是不能直接相加的，我们可以采用另外一种形式。众所周知，两种商品的销售额是可以相加的，想办法把销售量过渡到销售额，这样就可以解决问题了。销售额等于销售量乘以销售价格，如果两种商品的销售价格没有变化，那么用变动的销售量乘以不变的销售价格计算出来的销售额，反过来说明了销售量的综合变动，引入的这个不变的价格因素，称之为同度量因素。在统计上，把原来不能直接相加或直接对比的因素过渡到可以相加或对比的那个因素叫作同度量因素。

综合指数是由两个总量指标对比而形成的指数。把所研究的总量指标分解成两个或两个以上的因素，要研究其中一个因素的变动，必须把其他一个或一个以上的因素指标固定起来，这样编制出来的总指数就叫作综合指数。编制流程如下所述。

（1）正确选择一个或几个因素作为同度量因素，通过其媒介作用，将不能直接相加的复杂现象的数量表现过渡到能够相加的价值量形式（即所研究的总量指标）。

（2）将引入的同度量因素水平加以固定，将分子、分母的同度量因素固定在同一水平上，消除其变动对价值量变动的影响，从而反映指数化因素数量综合变动程度。

2. 数量指标综合指数

典型案例 6-3

某商场有三种商品的销售量和价格资料，见表 6-3。

表 6-3 某商场综合指数计算表

商品名称	计量单位	销售量		销售价格/元		销售额/元			
		基期	报告期	基期	报告期	p_0q_1	p_0q_0	p_1q_1	p_1q_0
		q_0	q_1	p_0	p_1				
甲	吨	100	130	1 000	1 100	130 000	100 000	143 000	110 000
乙	件	2 000	2 200	50	55	110 000	100 000	121 000	110 000
丙	箱	300	270	130	120	35 100	39 000	32 400	36 000
合计	—	—	—	—	—	275 100	239 000	296 400	256 000

资料栏（销售量、销售价格各列）　计算栏（销售额各列）

为了反映表 6-3 中三种商品销售量的综合变动程度，可以编制销售量综合指数来解决。

1）确定同度量因素

通过加总，才能综合反映三种商品销售量总的变动程度。但是由于三种商品销售量计量单位不同，不能直接相加。根据表 6-3 中的资料，可以利用销售单价作为同度量因素。

由于销售量×单价＝销售额，将销售量换算为销售额就可以相加了，所以

$$\text{销售量综合指数}=\frac{\sum(\text{报告期销售量}\times\text{单价})}{\sum(\text{基期销售量}\times\text{单价})}$$

2）确定同度量因素所属时期

在编制销售量综合指数时，应该把单价所属的时期固定，即两个时期的商品销售额都按同一单价计算，这样，消除了价格变动的影响，只反映销售量的变化。为了使单价保持不变，可以将基期和报告期的销售量都乘以基期价格，然后按下列公式编制销售量综合指数。

$$\text{销售量综合指数}\times\frac{\sum(\text{报告期销售量}\times\text{基期单价})}{\sum(\text{基期销售量}\times\text{基期单价})}$$

即以基期销售价格为同度量因素的销售量综合指数为

$$\overline{K_q}=\frac{\sum p_0q_1}{\sum p_0q_0} \tag{6.3}$$

式中：$\overline{K_q}$——商品销售量总指数；

q_1——报告期销售量；

q_0——基期销售量；

p_0——基期销售价格。

将表 6-3 中的资料分别代入公式（6.3），则商品销售量总指数为

$$\overline{K_q}=\frac{\sum p_0q_1}{\sum p_0q_0}=\frac{275\,100}{239\,000}\approx1.151\text{（或 115.1\%）}$$

那么，由于三种商品销售量变动影响的销售额变动为

$$\sum p_0q_1-\sum p_0q_0=275\,100-239\,000=36\,100\text{（元）}$$

计算结果表明：三种商品销售量综合起来平均增长了 15.1%，由于销售量的变动，使销售额增加了 36 100 元。

上例中，商品销售量属于数量指标，单价属于质量指标。由此可见，编制数量指标综合指数的一般原则是：将质量指标作为同度量因素，同度量因素固定在基期。

3．质量指标综合指数

仍结合表 6-3 中的资料，以商品零售价格指数为例，说明质量指标综合指数的编制方法。

1）确定同度量因素

由于三种商品的计量单位不同，所以单价也不能直接相加。为了反映三种商品价格总的变化程度，可确定商品销售量作为同度量因素。

2）确定同度量因素所属时期

同样，在编制价格总指数时，应当把商品销售量所属时期固定，使其只反映价格变化的程度，而不受销售量变化的影响。为了反映在现实销售量条件下价格总变动的程度及其产生的经济效果，一般把商品销售量固定在报告期，即

$$\overline{K_p}=\frac{\sum p_1q_1}{\sum p_0q_1} \tag{6.4}$$

式中：$\overline{K_p}$——商品价格总指数；

q_1——报告期销售量；

p_1——报告期销售价格；

p_0——基期销售价格。

结合表 6-3 中的资料和公式（6.4），则三种商品的价格总指数为

$$\overline{K_p}=\frac{\sum p_1q_1}{\sum p_0q_1}=\frac{296\,400}{275\,100}\approx 1.077\text{（或 }107.7\%\text{）}$$

那么，由于三种商品价格变动影响的销售额变动为

$$\sum p_1q_1-\sum p_0q_1=296\,400-275\,100=21\,300\text{（元）}$$

计算结果表明：三种商品的价格综合起来平均比基期提高了 7.7%，由于价格的变动，使销售额增加了 21 300 元。

上例中，商品销售量属于数量指标，单价属于质量指标。由此可见，编制质量指标综合指数的一般原则是：将数量指标作为同度量因素，同度量因素固定在报告期。

至此，就可以根据表 6-2 中的资料对小红家超市的露露饮料和羊毛衫的销售量和价格的变动进行分析了。

4．编制综合指数时的注意事项

（1）选择同度量因素，不能带主观随意性，必须根据现象之间客观存在的必然联系，结合研究目的和掌握资料的情况，经过分析后决定。

（2）指数的分子、分母包括的范围必须一致。

（3）作为编制综合指数的一般原则（数量指标应以基期质量指标同度量；质量指标应以报告期数量指标同度量），只是从一般应用意义上提出，在实际工作中不要绝对化、机械地应用。从理论上讲，同度量因素可采用任何时期，具体用什么时期可根据研究目的确定。

例如，为了研究较长时期工业产品产量变动的情况，经常采用不变价格（p_n）作为同度量因素。所谓不变价格，是指固定在过去某一时期，在一段较长时期内保持不变的价格。按不变价格编制的产量指数公式为

$$\overline{K_q}=\frac{\sum p_nq_1}{\sum p_nq_0} \tag{6.5}$$

（4）综合指数需要根据全面资料编制，必须具有两个时期范围相同的对应资料才能计算。

二、平均指数的编制

1．平均指数的编制原理

在编制总指数时，有时候不像表 6-3 中的资料那样，报告期和基期的具体销售量或价格都是已知的，可能只知道不同时期的销售额和各种商品销售量个体指数或销售价格个体指数，这时就要用平均指数的形式来编制总指数。

但总变动程度不是各个个体变动程度的总和，而是它们的一般水平，即平均指数是通过对个体指数加权计算的总指数，反映复杂现象总体数量综合变动。根据计算公式的不同，分

为加权算术平均指数、加权调和平均指数。

2. 加权算术平均指数

1）用综合指数变形权数编制

由于商品销售量综合指数公式为 $\overline{K_q}=\dfrac{\sum p_0q_1}{\sum p_0q_0}$，又由于销售量个体指数 $k_q=q_1/q_0$，所以 $q_1=k_qq_0$，如果用 k_qq_0 代表综合指数公式分子中的 q_1，则可得

$$\overline{K_q}=\frac{\sum k_qp_0q_0}{\sum p_0q_0} \tag{6.6}$$

从结构上看，公式（6.6）就相当于前面加权算术平均数的形式，$k_q=q_1/q_0$ 相当于变量值 x，p_0q_0 相当于权数 f_0 加权算术平均指数是对个体指数进行加权算术平均而编制的总指数，在一定条件下是数量指标综合指数的变形。

典型案例 6-4

假设典型案例 6-3 中的该商场三种商品的有关销售资料变化成见表 6-4，试计算三种产品销售量的总指数。

表 6-4 某商场平均指数计算表

商品名称	计量单位	销售量		基期销售额/元	销售量个体指数/%	$k_q\,p_0q_0$
		基期 q_0	报告期 q_1	p_0q_0	$k_q=q_1/q_0$	
甲	吨	100	130	100 000	130.0	130 000
乙	件	2 000	2 200	100 000	110.0	110 000
丙	箱	300	270	39 000	90.0	35 100
合　计	—	—	—	239 000	—	275 100

资料栏　　　　计算栏

从表 6-4 中资料栏看，由于没有价格资料，不能用综合指数公式计算产量指数，但可根据资料计算个体销售量指数，采用加权算术平均数公式计算三种产品销售量的总指数，即

$$\overline{K_q}=\frac{\sum k_qp_0q_0}{\sum p_0q_0}=\frac{275\,100}{239\,000}\approx 1.151\text{（或 }115.1\%\text{）}$$

计算结果表明由于该商场三种商品销售量报告期比基期上升了 15.1%，影响商品销售额的变动差额为

$$\sum k_qp_0q_0-\sum p_0q_0=275\,100-239\,000=36\,100\text{（元）}$$

2）用固定权数编制

在实际工作中，由于缺乏全面调查资料，当直接用综合指数公式或平均指数一般形式的公式计算指数都有困难时，则需要采用固定权数的加权平均指数计算指数。

所谓固定权数，是指加权算术平均法计算中的权数，用比重形式固定下来，在较长一段时间内不作变动，是固定使用的权数。其加权算术平均指数的计算公式为

$$\overline{K_q}=\frac{\sum kw}{\sum w}=\sum k\times\frac{w}{\sum w} \tag{6.7}$$

固定权数的加权平均指数是计算总指数的一种独立的形式，它简便灵活，使用方便，适合利用市场调查的资料进行计算。因此，在国内外的指数实践中，是人们经常采用的一种方法。我国的零售价格指数、居民消费价格指数、农副产品价格指数，以及西方国家的消费品价格指数、工业生产指数都是用固定权数形式计算的。

3. 加权调和平均指数

由于综合指数的质量指标公式是$\overline{K_p}=\frac{\sum p_1q_1}{\sum p_0q_1}$，又由于个体价格指数$k_p=p_1/p_0$，所以$p_0=\frac{1}{k_p}p_1$，用$\frac{1}{k_p}p_1$代替综合指数公式分母中的$p_0$可得

$$\overline{K_p}=\frac{\sum p_1q_1}{\sum\frac{1}{k_p}p_1q_1} \tag{6.8}$$

从结构上看，公式（6.8）就相当于前面所学过的加权调和平均数的形式，故称为加权调和平均指数公式。

加权调和平均指数是对个体指数进行加权调和平均而编制的总指数，在一定条件下是质量指标综合指数的变形。

典型案例 6-5

假设典型案例6-3中的该商场三种商品的有关销售资料变化成见表6-5，试计算三种产品销售价格的总指数。

表6-5　某商场平均指数计算表

商品名称	计量单位	销售价格/元		报告期销售额/元	个体价格指数/%	$\frac{1}{k_p}\times p_1q_1$
		基期 q_0	报告期 q_1	p_1q_1	$k_p=\frac{p_1}{p_0}$	
甲	吨	1 000	1 100	143 000	110.0	130 000
乙	件	50	55	121 000	110.0	110 000
丙	箱	130	120	32 400	92.3	35 103
合计	—	—	—	296 400	—	275 103

资料栏　　　　计算栏

从表6-5中资料栏看，由于缺少商品销售量资料，且商品销售量资料不易取得，所以不能直接用综合指数公式计算三种产品销售价格的总指数。由于已知报告期销售额和可计算个体价格指数（$k_p=p_1/p_0$）的资料，利用加权调和平均指数公式，可求得商品价格指数，即

$$\overline{K_p}=\frac{\sum p_1q_1}{\sum \frac{1}{k_p}p_1q_1}=\frac{296\,400}{275\,103}\approx 1.077\text{（或 107.7\%）}$$

计算结果表明由于该商场三种商品销售价格报告期比基期上升了 7.7%，影响商品销售额的变动差额为 296 000－275 103＝21 297（元）。

注意：平均指数是以个体指数为基础计算的，如果知道现象的提高或降低的程度，如提高 7%或降低 4%，应转化为个体指数 107%或 96%后，才能按平均指数公式计算总指数。

三、综合指数和平均指数的关系

1．区别

1）在解决复杂总体不能直接同度量问题上，二者思想不同

综合指数是通过引进同度量因素，先计算出总体总量，然后进行对比，即“先综合，后对比”。而平均指数是在个体指数的基础上计算总指数，即“先对比，后平均”。所谓“先对比”，是指先计算个体指数 $k_q=q_1/q_0$ 或 $k_p=p_1/p_0$；所谓“后平均”，则是将个体指数赋予适当的权数 p_0q_0 或 p_1q_1，加以平均得到总指数。

2）运用资料的条件不同

综合指数需要研究总体的全面资料，对起综合作用的同度量因素的资料要求也比较严格，一般应采用与指数化指标有明确经济联系的指标，且应有一一对应的全面资料。而平均指数则既适用于全面的资料，也适用于非全面的资料。例如，根据一部分代表规格品的价格资料，便可用平均指数形式计算总指数。对于起综合作用的权数资料，在正确评价各要素重要性的前提下，对其要求比较灵活，不一定要全面。

3）在经济分析中的作用有区别

综合指数除可表明复杂总体的变动方向和程度外，还可从指数化指标变动的绝对效果上进行因素分析（见本项目任务 3）。平均指数除作为综合指数的变形加以应用外，一般只能通过总指数表明复杂总体的变动方向和程度，而不能用于对现象进行因素分析。

2．联系

平均指数和综合指数都是总指数的一种计算方式，在特定权数条件下，两者之间有变形关系。由于这种关系的存在，当掌握的资料不能直接用综合指数形式计算时，则可用它转换的平均指数形式计算。这种条件下的平均指数和与其对应的综合指数具有完全相同的经济意义和计算结果。

任务 3　利用指数体系进行因素分析

一、认识指数体系

在静态上，某一现象往往可以分解为两个或两个以上影响因素的乘积，这些构成因素一般为数量指标因素和质量指标因素，例如：

总产值＝产品产量×产品价格
总成本＝产量×单位产品成本
商品销售额＝商品销售量×商品销售价格
……

这些经济关系在动态上依然存在，分别构成各自独立的指标体系：

总产值指数＝产品产量指数×产品价格指数
总成本指数＝产量指数×单位产品成本指数
商品销售额指数＝商品销售量指数×商品销售价格指数
……

也就是：

现象总量指标指数＝数量指标指数×质量指标指数

以上由三个或三个以上具有内在联系即经济上有联系、数量上保持一定对等关系的统计指数组成的整体就称为指数体系。一般在算式的左边是待分析的指数，一个算式只有一个；算式的右边是反映各个因素变动的指数，叫作因素指数，这类指数在一个体系中可以是多个。

二、指数因素分析法的步骤

利用指数体系从数量上分析复杂现象总动态中各个因素变动的影响程度和影响绝对效果的方法称为指数因素分析法。指数因素分析法的基本特点是：在一个指数体系中，假定一个因素变动，其余因素不变为前提。如果是三个因素的影响，必须假定其中两个因素不变，只测定另一个因素的影响。依先数量指标后质量指标的排列顺序，应分步进行，每一步只测定一个因素的影响方向和程度。

指数因素分析法的步骤如下所述：

（1）确定分析对象指标和影响因素指标，并列出其关系式。

（2）计算被分析指标的总变动程度和绝对数。

（3）计算各因素变动影响相对程度和影响绝对数。

（4）计算指数体系之间的等量关系进行综合分析。

三、总量指标的因素分析

典型案例 6-6

根据表 6-3 综合指数计算表的资料求得某商场销售甲、乙、丙三种商品各项指标如下：

$$销售总额指数=\frac{\sum p_1q_1}{\sum p_0q_0}=\frac{296\,400}{239\,000}\approx 1.240\ （或\ 124.0\%）$$

$$\sum p_1q_1-\sum p_0q_0=296\,400-239\,000=57\,400\ （元）$$

商品销售量变动及影响程度为

$$\overline{K_q}=\frac{\sum p_0q_1}{\sum p_0q_0}=\frac{275\,100}{239\,000}\approx 1.151\ （或\ 115.1\%）$$

$$\sum p_0q_1-\sum p_0q_0=275\,100-239\,000=36\,100\ （元）$$

商品销售价格变动及影响程度为

$$\overline{K_p}=\frac{\sum p_1q_1}{\sum p_0q_1}=\frac{296\ 400}{275\ 100}\approx 1.077\ （或\ 107.7\%）$$

$$\sum p_1q_1-\sum p_0q_1=296\ 400-275\ 100=21\ 300\ （元）$$

商品销售额及影响因素综合变动关系为

$$\frac{\sum p_1q_1}{\sum p_0q_0}=\frac{\sum p_0q_1}{\sum p_0q_0}\times\frac{\sum p_1q_1}{\sum p_0q_1}$$

$$124.0\%\approx 115.1\%\times 107.7\%$$

$$\sum p_1q_1-\sum p_0q_0=(\sum p_0q_1-\sum p_0q_0)+(\sum p_1q_1-\sum p_0q_1)$$

$$57\ 400\ （元）=36\ 100\ （元）+21\ 300\ （元）$$

以上计算结果表明某商场某年商品销售额报告期比基期增长了 24.0%。这是由商品销售量的变动使商品销售额增长了15.1%和商品销售价格的变动使商品销售额提高 7.7%两个因素共同作用所形成的。同时，由于商品销售量的增长使该商场商品销售额报告期比基期增加的绝对值为 36 100 元，由于销售价格提高使销售额增加了 21 300 元，两个因素共同作用的结果使销售额共增加 57 400 元。

四、平均指标的因素分析

我们在平均数的学习中已知加权算术平均数 $\bar{x}=\frac{\sum xf}{\sum f}=\sum x\times\frac{f}{\sum f}$，由公式可以看出，总体在分组条件下，加权算术平均数的大小，不仅受各变量值 x 的影响，而且还受各变量值的次数在总次数中所占比重 $\frac{f}{\sum f}$ 的影响。在平均指标变动的两个影响因素中，各组水平为质量指标，总体结构（即各组比重）为数量指标。依据综合指数的一般原则，得出进行平均指标指数体系以及影响绝对量的关系式如下：

$$\frac{\dfrac{\sum x_1f_1}{\sum f_1}}{\dfrac{\sum x_0f_0}{\sum f_0}}=\frac{\dfrac{\sum x_1f_1}{\sum f_1}}{\dfrac{\sum x_0f_1}{\sum f_1}}\times\frac{\dfrac{\sum x_0f_1}{\sum f_1}}{\dfrac{\sum x_0f_0}{\sum f_0}}$$

即

可变构成指数＝固定构成指数×结构影响指数

所以

平均指标变动额＝各组水平变动影响额＋结构变动影响额

$$\frac{\sum x_1f_1}{\sum f_1}-\frac{\sum x_0f_0}{\sum f_0}=\left[\frac{\sum x_1f_1}{\sum f_1}-\frac{\sum x_0f_1}{\sum f_1}\right]+\left[\frac{\sum x_0f_1}{\sum f_1}-\frac{\sum x_0f_0}{\sum f_0}\right]$$

典型案例 6-7

某企业工人按岗位分成技术工人和普通工人，其基期和报告期各类工人的平均工资和人数资料见

表 6-6。试分析该企业工人总平均工资的变动及其原因。

表 6-6　某企业平均指标指数计算表

工人按岗位分组	平均工资/元		人数/人		工资总额/元		
	基期 x_0	报告期 x_1	基期 f_0	报告期 f_1	x_0f_0	x_1f_1	x_0f_0
技术工人	1 200	1 200	700	700	840 000	854 000	840 000
普通工人	1 000	900	300	1 300	300 000	1 170 000	1 300 000
合　计	—	—	1 000	2 000	1 140 000	2 024 000	2 140 000

计算分析过程如下：

$$该厂基期工人总平均工资=\frac{\sum x_0 f_0}{\sum f_0}=\frac{1\,140\,000}{1\,000}=1\,140（元）$$

$$该厂报告期工人总平均工资=\frac{\sum x_1 f_1}{\sum f_1}=\frac{2\,024\,000}{2\,000}=1\,012（元）$$

则该厂工人总平均工资变动情况：

$$可变构成指数=\frac{\dfrac{\sum x_1 f_1}{\sum f_1}}{\dfrac{\sum x_0 f_0}{\sum f_0}}=\frac{1\,012}{1\,140}\approx 88.8\%$$

$$工人平均工资的变化=\frac{\sum x_1 f_1}{\sum f_1}-\frac{\sum x_0 f_0}{\sum f_0}=1\,012-1\,140=-128（元）$$

即该厂工人总平均工资报告期比基期下降了 128 元。

其中，技术工人、普通工人组平均工资变动对总平均工资的影响：

$$固定构成指数=\frac{\dfrac{\sum x_1 f_1}{\sum f_1}}{\dfrac{\sum x_0 f_1}{\sum f_1}}=\frac{1012}{1070}\times 100\%\approx 94.6\%$$

$$工人组平均工资变动使总厂总平均工资变化=\frac{\sum x_1 f_1}{\sum f_1}-\frac{\sum x_0 f_1}{\sum f_1}=1\,012-1\,070=-58（元）$$

工人结构变动的影响：

$$结构影响指数=\frac{\dfrac{\sum x_0 f_1}{\sum f_1}}{\dfrac{\sum x_0 f_0}{\sum f_0}}=\frac{1\,070}{1140}\times 100\%\approx 93.9\%$$

工人结构变动使总厂总平均工资变动的增（减）额：

$$\frac{\sum x_0 f_1}{\sum f_1}-\frac{\sum x_0 f_0}{\sum f_0}=1\,070-1\,140=-70（元）$$

两因素综合影响：$88.8\%\approx 94.6\%\times 93.9\%-128（元）=-58（元）+[-70（元）]$

从计算结果可知，由于两岗位工人工资平均下降 5.4%，使总厂工人总平均工资降低 58 元；又由于工人结构变动使总厂工人总平均工资下降 6.1%，降低额为 70 元，两者综合使得总厂工人平均工资下降 11.2%，绝对下降 128 元。

从上例可以看出，对社会经济现象数量变动规律进行分析研究时，常常需要对平均数的变动进行对比分析，将两个不同时期、同一经济内容的平均数的值对比，说明同类现象在两个不同时期平均水平的动态变化，这样编制的指数称为平均指标指数。需要注意的是，平均指数和平均指标指数是两个不同类型的指数，不要混淆。

任务4 认识几种常见的统计指数

一、居民消费价格指数（CPI）

1. 关于CPI包含的内容

消费者价格指数（Consumer Price Index， CPI）在我国通常被称为“居民消费价格指数”。CPI 的定义决定了其所包含的统计内容，那就是居民日常消费的全部商品和服务项目。日常生活中，我国城乡居民消费的商品和服务项目种类繁多，小到针头线脑，大到彩电汽车，有数百万种之多，由于人力和财力的限制，不可能也没有必要采用普查方式调查全部商品和服务项目的价格，世界各国都采用抽样调查方法进行调查。具体做法就是抽选一组一定时期内居民经常消费的、对居民生活影响相对较大的、有代表性的商品和服务项目，通过调查其价格来计算价格指数，这样既节约了人力，也节省了经费，价格指数也能够基本反映居民消费价格的总体变化情况，一举多得。

目前，我国用于计算 CPI 的商品和服务项目，由国家统计局和地方统计部门分级确定。国家统计局根据全国 12 万户城乡居民家庭消费支出的抽样调查资料统一确定商品和服务项目的类别，设置食品、烟酒及用品、衣着、家庭设备用品及服务、医疗保健及个人用品、交通和通信、娱乐教育文化用品及服务、居住等八大类 262 个基本分类，涵盖了城乡居民的全部消费内容。

2. 关于价格调查地点的选择

当前，食杂店、百货店、超市、便利店、专业市场、专卖店、购物中心等商业业态众多，农贸市场遍布城乡，在方便人民群众生活的同时，价格调查工作的难度也大幅度增加。与不可能调查居民消费的全部商品和服务项目一样，也无必要在每一个销售场所和销售地点都开展价格调查，选取一部分有代表性的商业业态、农贸市场以及服务类单位实施抽样调查是最好的选择。

目前，计算我国 CPI 的价格资料来源于 31 个省（区、市）共 500 个调查市县的 5 万个商业业态、农贸市场，以及医院、电影院等提供服务消费的单位，我们统称为价格调查点。这些调查点主要是依据经济普查获得的企业名录库以及有关部门的行政记录资料，以零售额或经营规模为标志，从高到低排队随机等距抽选出来的，同时按照各种商业业态兼顾，大小兼顾以及区域分布合理的原则进行适当调整。

3. 关于价格的采集方法

1984 年，国家统计局在各地成立了直属调查队，自此一直采用派人直接调查方式收集原始价格资料，目前分布在 31 个省（区、市）500 个调查市县的价格调查员有 4 000 人左右。

为保证源头数据的真实性和可比性，调查员必须要按照统一规范的“三定原则”即“定人、定点、定时”开展价格调查工作。“定人”是指同一个调查员一定时期内固定调查相同的商品项目，目的是让调查员更加专业、更加全面地熟悉和了解这些商品的特征及其属性，避免因不熟悉商品而误将两种不同的商品视为同一种商品的情况发生；“定点”是指固定调查员采集价格的地方（调查点），目的是让调查员熟悉和了解价格调查点的基本情况，便于向销售人员或其他有关人员咨询有效的价格交易信息，准确采集不同采价日同一种商品同一地点的可比价格；“定时”是指固定调查员调查价格的具体时间，保证价格同“时”可比，比如调查农贸市场的蔬菜价格，上一次的调查时间是上午9时，下一次的调查时间也必须是上午9时，若改为12时或下午其他时间，这两次的价格就不可比，调查采集的价格就不能用于计算价格指数。

统计信息化是提高统计数据质量的关键。从2010年年初开始，国家统计局已经在全国50个城市启动了全新的数据采集管理系统，为这些城市的调查员配备了CPI手持数据采集器，配备这一设备的调查员只要将现场采集到的价格信息输入其中，就能立即传送到国家统计局。这套系统还具有调查员定时定位、数据修改痕迹记忆等诸多功能，为确保源头数据的真实性提供了强有力的技术支撑。

4．关于权数资料来源

收集齐价格资料以后，就可以计算单个商品或服务项目以及262个基本分类的价格指数，但还不能计算类别价格指数，还需要各类别相应的权数。在统计中，用来衡量个体对总体作用大小的数值叫作权数。权数一般用百分数（%）或千分数（‰）来表示，又称比重。CPI中的权数，是指每一类别商品或服务项目的消费支出在居民全部商品和服务项目总消费支出中所占的比重。我国CPI中的权数，主要是根据全国12万户城乡居民家庭各类商品和服务项目的消费支出详细比重确定的。这些资料可以在国家统计局公开编辑出版的有关年鉴中查到。现行制度规定，CPI中的权数每五年调整一次。但同时也考虑到，随着我国国民经济的持续快速发展，城乡居民生活水平不断提高的同时，消费结构也在发生变化，加之统计部门每年都有城乡居民消费支出抽样调查资料，因此每年还要根据全国12万户城乡居民家庭消费支出的变动及相关资料对权数进行一次相应的调整。

5．关于CPI的汇总计算方法

有了权数资料和基本分类价格指数，就可以计算类别价格指数以及CPI。CPI的汇总计算方法相对复杂一些，有较强的专业性。我国采用的汇总计算方法与其他国家基本是一样的，主要区别在于世界上大多数国家仅仅汇总计算国家一级的CPI，计算分州、分城市等分区域CPI的国家不多；我国的情况相对特殊一些，既有分省的CPI，部分市县也计算CPI。基本汇总计算过程如下所述：

（1）市县统计部门根据国家统计局制定的《流通和消费价格统计调查制度》，按照统一的统计标准、统计口径和计算方法要求，结合当地居民消费的实际情况计算本市县的CPI。

（2）国家统计局各调查总队对辖区内市县统计部门计算的CPI数据进行审核确认后，按人口和消费水平加权汇总计算本省（区、市）的CPI。

（3）国家统计局对各省（区、市）计算的CPI数据进行审核确认后，按人口和消费水平加权汇总计算全国的CPI。

典型案例 6-8

2015 年 1 月份，全国居民消费价格总水平同比上涨 0.8%。其中，城市上涨 0.8%，农村上涨 0.6%；食品价格上涨 1.1%，非食品价格上涨 0.6%；消费品价格上涨 0.5%，服务价格上涨 1.3%。

1 月份，全国居民消费价格总水平环比上涨 0.3%。其中，城市上涨 0.3%，农村上涨 0.2%；食品价格上涨 0.7%，非食品价格持平（涨跌幅度为 0，下同）；消费品价格上涨 0.2%，服务价格上涨 0.3%。

1. 各类商品及服务价格同比变动情况

1 月份，食品价格同比上涨 1.1%，影响居民消费价格总水平上涨约 0.37 个百分点。其中，蛋价上涨 8.3%，影响居民消费价格总水平上涨约 0.07 个百分点；鲜果价格上涨 3.3%，影响居民消费价格总水平上涨约 0.08 个百分点；粮食价格上涨 2.9%，影响居民消费价格总水平上涨约 0.09 个百分点；水产品价格上涨 0.4%，影响居民消费价格总水平上涨约 0.01 个百分点；肉禽及其制品价格下降 0.8%，影响居民消费价格总水平下降约 0.06 个百分点（猪肉价格下降 5.3%，影响居民消费价格总水平下降约 0.17 个百分点）；鲜菜价格下降 0.6%，影响居民消费价格总水平下降约 0.02 个百分点。

1 月份，非食品价格同比上涨 0.6%。其中，衣着、医疗保健和个人用品、家庭设备用品及维修服务、居住、娱乐教育文化用品及服务价格分别上涨 2.9%、1.6%、0.9%、0.8%和 0.3%；交通和通信、烟酒及用品价格分别下降 2.2%和 0.4%。

据测算，在 1 月份 0.8%的居民消费价格总水平同比涨幅中，去年价格上涨的翘尾因素约为 0.5 个百分点，新涨价因素约为 0.3 个百分点。

2. 各类商品及服务价格环比变动情况

1 月份，食品价格环比上涨 0.7%。其中，鲜菜价格上涨 4.0%，影响居民消费价格总水平上涨约 0.13 个百分点；鲜果价格上涨 3.9%，影响居民消费价格总水平上涨约 0.09 个百分点；水产品价格上涨 2.2%，影响居民消费价格总水平上涨约 0.06 个百分点；猪肉价格下降 1.4%，影响居民消费价格总水平下降约 0.04 个百分点；蛋价格下降 3.4%，影响居民消费价格总水平下降约 0.03 个百分点。

1 月份，非食品价格环比持平。其中，医疗保健和个人用品、娱乐教育文化用品及服务、家庭设备用品及维修服务价格分别上涨 0.4%、0.4%和 0.2%；烟酒及用品、居住价格持平；交通和通信、衣着价格分别下降 0.4%和 0.3%。

附注

1. 指标解释

CPI 是度量居民生活消费品和服务价格水平随着时间变动的相对数，综合反映居民购买的生活消费品和服务价格水平的变动情况。

2. 统计范围

CPI 涵盖全国城乡居民生活消费的食品、烟酒及用品、衣着、家庭设备用品及维修服务、医疗保健和个人用品、交通和通信、娱乐教育文化用品及服务、居住等八大类、262 个基本分类的商品与服务价格。

3. 调查方法

采用抽样调查方法抽选确定调查网点，按照“定人、定点、定时”的原则，直接派人到调查网点采集原始价格。数据来源于全国 31 个省（区、市）500 个市县、6.3 余万家价格调查点，包括食杂店、百货店、超市、便利店、专业市场、专卖店、购物中心以及农贸市场与服务消费单位等。

（资料来源：http://www.stats.gov.cn/tjsj/zxfb/201502/t20150210_681417.html. 有删改.）

知识链接

“翘尾因素”或“翘尾影响”

目前，在有关CPI的分析文章和新闻稿件中，经常会出现“翘尾因素”或“翘尾影响”一词。那么，什么是“翘尾因素”或“翘尾影响”呢？“翘尾因素”或“翘尾影响”是指上年价格上涨（下降）对本年同比价格指数的滞后（延伸）影响，也就是在计算同比价格指数过程中，上年商品价格上涨（下降）对下一年价格指数的影响。

一般来说，上年价格上涨（下降）的时间早，则对下年指数的翘尾影响小；而上年价格上涨（下降）的时间晚，则对下年指数的翘尾影响大。上年调价幅度越大，时间越晚，翘尾影响就会越加明显。因此，在CPI的分析预测中，“翘尾因素”是一个不可忽视的问题。例如，某一商品2006年前6个月价格均为每千克1元，7月份上涨到2元，然后一直到2007年12月份都保持在2元。那么，虽然2007年全年价格保持稳定，但如计算2007年前6个月与2006年前6个月同比价格指数则为200%，表明价格上涨一倍，这就是2006年7月份价格上涨对下一年前6个月价格指数的滞后影响，简称“翘尾因素”。

（资料来源：http://www.stats.gov.cn/ztjc/tjzs/zjcpi/201106/t20110610_71463.html.）

二、工业品出厂价格指数（PPI）

工业品出厂价格指数（Producer Price Index，PPI）是反映全部工业产品出厂价格总水平的变动趋势和程度的相对数，包括工业企业售给本企业以外所有单位的各种产品和直接售给居民用于生活消费的产品。通过工业品出厂价格指数能观察出厂价格变动对工业总产值的影响。

工业生产企业将产品销售给商业部门、物资供应部门和其他使用单位的价格，即工业产品进入流通领域的最初价格是商业、物资部门制订批发价格、零售价格和物资供应价格的基础。

工业品出厂价格由生产成本、利润和税金三部分构成。在中国，出厂价格是计划价格的重要组成部分，是以价值为基础，根据价格政策的要求，全面考虑产品的比价关系、供求情况、国家的积累、人民的消费水平等因素制定的。

中国的工业品出厂价格有多种价格形式，主要有国家统一规定的出厂价格、幅度浮动价格、工业内部结算价格、支援农业的优待价格、工业自销价格、协作价格（包括工艺协作价格）及新产品试销价格等。合理制订工业品出厂价格，有利于促进生产发展，推动企业改善经营管理，提高产品质量，增加品种，降低产品成本和流通费用，提高经济效益。

三、采购经理人指数（PMI）

采购经理人指数（Purchasing Managers Index，PMI）是一套月度发布的综合性的经济先行指标体系，分为制造业PMI、服务业PMI，目前也有一些国家建立了建筑业PMI。制造业PMI最早起源于美国20世纪30年代，经过几十年的发展，该体系现包含新订单、产量、雇员、供应商配送、库存、价格、积压订单、新出口订单、进口等商业活动指标。以上各项指标指数基于对样本企业采购经理的月度问卷调查所得数据合成得出，再对生产、新订单、雇员、供应商配送与库存五项类指标加权计算得到制造业PMI综合指数。服务业PMI指标体系则包括商业活动、投入品价格指数、费用水平、雇员、未来商业活动预期等指数，但因其建立时间不长，尚未形成综合指数。

2005 年 4 月底，我国在北京和香港发布了“中国采购经理人指数”。这是中国首次发布这一经济指数。随着我国逐步成为全球制造业大国，全球供应商到我国采购成品成为需要重点关注的环节。如果我国只是制造而不去关注采购物流领域，这中间巨大的利润空间就会被挤占。建立“中国采购经理人指数”，充分说明中国已经从制造环节脱身，开始注重物流与采购问题。

中国采购经理人指数由国家统计局和中国物流与采购联合会共同合作完成，是快速、及时反映市场动态的先行指标，它包括制造业采购经理指数和非制造业采购经理指数，与 GDP 一同构成我国宏观经济的指标体系。目前，采购经理指数调查已被列入国家统计局的正式调查制度。从 2005 年 6 月开始，制造业采购经理指数将按月发布，并按国际通行做法，特约业内权威人士结合 PMI 调查数据进行宏观分析，使分析的结果更加具有前瞻性和权威性。

中国制造业采购经理指数体系共包括 11 个指数：新订单、生产、就业、供应商配送、存货、新出口订单、采购、产成品库存、购进价格、进口、积压订单。PMI 是一个综合指数，计算方法全球统一。如制造业 PMI 指数在 50%以上，反映制造业经济总体扩张；低于 50%，则通常反映制造业经济总体衰退。

四、企业景气指数和企业家信心指数

企业景气指数和企业家信心指数均来源于国家统计局开展的企业景气调查。

企业景气调查是一项制度性季度调查。调查范围包括工业、建筑业、交通运输、仓储和邮政业、批发和零售业、房地产业、社会服务业、信息传输计算机服务和软件业、住宿和餐饮业。调查以重点调查和抽样调查相结合的方法，选取了不同行业、不同规模、不同注册类型的样本企业近 2 万家。调查对象为法人企业以及依照法人单位进行统计的产业活动单位负责人。

企业景气调查采用问卷调查方式，通过对企业家关于当前宏观经济环境和微观经营状况的判断结果进行量化加工整理得到景气指数，用以综合反映宏观经济发展状况和企业生产经营景气状况以及未来发展变化的趋势。

企业家信心指数综合反映企业家对宏观经济的看法和信心，企业景气指数综合反映企业生产经营景气状况。

景气指数的取值范围在 0～200，以 100 为临界值，指数在 100 以上，反映景气状况趋于上升或改善；低于 100，反映景气状况趋于下降或衰退；等于 100，反映景气状况变化不大。

企业景气指数和企业家信心指数的优点是行业覆盖面较广、综合性较强；缺点是不如 PMI 灵敏，因为 PMI 只反映制造业当月变化，而企业景气指数和企业家信心指数反映的是各大行业在 3 个月内的平均变化。

五、消费者信心指数（CCI）

20 世纪 40 年代，美国密西根大学的调查研究中心为了研究消费需求对经济周期的影响，率先编制了消费者信心指数（Consumer Confidence Index，CCI），随后欧洲一些国家也先后开始建立和编制消费者信心指数。1997 年 12 月，国家统计局经济景气监测中心开始编制中国消费者信心指数。

消费者信心指数是反映消费者信心强弱的指标，是综合反映并量化消费者对当前经济形势评价和对经济前景、收入水平、收入预期以及消费心理状态的主观感受，预测经济走势和消费趋向的一个先行指标，是监测经济周期变化不可缺少的依据。

消费者信心指数由消费者满意指数和消费者预期指数构成。消费者满意指数是指消费者对当前经济生活的评价，消费者预期指数是指消费者对未来经济生活发生变化的预期。消费者的满意指数和消费者预期指数分别由一些二级指标构成：对收入、生活质量、宏观经济、消费支出、就业状况、购买耐用消费品和储蓄的满意程度与未来一年的预期，以及未来两年在购买住房及装修、购买汽车和未来 6 个月股市变化的预期。

六、股价指数

股价指数是由证券交易所或金融服务机构编制的表明股票行市变动的一种供参考的指示数字。由于股票价格起伏无常，投资者必然面临市场价格风险。对于具体某一种股票的价格变化，投资者容易了解；而对于多种股票的价格变化，投资者要逐一了解，既不容易，也不胜其烦。为了适应这种情况，一些金融服务机构就利用自己的业务知识和熟悉市场的优势，编制出股票价格指数，公开发布，作为市场价格变动的指标。

编制股票指数，通常以某年某月为基础，以这个基期的股票价格作为 100，用以后各时期的股票价格和基期价格比较，计算出升降的百分比，就是该时期的股票指数。具体地说，就是以某一个基期的总价格水平为 100，用各个时期的股票总价格水平相比得出的一个相对数，就是各个时期的股票价格指数，股票价格指数一般是用百分比表示的，简称“点”。

1. 上海证券交易所股价指数

上海证券交易所股价指数主要有上证综合指数和上证 30 指数。

（1）上证综合指数是以 1990 年 12 月 19 日为基日（该日为上证所正式营业之日），基日定为 100，以所有在上海证券交易所上市的股票为编制范围，采用以股票发行量为权数的综合股价指数。其计算公式为

$$\text{上证综合指数}=\frac{\text{报告期市价总值}}{\text{基日市价总值}}\times 100\% \tag{6.9}$$

式中：市价总值——股票市价乘发行股数；

基日市价总值也称为除数。

（2）上证 30 指数是以在上海证券交易所上市的 A 股中选取最具市场代表性的 30 种样本为计算对象，并以这 30 家流通股数为权数的加权综合股价指数，取 1996 年 1～3 月的平均流通市值为指数的基期，指数以“点”为单位，基期指数定为 1 000 点。

2. 深圳证券交易所股价指数

深圳证券交易所股价指数有深证综合指数和深证成分股指数。

（1）深证综合指数是以在深圳证券交易所上市的所有股票为对象编制的指数，1991 年 4 月 3 日为指数的基日，1991 年 4 月 4 日公布。深证综合指数是以发行量为权数，纳入指数计算范围的股票称为指数股。其计算公式为

$$\text{深证综合指数}=\frac{\text{现时指数股总市值}}{\text{基日指数股总市值}}\times 100\% \tag{6.10}$$

（2）深证成分股指数是以 1994 年 7 月 20 日为基日，基日指数定为 1 000，于 1995 年 1 月 23 日开始发布。深证成分股指数采用流通量为权数，计算公式同深证综合指数。深证成分

股指数是从上市公司中挑选 40 家具有代表性的成分股计算，成分股选择的一般原则是：有一定上市交易日期；有一定上市规模；交易活跃。此外，还应结合考虑公司股份的市盈率，公司的行业代表性，地区、板块代表性，公司的财务状况、管理素质等。

任务 5　用 Excel 计算指数并进行因素分析

虽然在 Excel 中没有为统计指数和指数因素分析专门设置统计函数和数据分析工具，但是我们可以运用一般的公式和函数，简化统计指数的计算，以提高运算效率。

一、计算综合指数并进行因素分析

典型案例 6-9

某工业企业生产甲、乙、丙三种产品的产量和出厂价格资料见表 6-7。计算产量综合指数和价格综合指数。分析在增加的总产值中由于产量变动而影响的总产值及由于价格变动而影响的总产值各是多少。

表 6-7　某工业企业三种产品的产量和出厂价格资料

产品名称	出厂价格/（元/件）		产量/件	
	基期 p_0	报告期 p_1	基期 q_0	报告期 q_1
甲	10.0	10.5	8 000	8 800
乙	8.0	9.0	2 000	2 500
丙	6.0	6.5	10 000	10 500
合　计	—	—	—	—

操作步骤：启动 Excel 2003，新建一个工作簿 Book1。

第一步，将已知原始数据资料输入工作簿，如图 6.1 所示。

	A	B	C	D	E	F	G	H
1	产品名称	出厂价格（元/件）		产量（件）		总产值（元）		
2		基期p_0	报告期p_1	基期q_0	报告期q_1	p_0q_0	p_1q_1	p_0q_1
3	甲	10	10.5	8000	8800			
4	乙	8	9	2000	2500			
5	丙	6	6.5	10000	10500			
6	合计	—	—	—	—			

图 6.1　原始数据输入

第二步，计算各个 pq。在 F3 中输入“=B3*D3”↙，即可得到第一组的数值。其他组利用“填充”功能，按住鼠标拖至 F5 单元格后放开鼠标，即可得到 F4:F5 单元格的数值；计算各个 p_1q_1。在 G3 中输入“=C3*E3”，计算各个 p_0q_1。在 H3 中输入 “=B3*E3”，重复前面方法。如图 6.2 所示。

	A	B	C	D	E	F	G	H
1	产品名称	出厂价格（元/件）		产量（件）		总产值（元）		
2		基期p_0	报告期p_1	基期q_0	报告期q_1	p_0q_0	p_1q_1	p_0q_1
3	甲	10	10.5	8000	8800	80000	92400	88000
4	乙	8	9	2000	2500	16000	22500	20000
5	丙	6	6.5	10000	10500	60000	68250	63000
6	合计	—	—	—	—			

图 6.2　计算各产品总产值指标

第三步，计算 $\sum p_0q_0$、$\sum p_1q_1$ 和 $\sum p_0q_1$。选定 F3:F5 区域，单击工具栏上的求和按钮，在 F6 中出现该列的求和值 Σp_0q_0，按此方法再求出 Σp_1q_1 和 Σp_0q_1 的值，如图 6.3 所示。

	A	B	C	D	E	F	G	H
1	产品名称	出厂价格（元/件）		产量（件）		总产值（元）		
2		基期p_0	报告期p_1	基期q_0	报告期q_1	p_0q_0	p_1q_1	p_0q_1
3	甲	10	10.5	8000	8800	80000	92400	88000
4	乙	8	9	2000	2500	16000	22500	20000
5	丙	6	6.5	10000	10500	60000	68250	63000
6	合计	—	—	—	—	156000	183150	171000

图 6.3　计算企业总产值指标

第四步，计算产量综合指数 $\overline{K_q}=\sum p_0q_1/\sum p_0q_0$。先在 A12:C12 中输入“产量综合指数 $\overline{K_q}=\sum p_0q_1/\sum p_0q_0$”（该操作下面都省略了操作解释，照图示输入即可），在 D12 中输入“=H6/F6”，即可得到产量综合指数；计算价格综合指数 $\overline{K_p}=\sum p_1q_1/\sum p_0q_1$。在 D15 中输入 “=G6/H6”，即可得到价格综合指数，如图 6.4 所示。

第五步，绝对值的分析：在 K9 中输入“=G6−F6”，即得三种产品总产值共增加的值 $\sum p_1q_1-\sum p_0q_0$，由于产量变动而影响的总产值 $\sum p_0q_1-\sum p_0q_0$；在 L12 中输入 “=H6−F6” 便可得到由于产量变动而影响的总产值的数值（$\sum p_1q_1-\sum p_0q_1$）；在 L15 中输入 “=G6−H6” 便可得到价格影响的数值。相对值的分析：在 D9 中输入 “=G6/F6” 便可得总产值指数。图 6.5 所示的就是总产值的绝对值与相对值的因素分析。

Microsoft Excel - sheet1.xls

产品名称	出厂价格（元/件）		产量（件）		总产值（元）		
	基期p_0	报告期p_1	基期q_0	报告期q_1	p_0q_0	p_1q_1	p_0q_1
甲	10	10.5	8000	8800	80000	92400	88000
乙	8	9	2000	2500	16000	22500	20000
丙	6	6.5	10000	10500	60000	68250	63000
合计	—	—	—	—	156000	183150	171000

产量综合指数 $\overline{K_q}=\dfrac{\sum p_0q_1}{\sum p_0q_0}=$ 1.096154（或109.61%）

价格综合指数 $\overline{K_p}=\dfrac{\sum p_1q_1}{\sum p_0q_1}=$ 1.071053（或107.11%）

图 6.4　计算综合指数的结果

Microsoft Excel - sheet1.xls

产品名称	出厂价格（元/件）		产量（件）		总产值（元）		
	基期p_0	报告期p_1	基期q_0	报告期q_1	p_0q_0	p_1q_1	p_0q_1
甲	10	10.5	8000	8800	80000	92400	88000
乙	8	9	2000	2500	16000	22500	20000
丙	6	6.5	10000	10500	60000	68250	63000
合计	—	—	—	—	156000	183150	171000

总产值指数 $=\dfrac{\sum p_1q_1}{\sum p_0q_0}=$ 1.174038（或117.4%）　　三种产品总产值增加$=\sum p_1q_1-\sum p_0q_0=$ 27150

产量综合指数 $\overline{K_q}=\dfrac{\sum p_0q_1}{\sum p_0q_0}=$ 1.096154（或109.61%）　　由于产量变化影响的总产值$=\sum p_0q_1-\sum p_0q_0=$ 15000

价格综合指数 $\overline{K_p}=\dfrac{\sum p_1q_1}{\sum p_0q_1}=$ 1.071053（或107.11%）　　由于价格变化影响的总产值$=\sum p_1q_1-\sum p_0q_1=$ 12150

图 6.5　总产值的绝对值与相对值的因素分析

二、计算平均指数并进行因素分析

典型案例 6-10

仍用典型案例 6-9 中的资料，这时的已知条件发生了变化，见表 6-8。计算产量个体指数和产量平均指数，并分析由于产量提高而增加的总产值有多少。

表 6-8　某工业企业三种产品的产量和基期总产值资料

产 品 名 称	产量/件		基期总产值/元
	基期 q_0	报告期 q_1	p_0q_0
甲	8 000	8 800	80 000
乙	2 000	2 500	16 000

续表

产 品 名 称	产量/件		基期总产值/元
	基期 q_0	报告期 q_1	p_0q_0
丙	10 000	10 500	60 000
合计	—	—	156 000

操作步骤：启动 Excel 2003，新建一个工作簿 Book1。

第一步，将已知原始数据资料输入工作簿，如图 6.6 所示。

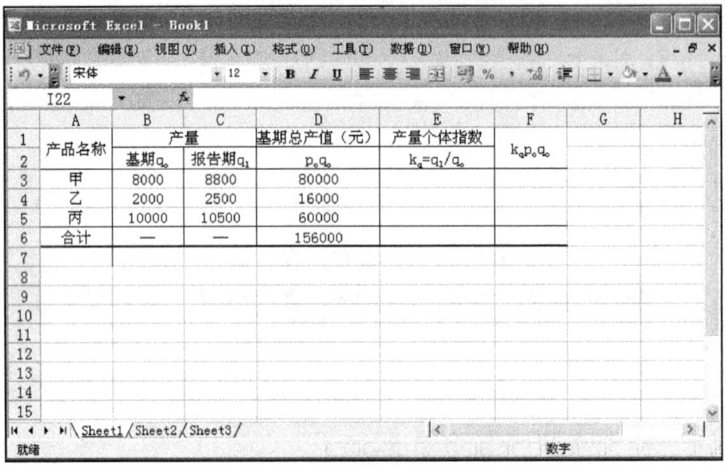

	A	B	C	D	E	F
1	产品名称	产量		基期总产值（元）	产量个体指数	$k_qp_0q_0$
2		基期q_0	报告期q_1	p_0q_0	$k_q=q_1/q_0$	
3	甲	8000	8800	80000		
4	乙	2000	2500	16000		
5	丙	10000	10500	60000		
6	合计	—	—	156000		

图 6.6　原始数据输入

第二步，计算产量个体指数 $K_q=q_1/q_0$。在 E3 中输入“=C3/B3”↙，即可得到第一组的数值。其他组利用“填充”功能，按住鼠标拖至 E5 单元格后放开鼠标，即可得到 E4:E5 单元格的数值，如图 6.7 所示。

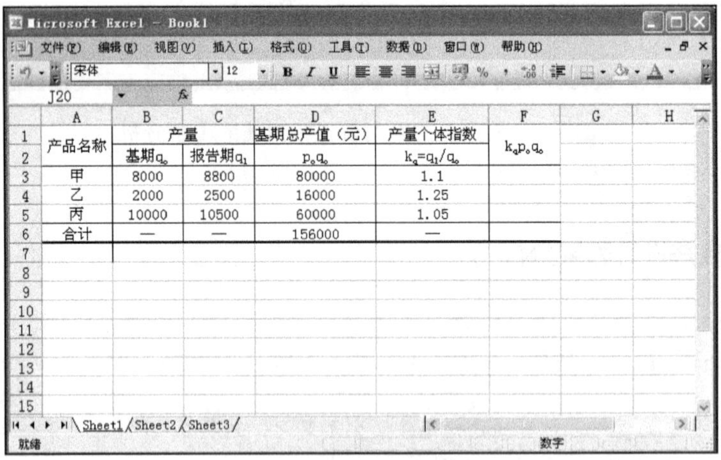

	A	B	C	D	E	F
1	产品名称	产量		基期总产值（元）	产量个体指数	$k_qp_0q_0$
2		基期q_0	报告期q_1	p_0q_0	$k_q=q_1/q_0$	
3	甲	8000	8800	80000	1.1	
4	乙	2000	2500	16000	1.25	
5	丙	10000	10500	60000	1.05	
6	合计	—	—	156000	—	

图 6.7　计算产量个体指数

第三步，计算 $K_qp_0q_0$ 和 $\Sigma K_qp_0q_0$。在 F3 中输入“=E3*D3”↙，重复前面方法。选定 F3:F5 区域，单击工具栏上的求和按钮，在 F6 列出现该列的求和值，如图 6.8 所示。

第四步，计算生产量平均指数。在 E10 中输入“=F6/D6”↙，即得到所求的值，如图 6.9 所示。

第五步，分析由于产量提高而增加的总产值（$\sum K_qp_0q_0-\sum p_0q_0$）。在 F14 中输入“=F6−D6”，即得由于产量提高而增加的总产值是 15 000 元，如图 6.10 所示。

Microsoft Excel - Book1

文件(F) 编辑(E) 视图(V) 插入(I) 格式(O) 工具(T) 数据(D) 窗口(W) 帮助(H)

Σ · 宋体 · 12 · B I U %

L22 fx

	A	B	C	D	E	F	G
1	产品名称	产量		基期总产值（元）	产量个体指数	$k_q p_0 q_0$	
2		基期q_0	报告期q_1	$p_0 q_0$	$k_q=q_1/q_0$		
3	甲	8000	8800	80000	1.1	88000	
4	乙	2000	2500	16000	1.25	20000	
5	丙	10000	10500	60000	1.05	63000	
6	合计	—	—	156000	—	171000	
7							
8							
9							
10							
11							
12							
13							
14							
15							

Sheet1 / Sheet2 / Sheet3 /

就绪 数字

图 6.8　计算 $K_q p_0 q_0$ 和 $\sum K_q p_0 q_0$

Microsoft Excel - Book1

文件(F) 编辑(E) 视图(V) 插入(I) 格式(O) 工具(T) 数据(D) 窗口(W) 帮助(H)

Σ · 宋体 · 12 · B I U %

I19 fx

	A	B	C	D	E	F	G
1	产品名称	产量		基期总产值（元）	产量个体指数	$k_q p_0 q_0$	
2		基期q_0	报告期q_1	$p_0 q_0$	$k_q=q_1/q_0$		
3	甲	8000	8800	80000	1.1	88000	
4	乙	2000	2500	16000	1.25	20000	
5	丙	10000	10500	60000	1.05	63000	
6	合计	—	—	156000	—	171000	
7							
8							
9							
10	产量平均指数 $\overline{K_q}=\frac{\sum k_q p_0 q_0}{\sum p_0 q_0}=$			1.096153846	（或109.62%）		
11							
12							
13							
14							
15							

Sheet1 / Sheet2 / Sheet3 /

就绪 数字

图 6.9　计算平均指数的结果

Microsoft Excel - Book1

文件(F) 编辑(E) 视图(V) 插入(I) 格式(O) 工具(T) 数据(D) 窗口(W) 帮助(H)

Σ · 宋体 · 12 · B I U %

O28 fx

	A	B	C	D	E	F	G
1	产品名称	产量		基期总产值（元）	产量个体指数	$k_q p_0 q_0$	
2		基期q_0	报告期q_1	$p_0 q_0$	$k_q=q_1/q_0$		
3	甲	8000	8800	80000	1.1	88000	
4	乙	2000	2500	16000	1.25	20000	
5	丙	10000	10500	60000	1.05	63000	
6	合计	—	—	156000	—	171000	
7							
8							
9							
10	产量平均指数 $\overline{K_q}=\frac{\sum k_q p_0 q_0}{\sum p_0 q_0}=$			1.096153846	（或109.62%）		
11							
12							
13							
14	由于产量提高而增加的总产值 $\sum k_q p_0 q_0-\sum p_0 q_0=$				15000	（元）	
15							

Sheet1 / Sheet2 / Sheet3 /

就绪 数字

图 6.10　指数的因素分析

任务6 统计技能实践

一、基本技能概述

1．指数分析技能

（1）区分指数种类的技能：能区分个体指数和总指数；区分数量指标指数和质量指标指数；区分动态指数和静态指数。

（2）编制综合指数技能：理解综合指数，并能编制数量指标指数和质量指标指数。

（3）编制平均指数技能：理解平均指数，并能编制加权算术平均指数、加权调和平均指数。

（4）掌握因素分析的方法：能进行总量指标和平均指标的因素分析。

（5）理解常用的几种统计指数：能够理解居民消费价格指数、工业品出厂价格指数、采购经理人指数、企业景气和企业家信心指数、消费者信心指数和股价指数。并能根据这些指数的具体数值，对现象的发展状况做出恰当的描述或结论。

2．Excel 的基本操作

（1）用 Excel 计算综合指数并进行因素分析。

（2）用 Excel 计算平均指数并进行因素分析。

二、技能实训材料

1．指数分析技能

1）实训 1

（1）实训材料：某市几种主要副食品价格和销售量的资料见表 6-9。

表 6-9 某市几种主要副食品价格和销售量的资料

商品种类	基期		计算期	
	零售价格/（元/千克）	销售量/万吨	零售价/（元/千克）	销售量/万吨
蔬菜	2.1	5.00	2.3	5.20
猪肉	17.0	4.46	17.8	5.52
鲜蛋	9.0	1.20	9.2	1.15
水产品	16.5	1.15	18.0	1.30

注：1 吨＝1 000 千克。

（2）实训要求：

① 计算各商品零售物价的个体指数和销售量的个体指数。

② 计算四种商品销售量总指数，并计算全部商品销售量变动使居民增加支出的金额。

③ 计算四种商品物价总指数，并计算全部商品价格变动使居民增加支出的金额。

2）实训 2

（1）实训材料：某商业部门商品价格和销售量资料见表 6-10。

表 6-10　某商业部门商品价格和销售量资料

商品名称	计量单位	商品价格/元		商品销售量	
		基期	报告期	基期	报告期
手套	双	22.0	19.8	120	120
玩具	个	11.0	11.0	220	240
日记本	本	4.0	3.8	110	132

（2）实训要求：

① 计算三种商品的销售额总指数。

② 计算三种商品物价总指数。

③ 计算三种商品销售量总指数。

④ 分析三种指数间的经济联系（从绝对数和相对数两方面进行分析）。

3）实训 3

（1）实训材料：某企业三种产品产值和产量动态的资料见表 6-11。

表 6-11　某企业三种产品产值和产量资料

产品	实际产值/万元		2006 年比 2000 年产量增长
	2000 年	2006 年	
甲	200	240	25%
乙	450	485	10%
丙	350	480	40%

（2）实训要求：计算三种产品产量总指数。

4）实训 4

（1）实训材料：某集团公司销售的三种商品的销售额及价格提高幅度资料见表 6-12。

表 6-12　某集团公司三种商品的销售资料

商品种类	计算单位	商品销售额/万元		价格提高
		基期	报告期	
甲	条	10	11	2%
乙	件	15	13	5%
丙	块	20	22	0%

用 Excel 验证计算结果。

（2）实训要求：试求三种商品价格总指数和销售额总指数。

5）实训 5

（1）实训材料：某银行的专业技术人员数和平均工资资料见表 6-13。

表 6-13　某银行的专业技术人员数和平均工资资料

按职称分组	平均工资/元		专业技术人员数/人	
	基期	报告期	基期	报告期
初级	900	950	150	154
中级	960	1 020	240	301
高级	1 020	1 060	210	245

（2）实训要求：试利用因素分析法对该行专业技术人员的总平均工资变动进行分析，并试用 Excel 完成上述操作。

6）实训 6

（1）实训材料：收集最近的居民消费价格指数和 5 年前的居民消费价格指数。

（2）实训要求：比较最近的居民消费价格指数和 5 年前的居民消费价格指数，评价一下这一指数是否合理地反映了物价的变动。

2．Excel 的基本操作

1）实训 1

（1）实训材料：见表 6-10 资料。

（2）实训要求：用 Excel 计算综合指数并进行因素分析。

2）实训 2

（1）实训材料：见表 6-13 资料。

（2）实训要求：试用 Excel 利用因素分析法对该行专业技术人员的总平均工资变动进行分析。

3）实训 3

（1）实训材料：收集近一个月有关上证综合指数、上证 30 指数、深证综合指数、深证成分股指数的相关数据。

（2）实训要求：根据收集的数据，以日为单位，绘制折线图，并分析其走势情况。

业务训练题

一、单项选择题

1. 广义上的指数是指（　　）。
   A．反映价格变动的相对数　　B．反映物量变动的相对数
   C．反映动态的各种相对数　　D．各种相对数
2. 狭义上的指数是指（　　）。
   A．反映价格变动的相对数　　B．反映动态的各种相对数
   C．个体指数　　D．总指数
3. 反映个别事物动态变化的相对指标叫作（　　）。
   A．总指数　　B．综合指数　　C．定基指数　　D．个体指数
4. 说明现象总的规模和水平变动情况的统计指数是（　　）。
   A．质量指标指数　　B．平均指标指数
   C．数量指标指数　　D．环比指数
5. 某公司所属三个工厂生产同一产品，要反映三个工厂产量报告期比基期的发展变动情况，三个工厂的产品产量（　　）。
   A．能够直接加总
   B．不能够直接加总
   C．必须用不变价格作同度量因素，才能相加
   D．必须用现行价格作同度量因素，才能相加
6. 若销售量增长 5%，零售价格增长 2%，则商品销售额增长（　　）。
   A．7%　　B．10%　　C．7.1%　　D．15%

7. 加权算术平均数指数，要成为综合指数的变形，其权数（　　）。

A. 必须用 p_1q_1　　B. 必须用 p_0q_0　　C. 必须用 p_1q_0　　D. 前三者都可用

8. 加权调和平均数指数要成为综合指数的变形，其权数（　　）。

A. 必须是 p_1q_1　　B. 必须是 p_0q_1　　C. 可以是 p_0q_0　　D. 前三者都不是

9. 某工厂总生产费用，今年比去年上升了 50%，产量增加了 25%，则单位成本提高了（　　）。

A. 25%　　B. 2%　　C. 75%　　D. 20%

10. 某企业职工工资总额，今年比去年减少了 2%，而平均工资上升 5%，则职工人数减少（　　）。

A. 3%　　B. 10%　　C. 7%　　D. 6.7%

11. $\frac{\sum p_1q_1}{\sum p_0q_0}=\frac{\sum p_1q_1}{\sum p_0q_1}\times\frac{\sum p_0q_1}{\sum p_0q_0}$ 所属的指数体系是（　　）。

A. 个体指数体系　　B. 综合指数体系

C. 加权平均数指数体系　　D. 平均指标指数体系

12. 在由 3 个指数所组成的指数体系中，两个因素指数的同度量因素通常（　　）。

A. 都固定在基期　　B. 都固定在报告期

C. 一个固定在基期一个固定在报告期　　D. 采用基期和报告期的平均数

13. 某企业的产值，2010 年比 2009 年增长 21%，其原因是（　　）。

A. 产品价格上升 9%，产量增加了 12%

B. 产品价格上升 10%，产量增加了 11%

C. 产品价格上升 10.5%，产量增加了 10.5%

D. 产品价格上升了 10%，产量增加了 10%

14. 如果生活费用指数上涨 20%，则现在 1 元钱（　　）。

A. 只值原来的 0.8 元　　B. 只值原来的 0.83 元

C. 与原来的 1 元钱等值　　D. 无法与原来比较

15. 掌握报告期几种产品实际生产费用和这些产品的成本个体指数资料的条件下，要计算产品成本的平均变动，应采用（　　）。

A. 综合指数　　B. 加权算术平均数指数

C. 加权调和平均数指数　　D. 可变构成指数

16. 在分别掌握 3 个企业报告期和基期的劳动生产率和人数资料的条件下，要计算 3 个企业劳动生产率总平均水平的变动，应采用（　　）。

A. 质量指标指数　　B. 可变构成指数　　C. 固定构成指数　　D. 结构影响指数

二、多项选择题

1. 某企业 2010 年三种不同产品的实际产量为计划产量的 105%，这个指数是（　　）。

A. 个体指数　　B. 总指数　　C. 数量指标指数　　D. 质量指标指数

E. 静态指数

2. 某农户的小麦播种面积报告期为基期的 120%，这个指数是（　　）。

A. 个体指数　　B. 总指数　　C. 数量指标指数　　D. 质量指标指数

E. 动态指数

3. 下列属于质量指标指数的有（　　）。

A. 劳动生产率指数　　B. 商品销售量指数

C. 价格指数　　D. 产品成本指数

E. 职工人数指数

4. 编制综合指数的一般原则是（　　）。

A. 质量指标指数以报告期数量指标作为同度量因素

B．数量指标指数以基期的质量指标作为同度量因素

C．质量指标指数以基期数量指标作为同度量因素

D．数量指标指数以报告期质量指标作为同度量因素

E．随便确定

5．指数的应用范畴包括（　　）。

A．动态对比　　B．不同地区对比　　C．不同部门对比　　D．不同国家对比

E．实际与计划的对比

6．指数体系中，指数之间的数量对等关系表现在（　　）。

A．总量指数等于它的因素指数的乘积

B．总量指数等于它的因素指数的代数和

C．总量指数等于它的因素指数之间的比例

D．与总量指数相应的绝对增长额等于它的各因素指数所引起的绝对增长额的代数和

E．与总量指数相应的绝对增长额等于它的各因素指数所引起的绝对增长额的乘积

7．以 q 代表销售量，以 p 代表商品价格，那么 $\sum p_1q_1-\sum p_0q_1$ 的意义是（　　）。

A．由于销售额本身变动而增减的绝对额

B．由于物价的变动而增减的销售额

C．由于销售量变动而增减的销售额

D．由于物价变动使居民购买商品多支出或少支出的人民币

E．由于销售量变动而使居民购买商品多支出或少支出的人民币

8．若用某企业职工人数和劳动生产率分组资料来进行分析时，该企业总的劳动生产率的变动主要受到（　　）。

A．企业全部职工人数变动的影响

B．企业劳动生产率变动的影响

C．企业各类职工人数在全部职工人数中所占比重的变动影响

D．企业各类工人劳动生产率的变动影响

E．受各组职工人数和相应劳动生产率两因素的影响

三、判断题

1．个体指数是综合指数的一种形式。（　　）

2．如果基期或报告期的资料不全，就不能计算总指数。（　　）

3．在编制数量指标综合指数时，应将作为同度量因素的质量指标值固定在报告期。（　　）

4．算术平均指数是用算术平均法计算和编制的总指数，只适合于质量指标指数的编制。（　　）

5．在编制总指数时经常采用非全面统计资料，这完全是为了节约人力、物力和财力。（　　）

6．在平均指标变动因素分析中，可变构成指数是专门用以反映总体构成变化影响的指数。（　　）

7．若销售量增长5%，零售价格下跌5%，则商品销售额不变。（　　）

8．某工厂总生产费用，今年比去年上升了50%，产量增加了25%，则单位成本提高了25%。（　　）

四、简答题

1．什么是个体指数？什么是总指数？编制总指数都有哪些方法？

2．同度量因素在综合指数中起什么作用？

3．什么是指数体系？

4．怎样进行因素分析？

项目 7

抽样推断

先导案例

2014年重庆市1%人口抽样调查在30多万被抽中调查对象的积极支持配合下，经过3 000多名调查员的共同努力，圆满完成了调查任务。现将2014年重庆市1%人口抽样调查推算的主要数据公布如下：

1．常住人口

2014年，全市常住人口2 991.40万人，与上年相比，增加21.40万人，增长0.7%。常住人口继续保持增长态势。

分“五大功能区”看，都市功能核心区常住人口367.76万人，比上年增长0.2%，占全市常住人口的12.3%；都市功能拓展区常住人口451.22万人，比上年增长2.2%，占全市常住人口的15.1%；城市发展新区常住人口1 079.19万人，比上年增长1.6%，占全市常住人口的36.1%；渝东北生态涵养发展区常住人口816.65万人，比上年下降0.6%，占全市常住人口的27.3%；渝东南生态保护发展区常住人口276.58万人，比上年下降0.6%，占全市常住人口的9.2%。

2．人口自然变动与性别比

2014年全市人口出生率为10.67‰，比上年上升0.3个千分点；死亡率7.05‰，比上年上升0.28个千分点；人口自然增长率3.62‰，比上年上升0.02个千分点。

全市常住人口性别比（以女性为100，男性对女性的比例）102.3，比上年下降0.2；出生婴儿性别比110.3，比上年下降0.2。

3．城乡人口分布

2014年，全市居住在城镇的人口1 783.01万人，与上年相比，城镇人口增加50.25万人；全市城镇化率59.6%，与上年相比，上升1.26个百分点。居住在乡村的人口1 208.39万人，占常住人口的40.4%，与上年相比，乡村人口减少28.85万人。

分“五大功能区”看，都市功能核心区城镇化率99.85%，与上年相比，上升0.01个百分点；都市功能拓展区城镇化率78.70%，上升0.78个百分点；城市发展新区城镇化率为56.35%，上升1.49个百分点；渝东北生态涵养发展区城镇化率43.23%，上升1.43个百分点；渝东南生态保护发展区城镇化率35.99%，上升1.35个百分点。

4．外出外来人口

2014年，全市外出（跨乡镇、街道）人口1 069.69万人，比上年增加26.56万人，其中外出至市外的人口530.08万人，占全部外出人口的49.6%，比上年减少1.90万人；市内外出人口539.61万人，占50.4%，比上年增加28.46万人，见表7-1。

表7-1　2014年重庆市五大功能区外出人口

功能区名称	外出人口		外出市外人口	
	人数/万人	比重	人数/万人	比重
全市	1 069.69	100.0%	530.08	100.0%
都市功能核心区	77.28	7.2%	3.66	0.7%
都市功能拓展区	89.27	8.4%	7.80	1.5%
城市发展新区	370.56	34.6%	157.68	29.7%
渝东北生态涵养发展区	408.40	38.2%	280.15	52.9%
渝东南生态保护发展区	124.18	11.6%	80.79	15.2%

全市市外外来人口146.28万人，比上年增加2.72万人。

5．人口年龄构成

在全市常住人口中，0～14岁人口占16.43%，与上年相比，比重上升0.03个百分点；15～64岁人口占71.56%，比重下降0.16个百分点；65岁及以上人口占12.01%，比重上升0.13个百分点。

注：(1) 常住人口是指在本乡镇（街道）居住半年以上的人口，或虽居住不满半年，但离开户口登记地半年以上人口以及户口待定人口。

(2) 外出人口是指离开本乡镇（街道）(户口登记地）半年以上的人口。

(3) 城乡人口是按照国家统计局《统计上划分城乡的规定》(国务院于 2008 年 7 月 12 日，国函〔2008〕60 号批复）计算。

(4)"都市功能核心区"包括渝中区全域和大渡口区、江北区、沙坪坝区、九龙坡区、南岸区处于内环以内的区域；"都市功能拓展区"包括大渡口区、江北区、沙坪坝区、九龙坡区、南岸区处于内环以外的区域以及北碚区、渝北区、巴南区全域；"城市发展新区"包括涪陵区、长寿区、江津区、合川区、永川区、南川区、綦江区、大足区、潼南县、铜梁区、荣昌县、璧山区等 12 区县及万盛、双桥经开区；"渝东北生态涵养发展区"包括万州区、梁平县、城口县、丰都县、垫江县、忠县、开县、云阳县、奉节县、巫山县、巫溪县等 11 区县；"渝东南生态保护发展区"包括黔江区、武隆县、石柱县、秀山县、酉阳县、彭水县等 6 区县（自治县）。

附件：2014 年重庆市各区县常住人口及城镇化率（略）

（资料来源：http://www.cqtj.gov.cn/html/tjsj/tjgb/15/02/7335.html.）

【案例思考】

(1) 2014 年年底开展的重庆市 1%人口抽样调查采取怎样的抽样方式？

(2) 案例中 2014 年重庆市各项人口数据是怎么来的？

任务提炼

随着经济和社会的发展，我国人口状况不断发生变化。为了摸清重庆市人口数量、构成以及居住等方面的变化情况，研究未来人口状况的发展趋势，为制定经济社会发展规划和有关政策提供客观准确的依据，按照国家关于人口普查的有关规定，重庆于 2014 年年底开展了全市 1%人口抽样调查工作，这次抽样调查的最终结果见先导案例。在案例中是用占全市总人口的 1.31%的样本数据来推断全市总人口及其结构。但样本是怎么确定的，什么是分层、多阶段、整群概率比例的抽样方法，又怎么从样本数据中推断全国总人口及其结构，怎样来保证抽样调查的准确度，这些我们只有在学完本项目以下任务后才能明白和运用。

(1) 认识抽样推断。

(2) 抽样平均误差的计算。

(3) 熟悉抽样极限误差及其概率度。

(4) 掌握抽样估计方法。

(5) 确定样本容量。

(6) Excel 在抽样推断中的应用。

(7) 统计技能实践。

任务 1 认识抽样推断

一、抽样推断的含义

典型案例 7-1

某学校现有 5 000 名学生，学校要快速了解所有学生的体重情况，请思考下面哪种方法比较快捷实用？

（1）将5 000名学生中的每一个学生体重测量一次，用前面学习的算术平均法计算平均体重。

（2）把5 000名学生按身高从高到低排列起来，将个子比较低的前200名学生的算术平均数作为所有学生的平均体重。

（3）把5 000名学生按身高从高到低排列起来，将个子比较高的后200名学生的算术平均数作为所有学生的平均体重。

（4）按照随机原则在5 000名学生中抽出200名，计算出这200名学生体重的算术平均数，然后把这200名学生的平均体重作为所有学生的平均体重。

不难看出，上面列出的四种设想中，第四种即抽样推断方法是比较科学的。

抽样推断就是在抽样调查的基础上，利用样本的实际资料计算样本指标，并据以推算总体相应数量特征的一种统计分析方法。

抽样推断具有以下几个特点：第一，它是由部分单位的数字资料推算总体资料的一种研究方法；第二，抽样推断是建立在随机取样的基础上，样本单位的选取不受主观因素的影响，任何一个单位被选中的机会都是均等的；第三，抽样推断的误差可以事先计算并加以控制。总体的估计数和总体的实际数不会完全一致，但经过科学计算，这个误差不仅可以计算出来，而且还可以控制误差的大小，使总体的估计数和总体的实际数尽量接近，保证估计数有较大的可能性存在。

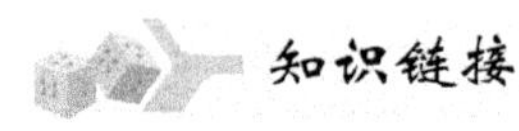
知识链接

抽样调查的应用范围

抽样调查是统计学最重要的内容之一，它广泛应用于物理、生物、气象、医学、农业、商业、金融、教育等各个领域。特别是在市场经济条件下，它将发挥越来越重要的作用。

（1）对于某些不可能进行全面调查，而又需要了解全面情况的现象，必须采用抽样调查的方法。对于无限总体或总体的范围过大时，就很难进行全面调查了。例如，要了解空气中氧气的含量，江河湖海中的鱼尾数、大气或海洋的污染情况等，都属于这种情况，因此就必须进行抽样调查。有些事物在测量或试验时具有破坏性，不可能进行全面调查。例如，炮弹射程的测量，电视、灯泡等耐用时数的检验，种子的催芽试验等，都不可能进行全面调查，而只能使用抽样调查的方法。

（2）对某些有限总体，从理论上讲可以进行全面调查，但实际上根本无法进行，即使能办到，在经济上也不合算，或资料的质量未必就能保证，也需要进行抽样调查。例如，要了解全国城乡居民的家庭收入状况，从理论上讲可以挨门逐户进行全面调查，但是调查范围太大，调查单位太多，实际上既难以办到，又没有必要。采用抽样推断既可以节省人力、物力、财力和时间，提高调查结果的时效性，又能达到和全面调查同样的目的和效果。

（3）对全面调查的结果进行检查和修正可以采取抽样调查。全面调查涉及面宽，工作量大，参加人员多，调查结果容易出现差错。因此，在全面调查之后进行抽样复查，根据复查结果计算差错率，修正全面调查结果，从而提高全面调查的质量。

（4）抽样推断可用于工业生产过程中的质量控制。在工业产品成批或大量连续生产过程中，采用抽样推断方法可以检验生产工艺过程是否正常，及时提供有关信息，便于采取相应措施，进行质量控制，保证生产质量稳定，防止损失。

总之，抽样推断是一种科学实用的统计方法，在自然科学与社会科学领域都有着广泛的应用。

二、抽样推断中的几个基本概念

1．全及总体和样本总体

（1）全及总体简称总体，是指所研究现象的全体。全及总体的单位数用“N”表示。

（2）样本总体简称样本，是指按照随机原则，从全及总体中抽取一部分单位所组成的总体。抽样总体的单位数称为样本总容量，也称样本单位数，通常用“n”表示。一般来说，样本容量 n 在 30 以下时，称为小样本；样本容量达到或超过 30 时称为大样本。

2．全及指标与样本指标

1）全及指标（总体指标）

根据总体各单位的标志或标志属性计算的反映总体数量特征的综合指标称为全及指标。全及指标主要有全及平均数、全及成数、全及总体的标准差与方差、全及成数的标准差与方差。

（1）全及平均数（总体平均数）是指所研究的全及总体中各个单位某一数量标志的平均数，一般用“$\overline{X}$”表示。其计算公式为

$$\overline{X}=\frac{\sum xf}{\sum f}\text{（分组资料）} \tag{7.1}$$

$$\overline{X}=\frac{\sum x}{n}\text{（未分组资料）} \tag{7.2}$$

（2）全及成数（总体成数）是指全及总体中具有某种标志表现的单位数所占的比重，通常用符号“P”表示；不具有该种标志表现的单位数所占的比重，通常用符号“$1-P$”或“Q”表示。其计算公式为

$$P=\frac{N_1}{N} \tag{7.3}$$

$$Q=\frac{N_0}{N}=1-P \tag{7.4}$$

式中：N_1——具有某种研究标志的单位数；

N_0——不具有研究标志的单位数。

（3）全及总体的标准差与方差是说明全及总体标志变异程度的指标。平均数的全及总体的标准差一般用“σ_x”表示，标准差的平方就是方差，用“σ_x^2”表示。其计算公式为

总体标准差：

$$\sigma_x=\sqrt{\frac{\sum(x-\overline{X})^2}{N}}\text{（未分组资料）} \tag{7.5}$$

$$\sigma_x=\sqrt{\frac{\sum(x-\overline{X})^2 f}{\sum f}}\text{（分组资料）} \tag{7.6}$$

总体方差：

$$\sigma_x^2=\frac{\sum(x-\overline{X})^2}{N}\text{（未分组资料）} \tag{7.7}$$

$$\sigma_x^2 = \frac{\sum (x - \overline{X})^2 f}{\sum f} \text{（分组资料）} \tag{7.8}$$

（4）全及成数的标准差与方差。成数的全及总体标准差一般用“σ_p”表示，方差用“σ_p^2”表示。其计算公式为

$$\sigma_p = \sqrt{P(1-P)} \tag{7.9}$$

$$\sigma_p^2 = P(1-P) \tag{7.10}$$

在抽样调查中，全及指标的具体数值是客观存在的，但却是未知的，需要用样本指标来推断估计它，这正是全及指标也称为总体参数的原因所在。

2）样本指标（抽样指标）

根据样本各单位标志值或标志属性计算的综合指标称为样本指标或统计量。

（1）抽样平均数也称样本平均数，指抽样总体中各单位某一数量标志的平均数，一般用“$\bar{x}$”表示。其计算公式为

$$\bar{x} = \frac{\sum x}{n} \text{（未分组资料）} \tag{7.11}$$

$$\bar{x} = \frac{\sum xf}{\sum f} \text{（分组资料）} \tag{7.12}$$

（2）抽样成数指具有某种标志的单位数在抽样总体中所占的比重，一般用“p”表示。其计算公式为

$$p = \frac{n_1}{n}, q = \frac{n_0}{n} = \frac{n - n_1}{n} = 1 - p \tag{7.13}$$

（3）样本数量标志标准差。其计算公式为

$$S_x = \sqrt{\frac{\sum (x - \bar{x})^2}{n}} \text{（未分组资料）} \tag{7.14}$$

$$S_x = \sqrt{\frac{\sum (x - \bar{x})^2 f}{\sum f}} \text{（分组资料）} \tag{7.15}$$

（4）样本成数标准差与方差。其计算公式为

$$S_p = \sqrt{pq} = \sqrt{p(1-p)} \tag{7.16}$$

$$S_p^2 = p(1-p) \tag{7.17}$$

3．样本容量和样本个数

样本容量是指一个样本所包含的单位数。

样本个数又称样本可能数目，指从一个总体中可能抽取的样本个数。

4．重复抽样和不重复抽样

重复抽样也叫作重置抽样，它是指从总体 N 个单位中随机抽取一个容量为 n 的样本，每次从总体中抽取一个单位，把结果登记下来后，重新返回，再从全及总体中抽取下一个样本单位。在这种抽样方式中，同一单位可能有多次被重复抽取的机会。

不重复抽样也叫作不重置抽样，它是指从总体 N 个单位中随机抽取一个容量为 n 的样本

时，每次从总体中抽取一个单位，不再放回去，下一次再从剩下的总体单位中连续进行抽取，如此反复构成一个样本。也就是说，每个总体单位只能被抽取一次，所以从总体中每抽取一次，总体就少一个单位，因此，先后抽出来的各个单位被抽中机会是不相等的。

典型案例 7-2

总体有 A、B、C、D 四个小球，采取重复抽样的方法，从中随机抽取两个小球构成一个样本。先从总体四单位中抽取一个小球，登记后放回去，然后，再从四个小球中抽取一个小球。显然，全部可能的样本是：AA、AB、AC、AD；BA、BB、BC、BD；CA、CB、CC、CD；DA、DB、DC、DD，共 16 个样本。

从 A、B、C、D 四个小球中用不重复抽样的方法，从中抽取两个单位构成一个样本，则全部可能的样本是：AB、AC、AD；BA、BC、BD；CA、CB、CD；DA、DB、DC，共 12 个样本。

由此可见，对于同一个总体而言，在相同的样本容量要求下，不重复抽样的样本可能数目总是比重复抽样的样本可能数目要少。

5. 简单随机抽样、类型抽样、等距抽样和整群抽样

1）简单随机抽样

简单随机抽样又称为纯随机抽样，它是不对总体作任何加工整理，直接从总体中抽取调查单位的抽样调查方法。从总体中按简单随机抽样方式组织样本，有许多种方法，但最基本的方法是抽签法和随机数表法。

（1）抽签法。抽签法适用于总体单位数较少的总体。首先将总体单位编号，通常对总体中的每个单位按自然数的顺序编为 1，2，3，…，N，另制 N 个与总体各单位对应的号签。然后将全部号签充分摇匀，根据需要按重复抽样或不重复抽样方法，从中随机抽取 n 个号签与之对应的总体单位，即为抽中的样本单位组成的样本。

（2）随机数表法。在大规模的社会经济调查中，总体单位数目很大。因此，使用抽签法的工作量相当大，此时通常采用由随机数字表来确定样本单位的方法。随机数字表是用计算机、随机数字机等方法编制的。根据不同的需要，我们可灵活确定随机数的起始位置，按行、列或划某一随机线取得随机数字，利用取得的随机数字对应编号的单位组成样本。

2）类型抽样

类型抽样又称为分层抽样或分类抽样。它是将总体单位先按一定标志分组，然后在各组中随机抽取样本的抽样组织方式。类型抽样是应用于总体内各单位在被研究标志上有明显差别性的抽样。

3）等距抽样

等距抽样又称为机械抽样或系统抽样。它是先将总体单位按某一标志排序，然后按照固定的顺序和相同的间隔来抽选样本单位的抽样组织形式。等距抽样的随机性表现在抽取第一个样本单位，当第一个样本单位确定后，其余的各个单位也就确定了。

按等距抽样组织形式抽取样本单位，能够使抽出的样本单位更均匀地分布在总体中，等距抽样的误差一般比简单随机抽样的误差小，特别是当研究的现象标志变异程度较大时，更能显示出等距抽样的优越性。等距抽样均为不重复抽样。

4）整群抽样

整群抽样又称为分群抽样或集团抽样，是将总体划分为若干群，然后以群为单位从中随

机抽取部分群，对中选群中的所有单位进行全面调查的抽样组织方式。如对某市居民的家庭收入进行调查时采用整群抽样，就可以按行政区域分为街道，然后随机抽取一些街道，进行全面调查，相对于前三种抽样更加适宜。

整群抽样中的群，主要是自然形成的，如按行政区域、地理区域。由于整群抽样的样本单位的分布集中于群内，所以同样条件下，较简单随机抽样的样本代表性差，所以应适当增加样本单位，以提高估计的精确度。

任务2 抽样平均误差的计算

一、抽样误差的含义

典型案例 7-3

小红所在班级有50名学生，在统计基础的一次考试中，每个人的成绩如下：

80 69 90 100 78 86 88 89 97 100 99 56 87 60 57
40 68 67 95 66 72 93 71 67 85 77 89 82 55 76
94 82 55 78 100 60 88 87 76 59 92 74 86 81 63
76 84 83 65 92

小红刚学到抽样推断，想从中抽取10名学生的成绩，用这10名学生的平均成绩作为全班50名学生的平均成绩。小红按随机原则抽到下面一组成绩：

94 100 89 100 65 99 88 92 90 97

小红根据这10个数据，计算出平均成绩为91.4分，由此可推测，全班学生的平均成绩为91.4分。

请计算全班实际平均成绩。

小红所计算出来的平均成绩为91.4分，与全班实际平均成绩有了一定的误差，这种误差是由于在抽取样本时，样本的代表性不足而产生的，这种误差称为抽样误差。抽样误差主要指样本平均数与总体平均数的离差，即 $x-\overline{X}$，或样本成数与总体成数的离差，即 $p-P$。

二、抽样平均误差的计算

1．抽样平均误差

在利用样本平均数去推断总体平均数时，由于样本代表性不足会产生一些误差。为了使误差降低到最小，可以把所有的从总体中抽取的样本的指标数值（如样本平均数）与总体指标数值（如总体平均数）的误差计算出来，而这些误差有大有小，要想反映抽样误差的一般水平，就要求计算出这些误差的平均数，这就是抽样平均误差。这样我们在进行推断时，就可以将误差考虑进去，使推断的结果更符合实际数据。

抽样平均误差是指所有可能出现的样本指标数值与总体指标数值的平均离差，为消除正负数的影响，采用标准差的形式。抽样平均误差的理论计算公式为

$$\mu_{\bar{x}}=\sqrt{\frac{\sum(x-\overline{X})^2}{M}}\text{（抽样平均数的平均误差）} \tag{7.18}$$

$$\mu_p=\sqrt{\frac{\sum(p-P)^2}{M}} \text{（抽样成数的平均误差）} \quad (7.19)$$

式中：$\mu_{\bar{x}}$——抽样平均误差；

M——全部样本可能数目。

2．抽样平均误差的实际计算方法

抽样平均误差的理论计算公式表明了抽样平均误差的意义，但是，当总体单位数较大，而抽取的样本单位数也比较大时，样本可能数目就非常大。另外，公式中又出现了总体平均数，这也正是抽样调查所要推算的数值，实际上这个数值是不知道的。因此，这个理论公式实际上是不实用的。

在计算抽样平均误差时，实际应用下面的方法进行计算。

1）抽样平均数平均误差的计算

（1）重复抽样条件下的计算公式为

$$\mu_{\bar{x}}=\sqrt{\frac{\sigma^2}{n}}=\frac{\sigma}{\sqrt{n}} \quad (7.20)$$

（2）不重复抽样条件下的计算公式为

$$\mu_{\bar{x}}=\sqrt{\frac{\sigma^2}{n}\left(\frac{N-n}{N-1}\right)} \quad (7.21)$$

当N很大时，

$$\mu_{\bar{x}}=\sqrt{\frac{\sigma^2}{n}\left(1-\frac{n}{N}\right)} \quad (7.22)$$

典型案例 7-4

某地对2 800户农户的年收入进行调查，抽取5%农户作样本，调查显示：2015年每人年平均收入为5 965元，其年收入的标准差为104.80元，试计算重复抽样和不重复抽样的抽样平均误差。

已知 $N=2\,800$ 户，$n=2\,800\times5\%=140$（户），$\sigma=104.80$（元），则重复抽样的抽样平均数的抽样平均误差为

$$\mu_{\bar{x}}=\frac{\sigma}{\sqrt{n}}=\frac{104.8}{\sqrt{140}}\approx 8.86\text{（元）}$$

不重复抽样的抽样平均数的抽样平均误差为

$$\mu_{\bar{x}}=\sqrt{\frac{\sigma^2}{n}\left(1-\frac{n}{N}\right)}=\sqrt{\frac{104.8^2}{140}\left(1-\frac{140}{2\,800}\right)}\approx 8.63\text{（元）}$$

2）抽样成数平均误差的计算

（1）重复抽样条件下的计算公式为

$$\mu_p=\sqrt{\frac{P(1-P)}{n}} \quad (7.23)$$

（2）不重复抽样条件下的计算公式为

$$\mu_p=\sqrt{\frac{P(1-P)}{n}\left(1-\frac{n}{N}\right)} \tag{7.24}$$

从公式可以看出，重复抽样和不重复抽样两种条件下，抽样平均误差的计算仅相差一个修正因子$\left(1-\frac{n}{N}\right)$，且这个因子总是小于1。因此，不重复抽样误差总是小于重复抽样误差。当总体单位数N足够大时，$\frac{n}{N}$就很小，$\left(1-\frac{n}{N}\right)$近似等于1，所以两种误差就相差无几。因此，在实际工作中，从无限总体中抽样时，都采用不重复抽样公式计算抽样平均误差。从有限总体中抽样，当抽样比例很小时（一般认为小于5%），不重复抽样的抽样误差也可采用简便的重复抽样公式来计算。

在计算抽样平均数的抽样平均误差时或抽样成数的抽样平均误差时，所用的标准差都是全及总体的标准差，但实际上全及总体的标准差是未知的，在通常情况下要用样本平均数的标准差s来代替总体平均数的标准差σ，或用样本成数的标准差p来代替总体成数的标准差P。

典型案例 7-5

某玻璃器皿厂某日生产15 000只印花玻璃杯，现随机抽取150只进行质量检验，结果有147只合格，其余3只为不合格品，试求这批印花玻璃杯合格率（成数）的抽样平均误差。

因为$N=15\ 000$，$n=150$，$p=147/150=98\%$，所以重复抽样条件下的抽样平均误差为

$$\mu_p=\sqrt{\frac{P(1-P)}{n}}=\sqrt{\frac{0.98\times(1-0.98)}{150}}=1.14\%$$

不重复抽样条件下的抽样平均误差为

$$\mu_p=\sqrt{\frac{P(1-P)}{n}\left(1-\frac{n}{N}\right)}=\sqrt{\frac{0.98\times(1-0.98)}{150}\times\left(1-\frac{150}{15\ 000}\right)}\approx1.137\ 4\%$$

任务3 熟悉抽样极限误差及其概率度

一、抽样极限误差

用抽样指标来估计总体指标总是有误差的，抽样平均误差是说明抽样方案总的误差情况。但是在进行抽样推断时，实际上只抽取一个样本。因此，实际的抽样误差可能大于抽样平均误差，也可能小于抽样平均误差。但对于某一项调查来说，根据客观要求一般应有一个允许的误差范围，也就是说若抽样误差在这个范围之内就认为是可行的。这一允许的误差范围就称为抽样的极限误差。

用抽样指标来估计总体指标，要达到完全准确，毫无误差，一般来说是不可能的，所以在估计总体指标的同时，必须考虑估计误差的大小。当然我们希望误差要小一些，因为误差越大，样本资料的价值就越小，误差若超过了一定程度，样本资料就毫无价值了。但也并不是误差越小越好，因为减少抽样误差势必增加许多费用。所以在进行抽样估计时，应该根据

所研究对象的差异程度和分析任务的需要确定可允许的误差范围，在这个范围内的估计数字都算是有效的。一般把这种可允许的误差范围称为抽样极限误差，也称为置信区间，它等于样本指标可允许变动的上限或下限与总体指标之差的绝对值。

设 $\Delta_{\bar{x}}$ 与 Δ_p 分别表示抽样平均数与抽样成数的极限误差，则有

$$\bar{x}-\Delta_{\bar{x}}，\bar{x}-\Delta_{\bar{x}}$$

将上面等式经过变换，可以得到下列不等式：

$$\bar{x}-\Delta_{\bar{x}} \leqslant \bar{X} \leqslant \bar{x}+\Delta_{\bar{x}} \quad (7.25)$$

$$p-\Delta_p \leqslant P \leqslant p+\Delta_p \quad (7.26)$$

可见，抽样误差范围是以 $\bar{x}$ 或 P 为中心的两个Δ的距离。

典型案例 7-6

某村用于种植粮食的耕地有 5 000（N）亩，用不重复抽样方法抽取 50 亩，求得其平均亩产为 400 千克。若确定抽样极限误差为 10 千克，请估计 5 000 亩耕地亩产量和总产量水平。

解：

（1）估计亩产 $\bar{x}-\Delta_{\bar{x}} \leqslant \bar{X} \leqslant \bar{x}+\Delta_{\bar{x}}$

$$400-10 \leqslant \bar{X} \leqslant 400+10$$

$$390 \leqslant \bar{X} \leqslant 410$$

（2）估计总产 $390\times 5\,000 \leqslant \bar{X}N \leqslant 410\times 5\,000$

$$1\,950\,000 \leqslant \bar{X}N \leqslant 2\,050\,000$$

所以该村耕地亩产量为 390～410 千克，总产量为 1 950 000～2 050 000 千克。

典型案例 7-7

从某品种农作物播种地块随机抽取秧苗 1 000（N）棵，其中死苗 80（n）棵。若确定抽样极限误差为3%，试估计该农作物秧苗的成活率（P）区间。

解：该农作物秧苗的成活率区间 $p-\Delta_p \leqslant P \leqslant p+\Delta_p$

$$\frac{1000-80}{1000}-3\% \leqslant P \leqslant \frac{1000-80}{1000}+3\%$$

$$89\% \leqslant P \leqslant 95\%$$

在以上两例中，抽样极限误差是已知的，那么，抽样极限误差是如何确定的呢？由前述可知，如果抽样方式和样本容量确定以后，不论其抽取的是哪一个具体样本，它们的平均误差 $\mu_{\bar{x}}$ 或 μ_p 是唯一确定的值，所以抽样平均误差也就可以作为衡量样本指标与全及指标误差范围的尺度使用。根据统计推断的基本原理，抽样极限误差用一定倍数的抽样平均误差来计算，其计算公式为

$$\Delta_{\bar{x}}=t\mu_{\bar{x}} \quad (7.27)$$

$$\Delta_p=t\mu_p \quad (7.28)$$

上述公式表明，抽样极限误差是抽样平均误差的 t 倍。抽样平均误差是我们根据样本资料计算出来的一个定值。因此，若增大或缩小 t 值，抽样极限误差也随之扩大或缩小。

二、抽样误差的概率度

公式（7.27）、公式（7.28）中的 t 称为抽样误差的概率度，它是把抽样平均误差标准化后的一个度量。例如，说 1 个概率度，即 $t=1$，就表明极限误差有 1 个平均误差大小；若说 2 个概率度，即 $t=2$，就表明极限误差有 2 个平均误差大小。概率度 t 的大小与概率 $F(t)$相对应。概率 $F(t)$是指某随机事件在一定场合出现的比较稳定的频率，或者说某事件出现可能性大小的程度，其取值范围是≤ $F(t)$ ≤1。它反映推断结果的可靠度。若用某一样本平均数对总体平均数进行统计推断时允许的误差范围为两个平均误差，即 $\Delta_{\bar{x}}=2\mu_{\bar{x}}$，则说明该推断的可靠程度为 95.45%，同时也说明在此误差范围内该样本被抽中的可能性为 95.45%。

概率度 t 与概率 $F(t)$之间存在的这种函数关系，在实际应用中通过"正态分布概率表"（见简化的表 7-2）进行查对。从表 7-2 中，既可以根据概率度 t 查到概率 $F(t)$，也可以根据统计推断要求的概率保证程度 $F(t)$查到概率度 t。这样就为统计推断提供了方便，计算极限误差时，这种数值对应是经常要用到的。

表 7-2　常用 t 值及相应的概率保证程度

t 值	概率保证程度
1.00	0.682 7
1.28	0.799 5
1.96	0.950 0
2.00	0.954 5
3.00	0.997 3

典型案例 7-8

在进行某个现象的抽样调查中，抽样平均误差 $\mu_{\bar{x}}=3.58$，要求在 95.45%的概率保证程度下对总体指标数值进行估计。根据上面的对应关系，$t=2$，则抽样极限误差为

$$\Delta_{\bar{x}}=t\mu_{\bar{x}}=2\times3.58=7.16$$

根据极限误差的计算公式，可以表明Δ与 t 和μ三者之间存在如下关系：

（1）当μ为一定时，增大 t 值，把握程度相应增加，误差范围Δ也随之扩大，这时估计的精确度却要降低；反之，在μ为一定的条件下，要提高估计的精确度，就得缩小 t 值，这时把握程度却要相应地降低。

（2）当 t 为一定时，即将把握程度给定，如果抽样平均误差μ小，误差范围Δ也就小，估计的精确度就高；如果抽样平均误差μ大，误差范围Δ也就大，估计的精确度就要低。

（3）如果已求出抽样平均误差μ，并给定误差范围Δ，则Δ除以μ可以求出 t 值，用公式表示为

$$t=\frac{\Delta_p}{\mu_p} \tag{7.29}$$

再通过"正态分布概率表"（见简化的表 7-2）进行查对 t 所对应的 $F(t)$ 的值，就可以知道把握程度有多大。上述这些关系，在做区间估计时常用到，应当理解清楚。

任务4 掌握抽样估计方法

抽样估计就是利用实际调查计算的样本指标数值来估计相应的总体指标数值。利用抽样指标资料来估计相应的全及指标时，有两种基本方法：点估计和区间估计。

一、点估计

点估计也称定值估计，用样本指标的实际值作为总体参数的估计值。

例如，在典型案例7-3中，小红从全班50名学生中抽取10名学生的成绩，用这10名学生的平均成绩91.4分作为全班50名学生平均成绩，即全班50名学生的平均成绩也是91.4分，这种估计就是点估计。

点估计简单易行，但与实际相差很大，它只是一种粗略的估计方法，对于那些要求不太高的现象分析，可以采用这种点估计方法。

二、区间估计

区间估计就是在一定的概率保证程度下，根据样本指标数值估计出总体指标数值所在的区间范围。

典型案例7-9

小红所在学校有5 000名学生，从中随机抽取250名学生调查他们每周观看电视的时间，资料见表7-3。

表7-3 某学校部分学生每周看电视资料

每周看电视时间	学生人数 f	组中值 x	xf	$x-\bar{x}$	$(x-\bar{x})^2$	$(x-\bar{x})^2f$
2小时以下	22	1	22	−4	16	352
2～4小时	56	3	168	−2	4	224
4～6小时	92	5	460	0	0	0
6～8小时	60	7	420	2	4	240
8～10小时	20	9	180	4	16	320
合　计	250	—	1 250	—	—	1 136

试按不重复抽样方法，以95.45%的概率保证程度推断该校全部学生每周平均看电视时间的可能范围。

已知 $N=5\,000$，$n=250$，$t=2$，则

$$\bar{X}=\frac{\sum xf}{\sum f}=\frac{1\,250}{250}=5\text{（小时）}$$

$$s^2=\frac{\sum(x-\bar{x})^2 f}{\sum f}=\frac{1\,136}{250}=4.544\text{（小时）}$$

$$\mu_{\bar{x}}=\sqrt{\frac{\sigma^2}{n}\left(1-\frac{n}{N}\right)}=\sqrt{\frac{4.544}{250}\times\left(1-\frac{250}{5\,000}\right)}\approx 0.13\text{（小时）}$$

$$\Delta_{\bar{x}}=t\mu_{\bar{x}}=2\times 0.13=0.26\text{（小时）}$$

所以

$$\bar{x}-\Delta_{\bar{x}} \leqslant \bar{X} \leqslant \bar{x}+\Delta_{\bar{x}}$$

$$5-0.26 \leqslant \bar{X} \leqslant 5+0.26$$

即

$$4.74 \leqslant \bar{X} \leqslant 5.26 \text{（小时）}$$

全校学生每周平均看电视时间4.74～5.26小时的可靠程度为95.45%。

典型案例 7-10

对某企业生产的一批产品按不重复抽样方法抽取200件，其中废品8件，又知样本容量为产品总量的1/20，当概率保证程度为95%时，试估计废品率的范围。

根据题中资料可知：

$$p=\frac{8}{200}=4\%,\quad \frac{n}{N}=\frac{1}{20}$$

当 $F(t)=95\%$ 时，$t=1.96$，所以

$$\mu_p=\sqrt{\frac{P(1-P)}{n}\left(1-\frac{n}{N}\right)}=\sqrt{\frac{0.04\times(1-0.04)}{200}\times\left(1-\frac{1}{20}\right)}\approx 1.35\%$$

$$\Delta_p=t\mu_p=1.96\times 1.35\%\approx 2.65\%$$

$$4\%-2.65\% \leqslant P \leqslant 4\%+2.65\%$$

即

$$1.35\% \leqslant P \leqslant 6.65\%$$

通过计算可以推断出这批产品的废品率为1.35%～6.65%。

任务5 确定样本容量

简单随机抽样是最常用的抽样组织形式，这里只介绍简单随机抽样组织形式下的样本容量的计算方法。

一、确定样本容量的必要性

样本容量就是样本单位数，确定必要的样本单位数也是抽样调查方案中的一个重要问题。根据大数定律，在抽样调查中样本容量越大，样本对总体的代表性越大，抽样误差越小；样本容量减少，抽样误差就会增大。但同时，抽样数目越多，抽样调查的费用也越高，而且还会影响到抽样调查的时效性。因此，确定样本容量时，应在保证满足抽样调查对数据的估计精确度和概率把握程度（置信度）下，尽量减少抽样数目，即确定必要的抽样数目。

二、平均数样本容量的确定

1．在重复抽样条件下

因为 $\Delta_{\bar{x}}=t\mu_{\bar{x}}$，且 $\mu_{\bar{x}}=\sqrt{\frac{\sigma^2}{n}}$，所以 $\Delta_{\bar{x}}=t\mu_{\bar{x}}=t\sqrt{\frac{\sigma^2}{n}}$，整理得

$$n=\frac{t^2\sigma^2}{\Delta_{\bar{x}}{}^2} \tag{7.30}$$

实际应用为

$$n=\frac{t^2s^2}{\Delta_{\bar{x}}{}^2}\text{（}s\text{ 为样本方差）} \tag{7.31}$$

典型案例 7-11

对某县农户进行经济收入调查，设已知抽样农户平均年收入的标准差为 30 元，要求可靠程度为 95%，允许抽样误差为 5 元，则至少应抽多少农户进行调查？

解：已知 $s=30$ 元，$\Delta_{\bar{x}}=5$ 元，$F(t)=95\%$，$t=1.96$，则

$$n=\frac{t^2s^2}{\Delta_{\bar{x}}{}^2}=\frac{1.96^2\times 30^2}{5^2}\approx 138.3=139\text{（户）}$$

2．在不重复抽样条件下

与重复抽样下样本容量的确定方法一样，可以推出不重复抽样条件下样本容量数目的计算公式为

$$\Delta_{\bar{x}}=t\mu_{\bar{x}}=t\sqrt{\frac{\sigma^2}{n}\left(1-\frac{n}{N}\right)}$$

进行恒等变换后得

$$n=\frac{Nt^2\sigma^2}{N\Delta_{\bar{x}}{}^2+t^2\sigma^2} \tag{7.32}$$

实际应用为

$$n=\frac{Nt^2s^2}{N\Delta_{\bar{x}}{}^2+t^2s^2} \tag{7.33}$$

三、成数样本容量的确定

1．在重复抽样条件下

$$\Delta_p=t\mu_p=t\sqrt{\frac{P(1-P)}{n}}$$

进行恒等变换后得

$$n=\frac{t^2P(1-P)}{\Delta_p{}^2} \tag{7.34}$$

实际应用为

$$n=\frac{t^2p\,(1-p)}{\Delta_p{}^2} \tag{7.35}$$

式中：$p(1-p)$——样本方差。

典型案例 7-12

抽查一批某产品的合格率，设过去抽查的合格率为 95%，现要求允许误差不超过 1.5%，可靠程度为 95.45%，则至少要抽查多少个产品？

解：已知 $p=0.95$，$\Delta_p=0.015$，$F(t)=95.45\%$，$t=2$，则

$$n=\frac{t^2 p(1-p)}{\Delta_p{}^2}=\frac{2^2\times0.95\times0.05}{0.015^2}\approx844.4=845（个）$$

2．在不重复抽样条件下

$$\Delta_p=t\mu_p=t\sqrt{\frac{P(1-P)}{n}\left(1-\frac{n}{N}\right)}$$

进行恒等变换后得

$$n=\frac{Nt^2P(1-P)}{N\Delta_p{}^2+t^2P(1-P)} \tag{7.36}$$

实际应用为

$$n=\frac{Nt^2p(1-p)}{N\Delta_p{}^2+t^2p(1-p)} \tag{7.37}$$

任务 6　Excel 在抽样推断中的应用

一、用统计函数计算样本和总体的标准差与方差

在 Excel 中有两个求标准差的函数：一个是求样本标准差的函数 STDEV；另一个是求总体标准差的函数 STDEVP。同样，在 Excel 中求方差也有两个函数：一个是求样本方差的函数 VAR；另一个是求总体方差的函数 VARP。

得出样本和总体的标准差或方差后，用输入公式的方法在 Excel 中计算出抽样平均误差。

二、使用描述统计工具对样本数据进行描述

使用 Excel 的描述统计工具，可以一次给出样本平均数、标准差等十几项描述数据分布的统计指标。下面通过案例进行说明。

典型案例 7-13

假定对 10 000 件产品的重量进行抽样检验，随机抽取 35 件产品进行检验（单位：千克），检验结果为

150	150	135	140	128	135	134	134	135	138	137	147	143	135	137
134	132	128	146	140	140	123	144	135	132	138	138	135	134	132
135	135	143	137	138										

试用 Excel 的描述统计工具求描述数据分布的统计指标。

操作步骤：启动 Excel 2003，新建一个工作簿 Book1。

第一步，将样本原始数据输入表中得 A 列 2～36 行。

第二步，选择“工具”菜单，执行“数据分析”命令，弹出“数据分析”对话框，如图 7.1 所示。在“分析工具”列表框中选择“描述统计”选项，单击【确定】按钮，弹出“描述统计”对话框，如图 7.2 所示。

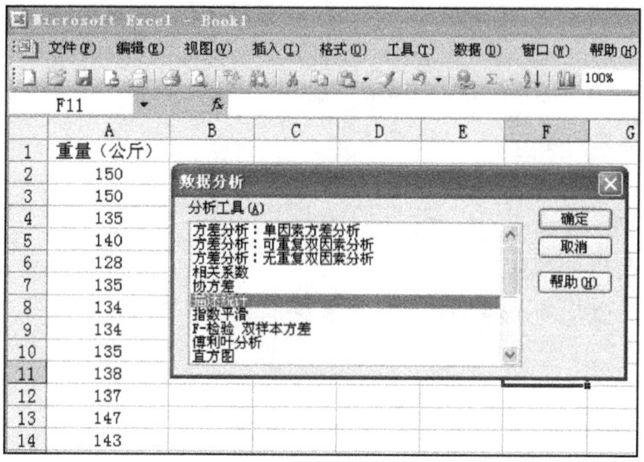

Microsoft Excel - Book1

文件(F) 编辑(E) 视图(V) 插入(I) 格式(O) 工具(T) 数据(D) 窗口(W) 帮助(H)

F11

	A	B	C	D	E	F	G
1	重量（公斤）						
2	150						
3	150						
4	135						
5	140						
6	128						
7	135						
8	134						
9	134						
10	135						
11	138						
12	137						
13	147						
14	143						

数据分析

分析工具(A)

方差分析：单因素方差分析
方差分析：可重复双因素分析
方差分析：无重复双因素分析
相关系数
协方差
描述统计
指数平滑
F-检验 双样本方差
傅利叶分析
直方图

确定　取消　帮助(H)

图 7.1 由“工具”菜单进入“数据分析”对话框

第三步，在“描述统计”对话框中进行如下操作：

（1）在“输入区域”框中输入“$A$1:$A$36”。如果需要指出输入区域中数据是按行或按列排列的，可在“分组方式”中单击【逐行】或【逐列】按钮。由于输入区域的第一行是标志，所以勾选下面的“标志位于第一行”复选框。

（2）在“输出区域”文本框中输入用于放置计算结果的区域左上角单元格的行列号。本例输入“$B$2”。也可选择“新工作表组”或“新工作簿”作为放置计算结果的区域。

（3）选择输出结果的统计选项。“汇总统计”包括平均数、标准误差、中位数、众数、方差、峰度、偏度、区域、最小值、最大值、求和、观测数；“平均数置信度”是指样本平均数估计总体平均数的可信程度，若选择此复选框，其右侧将显示默认值 95%。如果认为不合适，可输入要求达到的可信程度。

第四步，以上各项选定后，单击【确定】按钮，即在指定区域输出一个两列的计算结果，如图 7.3 所示。

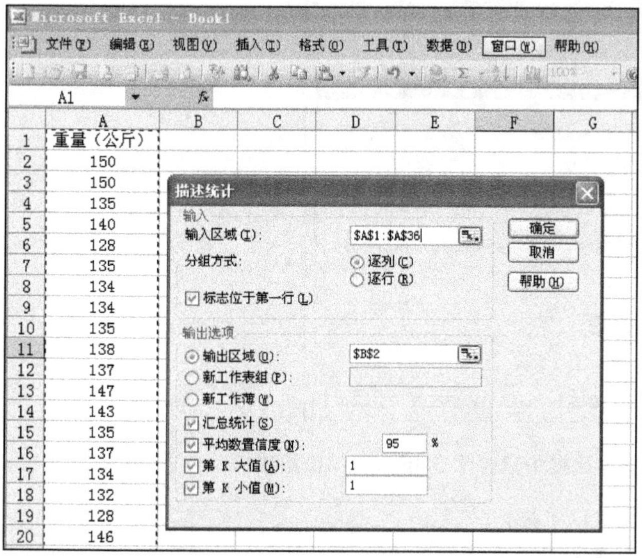

Microsoft Excel - Book1

文件(F) 编辑(E) 视图(V) 插入(I) 格式(O) 工具(T) 数据(D) 窗口(W) 帮助(H)

A1

	A
1	重量（公斤）
2	150
3	150
4	135
5	140
6	128
7	135
8	134
9	134
10	135
11	138
12	137
13	147
14	143
15	135
16	137
17	134
18	132
19	128
20	146

描述统计

输入

输入区域(I)：$A$1:$A$36

分组方式：◉逐列(C)　○逐行(R)

☑标志位于第一行(L)

输出选项

◉输出区域(O)：$B$2

○新工作表组(P)：

○新工作簿(W)

☑汇总统计(S)

☑平均数置信度(N)：95 %

☑第 K 大值(A)：1

☑第 K 小值(M)：1

确定　取消　帮助(H)

图 7.2 “描述统计”对话框

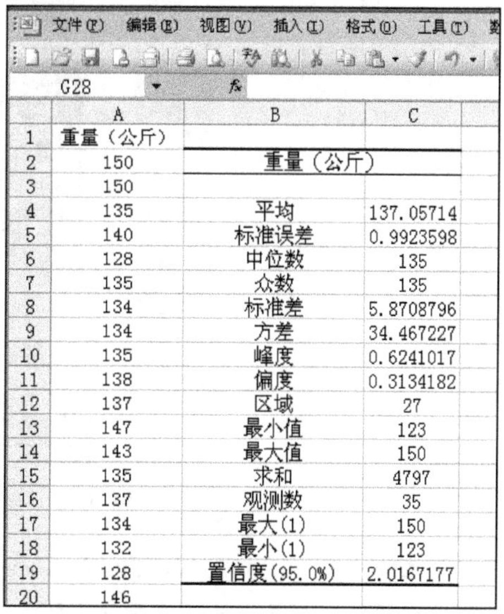

文件(F) 编辑(E) 视图(V) 插入(I) 格式(O) 工具(T)

G28

	A	B	C
1	重量（公斤）		
2	150	重量（公斤）	
3	150		
4	135	平均	137.05714
5	140	标准误差	0.9923598
6	128	中位数	135
7	135	众数	135
8	134	标准差	5.8708796
9	134	方差	34.467227
10	135	峰度	0.6241017
11	138	偏度	0.3134182
12	137	区域	27
13	147	最小值	123
14	143	最大值	150
15	135	求和	4797
16	137	观测数	35
17	134	最大(1)	150
18	132	最小(1)	123
19	128	置信度(95.0%)	2.0167177
20	146		

图 7.3 描述统计计算结果

图 7.3 中的指标解释如下：

（1）“平均”指样本平均数，是“求和”项与“观测数”项的比值。“求和”指样本标志值合计，“观测数”指样本单位数。

（2）“标准误差”指样本平均数的抽样平均误差，是“标准差”与“观测数”平方根的比值，其计算公式为

$$\mu=\frac{s}{\sqrt{n}}=\frac{5.87}{\sqrt{35}}\approx 0.99$$

（3）“方差”指样本标准差的平方。

（4）“峰度”也称峰值，是次数分布数列的特征之一。

（5）“偏度”是次数分布数列的另一特征。

（6）“区域”指极差，也称全距。

（7）“最大值”和“最小值”都是指全数列（所有样本数据）而言。

三、总体平均数的区间估计

对于正态分布或非正态分布但样本容量大于 30 的总体，进行平均数的区间估计，可采用 CONFIDENCE 函数（总体均值置信区间函数）。下面通过案例进行说明。

典型案例 7-14

为了调查某制造厂的产品重量，现从该批产品中随机抽取 250 件，测得它们的平均重量为 65 千克。已知总体标准差为 15 千克，试以 95%的置信度估计总体平均重量的置信区间。

操作步骤：启动 Excel 2003，新建一个工作簿 Book1。

第一步，单击【插入函数】按钮 f_x，在弹出的“插入函数”对话框中选择“统计”类中的“CONFIDENCE”函数，单击【确定】按钮，弹出该函数的对话框，如图 7.4 所示。

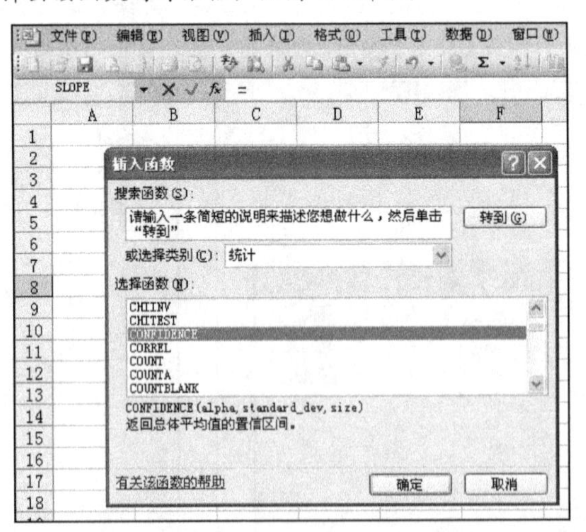

图 7.4　在“插入函数”对话框中选择 CONFIDENCE 函数

第二步，在“CONFIDENCE”选项组中，完成以下操作：

在“Alpha”文本框中输入设定置信概率的显著水平，本例为 0.05；

在“Standard _ dev”文本框中输入总体标准差，本例为 15；

在“Size”文本框中输入样本容量，本例为 250。

完成以上操作后，即在对话框底部给出允许误差的计算结果 1.859 385 097（约等于 1.86），如图 7.5 所示。

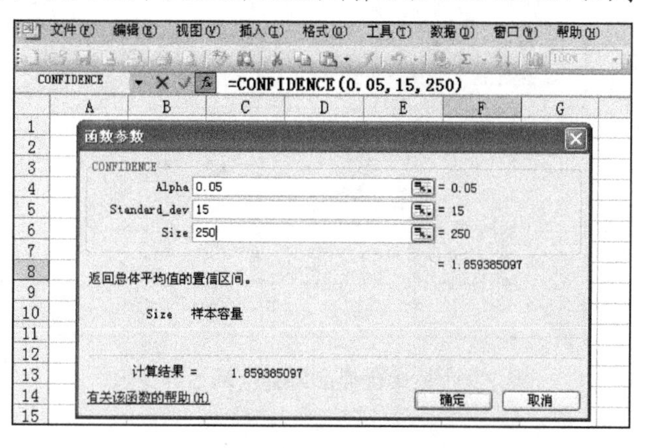

图 7.5 “CONFIDENCE”函数对话框

以上操作还可以用输入函数公式的方法完成。方法是：单击任一空单元格，输入“＝CONFIDENCE（0.05，15，250）”↙后即可得出同样的结果。

最后，将样本平均数 65 加上 1.86 得 66.86 千克，减去 1.86 得 63.14 千克，这表明有 95%的把握推断该批产品的平均重量为 63.14～66.86 千克。

四、总体成数的区间估计

以下通过案例进行说明。

典型案例 7-15

某厂对一批产品的质量进行抽样检验，抽样数据和要求如下：采用重复抽样抽取样品 200 只，样本优质品率为 85%，试计算当把握程度为 90%时优质品率的允许误差。

操作步骤：启动 Excel 2003，新建一个工作簿 Book1。

第一步，在 B1 单元格中输入样本容量 200；在 B2 单元格中输入样本比率 85%；在 B3 单元格中输入计算样本比率的标准差公式“＝SQRT（B2*（1－B2））”；在 B4 单元格输入α为 10%；在 B5 单元格中输入表达式“＝CONFIDENCE（B4，B3，B1）”，即得到 $\Delta_{\bar{x}}$ 等于 4.15%。CONFIDENCE 函数的应用如图 7.6 所示。

文件(F) 编辑(E) 视图(V) 插入(I) 格式(O) 工具(T) 数据

B5 =CONFIDENCE(B4,B3,B1)

	A	B
1	样本容量	200
2	样本成数	85%
3	样本标准差	0.357071421
4	显著性水平	10%
5	总体平均值置信区间中的极限误差	0.041530518
6	总体优质品率的90%置信区间下限	
7	总体优质品率的90%置信区间上限	
8		
9		

图 7.6 CONFIDENCE 函数

第二步，总体优质品率的区间估计范围，区间下限为“=B2−B5”，区间上限为“=B2+B5”，如图7.7所示。

	A	B
1	样本容量	200
2	样本成数	85%
3	样本标准差	0.357071421
4	显著性水平	10%
5	总体平均值置信区间中的极限误差	0.041530518
6	总体优质品率的90%置信区间下限	81%
7	总体优质品率的90%置信区间上限	89%
8		
9		

图7.7　总体优质品率的区间估计范围

五、样本容量的确定

在Excel中确定样本容量，主要使用输入公式的方法。根据已经掌握的概率度、总体方差、抽样误差，将数据代入计算样本容量的公式中并输入到表中的任一空单元格，确认后就可得到所需要的样本容量。输入公式的方法如前所述，这里就不再赘述。

任务7　统计技能实践

一、基本技能概述

1. 抽样推断技能

（1）区分抽样种类的技能：能区分重复抽样和不重复抽样；能区分简单随机抽样、类型抽样、等距抽样和整群抽样。

（2）计算抽样误差的技能：能计算抽样平均误差和抽样极限误差，并能根据概率 $F(t)$ 确定概率度 t。

（3）掌握总体参数的估计方法：能够在简单随机抽样方式下利用样本指标对总体指标（平均数、成数）进行点估计和区间估计。

（4）确定样本容量的方法：能确定推断总体平均数所需要的样本单位数目；能确定推断总体成数所需的样本单位数目。

2. Excel的基本操作

（1）用统计函数计算样本和总体的标准差及方差。

（2）使用描述统计工具对样本数据进行描述。

（3）用Excel进行总体平均数的区间估计。

（4）用Excel进行总体成数的区间估计。

（5）用Excel确定样本容量。

二、技能实训材料

1．抽样推断技能

1）实训 1

（1）实训材料：在第六次全国人口普查中，某普查小区《户主姓名底册》最大“户编号”为 90，该普查小区的随机起点为 2。

（2）实训要求：根据第六次全国人口普查表长表调查户抽取方法，在该普查小区的《户主姓名底册》“户编号”中，随机等距抽取长表调查住户组。

2）实训 2

（1）实训材料：一批货物 1 800 箱，运抵仓库，随机抽取 2%进行检验，获得的资料见表 7-4。

表 7-4 货物抽样检验资料

平均每箱重量/克	抽样数目/箱
500～540	3
540～580	5
580～620	6
620～660	10
660～700	7
700～740	5
合　计	36

（2）实训要求：

① 用重复抽样方法计算抽样平均误差。

② 用不重复抽样方法计算抽样平均误差。

③ 计算四种商品物价总指数，并计算全部商品价格变动使居民增加支出的金额。

3）实训 3

（1）实训材料：某进出口公司出口一种名茶，为检查其每包规格的重量，抽取样本 100 包。检验结果见表 7-5。

表 7-5 某进出口公司所出口名茶的抽样检验资料

每包重量/克	抽样数目/包
148～149	10
149～150	20
150～151	50
151～152	20
合　计	100

（2）实训要求：按规定这种茶叶每包规格重量应不低于 150 克。试以 0.997 3 的概率保证程度（$t=3$）计算。

① 确定每包平均重量的极限误差。

② 估计这批茶叶每包平均重量的范围，确定是否达到规格要求。

4）实训 4

（1）实训材料：某企业共有职工 1 000 人，企业准备实行一项改革，在职工中征求意见，采用不重复抽样方法，随机抽取 200 人作为样本，调查结果显示，有 150 人表示赞成这项改革，有 50 人表示反对。

（2）实训要求：试以 95%的置信水平确定赞成改革的人数比例的置信区间。

5）实训 5

（1）实训材料：某学校进行一次英语测验，为了解学生的考试情况，随机抽选部分学生进行调查，所得资料见表 7-6。

表 7-6 学生英语考试情况的抽样调查资料

考试成绩/分	60 以下	60～70	70～80	80～90	90～100
学生人数/人	10	20	22	40	8

（2）实训要求：

① 试以 95.45%的可靠性估计该校学生英语考试的平均成绩的范围。

② 以同样的概率保证程度估计该校学生成绩在 80 分以上的学生所占的比重的范围。

6）实训 6

（1）实训材料：某公司欲对某种型号的 10 000 个电子元件的耐用时间进行检查，若根据以往调查资料得知产品合格率为 96%。

（2）实训要求：要求在 95.45%的概率保证程度下，抽样误差范围不超过 4%，试确定需要抽取的电子元件个数。

2．Excel 的基本操作

1）实训 1

（1）实训材料：见表 7-5 资料。

（2）实训要求：运用 Excel 进行总体值的区间估计。

2）实训 2

（1）实训材料：见表 7-6 资料。

（2）实训要求：

① 运用 Excel 试以 95.45%的可靠性估计该校学生英语考试的平均成绩的范围。

② 运用 Excel 以同样的概率保证程度估计该校学生成绩在 80 分以上的学生所占的比重的范围。

3）实训 3

（1）实训材料：某银行储蓄所月终按定期储蓄存款账号进行每隔 5 户的等距抽样，见表 7-7。

表 7-7 某银行储蓄所存款抽样调查资料

定期储蓄存款金额/元	户数/户
100 以下	58
100～300	150

续表

定期储蓄存款金额/元	户数/户
300～500	200
500～800	62
800 以上	14
合　　计	484

（2）实训要求：试用 Excel 以 95.45%的概率估计下列指标范围。

① 平均每户定期存款数。

② 定期存款 300 元以上的比重。

业务训练题

一、单项选择题

1. 反映样本指标与总体指标之间抽样误差可能范围的指标是（　　）。

A. 样本平均误差　　B. 抽样极限误差　　C. 可靠程度　　D. 概率程度

2. 在其他条件不变的情况下，抽样单位数目和抽样误差的关系是（　　）。

A. 抽样单位数越大，抽样误差越大

B. 抽样单位数越大，抽样误差越小

C. 抽样单位数的变化与抽样误差的数值无关

D. 抽样误差变化程度是抽样单位数变动程度的 1/2

3. 用简单随机抽样（重复抽样）方法抽取样本单位，如果要使抽样平均误差降低 50%，则样本容量需扩大到原来的（　　）。

A. 2 倍　　B. 3 倍　　C. 4 倍　　D. 5 倍

4. 事先将全及总体各单位按某一标志排列，然后依固定顺序和间隔来抽选调查单位的抽样组织形式称为（　　）。

A. 分层抽样　　B. 简单随机抽样　　C. 整群抽样　　D. 等距抽样

5. 抽样平均误差就是所有可能出现的样本平均数（或样本成数）与总体平均数的平均离差，一般采用（　　）形式。

A. 平均数　　B. 平均差　　C. 标准差　　D. 标准差系数

6. 在同样条件下，不重置抽样的抽样平均误差与重置抽样的抽样平均误差相比，有（　　）。

A. 前者小于后者　　B. 前者大于后者　　C. 两者相等　　D. 无法判断

7. 在抽样设计中，最好的方案是（　　）。

A. 抽样误差最小的方案　　B. 调查单位最少的方案

C. 调查费用最省的方案　　D. 在一定误差要求下费用最少的方案

8. 在一定抽样平均误差的条件下，要提高推断的可靠程度，必须（　　）。

A. 扩大误差　　B. 缩小误差　　C. 扩大极限误差　　D. 缩小极限误差

9. 根据抽样调查的资料，某企业生产定额平均完成百分比为 165%，抽样平均误差为 1%，概率为 0.954 5 时，可据以确定生产定额年均完成百分比为（　　）。

A. 不大于 167%　　B. 不大于 167%和不小于 163%

C. 不小于 167%　　D. 不大于 163%和不小于 167%

10. 对 400 名大学生抽取 19%进行不重复抽样调查，优等生比重为 20%，概率为 0.954 5，优等生比重的极限抽样误差为（　　）。

A．4.0%　　B．4.13%　　C．9.18%　　D．8.26%

11．事先确定总体范围，并对总体的每个单位编号，然后根据“随机数码表”或抽签的方式来抽取调查单位数的抽样组织形式称为（　　）。

A．简单随机抽样　　B．机械抽样　　C．分层抽样　　D．整群抽样

12．按地理区域划分所进行的区域抽样，其抽样方法属于（　　）。

A．简单随机抽样　　B．等距抽样　　C．类型抽样　　D．整群抽样

13．抽样平均误差反映了样本指标与总体指标之间的（　　）。

A．实际误差　　B．实际误差的绝对值

C．平均误差程度　　D．可能误差范围

14．所谓小样本一般是指样本单位数为（　　）。

A．30个以下　　B．30个以上　　C．100个以下　　D．100个以上

15．对某单位职工的文化程度进行抽样调查，得知其中80%的人是高中毕业，抽样平均误差为2%。当概率为95.45%时，该单位职工中具有高中文化程度的比重（　　）。

A．等于78%　　B．大于84%　　C．为76%～84%　　D．小于76%

二、多项选择题

1．抽样法的基本特点是（　　）。

A．根据部分实际资料对全部总体的数量特征做出估计

B．深入研究某些复杂的专门问题

C．按随机原则从全部总体中抽选样本单位

D．调查单位少，调查范围小，了解总体基本情况

E．抽样推断的抽样误差可以事先计算并加以控制

2．抽样平均误差（　　）。

A．是抽样平均数（或抽样成数）的平均数

B．是抽样平均数（或抽样成数）的平均差

C．是抽样平均数（或抽样成数）的标准差

D．是反映抽样平均数（或抽样成数）与总体平均数（或总体成数）的平均误差程度

E．是计算抽样极限误差的衡量尺度

3．要增大抽样推断的概率保证程度，可以（　　）。

A．缩小概率度　　B．增大抽样误差范围

C．缩小抽样误差范围　　D．增加抽样数目

E．增大概率度

4．在其他条件不变的情况下，抽样极限误差的大小和概率的保证程度的关系是（　　）。

A．允许误差范围越小，概率保证程度越大

B．允许误差范围越小，概率保证程度越小

C．允许误差范围越大，概率保证程度越大

D．成正比关系

E．成反比关系

5．在一定误差范围的要求下（　　）。

A．概率度大，要求可靠性低，抽样数目相应要多

B．概率度大，要求可靠性高，抽样数目相应要多

C．概率度小，要求可靠性低，抽样数目相应要少

D．概率度小，要求可靠性高，抽样数目相应要少

E．概率度小，要求可靠性低，抽样数目相应要多

三、判断题

1. 所有可能的样本平均数等于总体平均数。（ ）
2. 在其他条件相同的情况下，重复抽样的抽样平均误差一定比不重复抽样的抽样平均误差大。（ ）
3. 在抽样推断中，全及指标是确定的和唯一的，而样本指标是一个随机变量。（ ）
4. 抽样平均误差同总体变异程度的大小成正比。（ ）
5. 抽样平均误差同样本单位数的多少成正比。（ ）
6. 抽样平均误差同样本单位数的多少成正比，而与总体变异程度的大小无关。（ ）
7. 抽样推断中不可避免会产生抽样误差，但人们可以通过调整总体方差的大小来控制抽样误差的大小。（ ）
8. 在抽样推断中，样本和总体一样都是确定的、唯一的。（ ）

四、简答题

1. 统计推断中随机原则的含义是什么？
2. 简单随机抽样方式下如何对总体指标（平均数、成数）做出推断？
3. 怎样确定样本容量？

项目 8

相关与回归分析

先导案例

在最新发布的2010年南京市人口普查数据中，包含“老南京人”与“新南京人”在内，全市的常住人口突破了800万人，同第五次全国人口普查数据相比，10年共增加176万人，增长28.31%，年平均增长率达到2.52%。常住人口的增长与近几年南京市住宅开发规模紧密相连，按照人口普查的定义，常住人口包括乡镇街道范围内的户籍人口和非户籍常住人口，在这一概念下，本地人买房重新落户，外地人买房落户以及旧有房屋出租的状况，都在不停改变着南京城市的人口分布状况。2000年以来，南京市每年的商品住宅销售规模少则300万平方米，多则1 000万平方米。而10年间每年平均增加17.6万人，按照人均25平方米的居住面积计算，粗略估算就是440万平方米的需求。

常住人口的增长，与楼市发展有着密不可分的联系，也反映了南京人的置业走向：随着政府对江宁、浦口、建邺等新区的规划和配套投入，相应地，江宁区、浦口区、建邺区的人口增长迅猛；南京市平均每个家庭人口从2.92人缩小到2.77人，更多的年轻人独立居住、新南京人的进入，产生了婚房刚需大潮，拉动了楼市；南京市与周边城市的人口落差又诞生了都市圈异地购房热潮……更重要的是，楼市发展以及板块面貌的改善反过来也在影响城市的人口分布。

在人口普查数据中，也不难看出楼市发展的端倪。首先，江宁区和六合区的人口规模分别首次突破110万人和90万人，占据全市人口比例的第一和第二，而在2000年人口普查数据中，尚未撤县建区的江宁人口规模为78万人、六合为64万人，10年间分别增长了41%和40%，“新江北”“新江宁”住户的产生恰恰是近几年江宁、江北板块楼市大开发，城市化加速人口增长的写照。

其次是家庭规模不断缩小，由此给楼市增加了更多的刚性需求。2000年的人口普查中，全市共有家庭户192.1万户，家庭户人口为560.1万人，占总人口的89.79%，平均家庭户规模为2.92人，比1990年的3.44人下降了0.52人。而此次普查南京市家庭户为237万户，平均每个家庭户的人口为2.77人，比2000年第五次人口普查的数字又减少了0.15人。家庭户规模下降，和很多南京年轻人结婚后就单独买房“独立门户”不无关联。多年来，外地和本地年轻人结婚刚需购房，形成了庞大的“新南京人”群体。统计局负责人认为，南京市作为大城市，人们的生活方式也发生着变化：子女婚后，更追求独立的生活空间，倾向于搬出去组建小家庭。

此外，人口普查不仅能看出南京本地人口的增长趋势，还能看出南京与周边都市圈之间的人口落差。江苏省13个城市人口数量排名为苏州第一，徐州第二，南京第三。这些城市均已具备向外辐射的购房需求，但值得注意的是，人口较少的城市竟也落入南京都市圈的范围之内，全省13个城市中人口最少的是镇江市，2010年人口普查数据为311万人，占全省比重仅为3.96%，巨大的人口落差蕴含着同样巨大的外地购房机遇。

（资料来源：http://news.house365.com/gbk/njestate/system/2011/05/06/010304084.shtml，节选.）

【案例思考】

（1）常住人口的增长与楼市发展有什么关系？

（2）常住人口的增长与楼市发展的关系是否是函数关系？

任务提炼

在现实世界中，不论是自然现象，还是社会现象之间，都是相互联系、相互制约的。比如案例中的南京常住人口的增长，与近几年南京住宅开发规模紧密相连。常住人口的增长，与楼市发展有着密不可分的联系，但这种联系并不存在一种严格的依存关系，也就是说，它们的密切程度还没有达到一个变量就能够决定另一个变量的关系，它们虽说有密切关系，但这是一种非确定性的关系。统计里把这种不严格的依存关系叫作相关关系。本项目将介绍相关关系的有关内容，并介绍利用回归对现象间存在的一般数量关系进行描述，具体有以下任务：

（1）认识相关关系。

（2）学会直线相关分析。

（3）掌握直线回归分析。

（4）利用 Excel 计算相关系数和进行回归分析。

（5）统计技能实践。

任务1　认识相关关系

一、相关关系的含义

典型案例 8-1

小红所在班级最近组织了一次体检，小红发现身高较高的同学体重都较重。小红在网上收集到了下面一种计算体重与身高的关系式：

（1）男性：标准体重＝身高（厘米）－105。

（2）女性：标准体重＝身高（厘米）－100。

医生在测量了身高以后，为什么不利用上面公式，直接计算出每个学生的身高呢？小红结合体检结果，利用公式根据身高计算了几个同学的体重，结果没有几个吻合，而同学们都很健康。这是为什么呢？

这与我们以前学的计算三角形面积的公式中，已知三角形的底和高就可以直接算出三角形的面积有什么不同呢？

一切客观事物都是相互联系、相互制约的，这种现象之间的关系可以概括为两种不同的类型：一类是具有确定性的关系，称为函数关系；另一类是具有不确定性的关系，称为相关关系。

1．函数关系

函数关系反映现象之间存在着严格的依存关系。在这种关系中，对于某一变量的每一个数值，都有另一个变量的确定值与之相对应，并且这种关系可以用一个数学表达式反映出来。例如，商品的总成本与商品的数量和商品的单位成本之间的关系、商品的销售总额与商品销售数量和商品销售价格之间的关系等都属于函数关系。

2．相关关系

相关关系反映现象之间确实存在关系但又不具有确定性的依存关系。相关关系有以下两方面的特点：

（1）相关关系是指现象之间确实存在数量上的相互依存关系，一个量发生变化会引起另一个量的变化，如一个学生的身高发生变化，体重也会随之发生变化。

（2）现象之间数量依存关系的具体关系值不是固定的，如同一身高的同学的体重并不都是一样的。

二、相关关系的种类

1. 完全相关、不完全相关和不相关

（1）完全相关。若某一变量的值完全由另一个变量值的变动所决定，则这两个变量之间的相关关系表现为完全相关，如图 8.1 和图 8.2 所示。例如，正方形面积的大小完全取决于边长的大小，不受其他因素的影响，面积与边长之间就是一种确定的函数关系。因此，函数关系实际上是相关关系的一种特殊表现形式，即完全相关的形式。

（2）不完全相关。若变量间存在着一定的联系，当一个量发生变化时，另一个量也会因此而发生变化，但又不存在严格的函数关系，如图 8.3、图 8.4 和图 8.5 所示。例如，单位面积产量与施肥量之间的关系就属于不完全相关。大多数相关关系属于不完全相关，是统计研究的主要对象。

（3）不相关。若某一变量的值完全不受另一变量值变动的影响，两变量之间完全独立，彼此不受影响，则两变量之间的相关关系表现为不相关，如图 8.6 所示。例如，石油危机对某块农田的单位面积产量没有任何影响，这两个变量之间是不相关的。

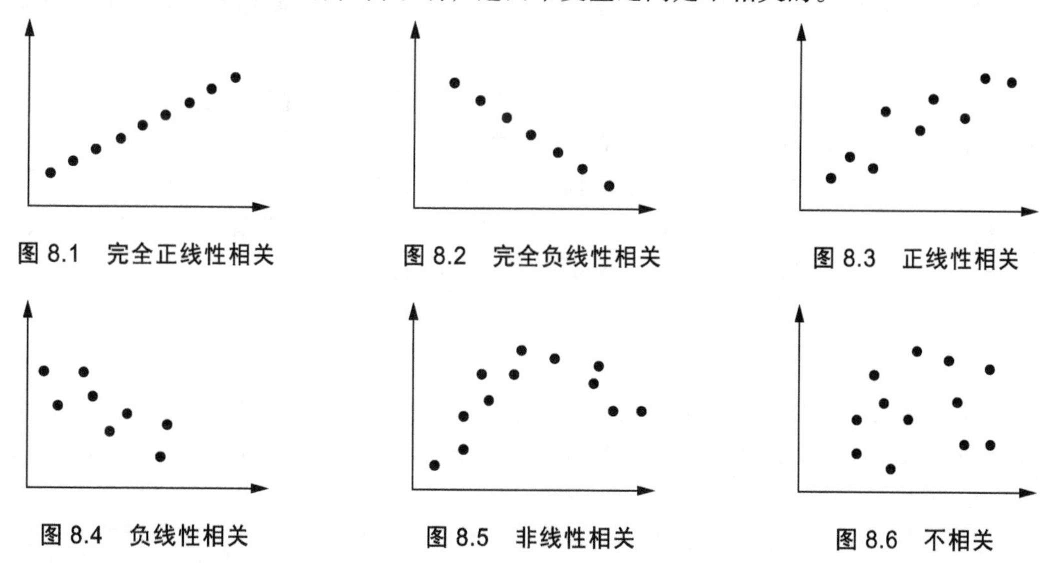

图 8.1 完全正线性相关　图 8.2 完全负线性相关　图 8.3 正线性相关

图 8.4 负线性相关　图 8.5 非线性相关　图 8.6 不相关

2. 正相关和负相关

（1）正相关。正相关是指当某一变量 x 的数值增加或减少时，另一变量 y 的数值也会随之同方向地增加或减少，在图形的表现形式上为两个变量的变化方向一致，如图 8.3 所示。例如，在一定范围内，施肥量增加，单位面积产量也会增加；劳动生产率提高，生产的产品数量也会提高等都属于正相关。

（2）负相关。负相关是指当某一变量 x 的数值增加或减少时，另一变量 y 的数值会相应地反方向减少或增加，在图形的表现形式上为两个变量的变化方向相反，如图 8.4 所示。例如，劳动生产率提高，产品的单位成本降低就属于负相关。

3. 单相关和复相关

（1）单相关。当研究某一个变量与另一个变量之间的相关关系时称为单相关，也叫一元相关。例如，施肥量与单位面积产量之间的关系为一元相关。

（2）复相关。当研究某一个变量与其他两个或两个以上变量的相关关系时称为复相关，也叫多元相关。例如，某种商品的需求量与商品的价格水平、人们的收入水平之间的相关关系就是一种复相关。

4．线性相关（或直线相关）和非线性相关（或曲线相关）

（1）线性相关（或直线相关）。如果相关的两个变量的数值数组在直角坐标图上进行绘制，其散点分布图表现趋向于直线形式，则称为变量间具有线性相关，线性相关也称为直线相关，如图 8.3 和图 8.4 所示。例如，在一定范围内施肥量与单位面积产量之间表现为线性相关。

（2）非线性相关（或曲线相关）。如果散点分布图表现趋向于某种曲线的形式，则称为非线性相关，非线性相关也称为曲线相关，如图 8.5 所示。例如，当施肥量超过了一定的范围时，施肥量与单位面积产量之间就表现为非线性相关。

三、相关关系分析的内容

对现象之间相关关系的研究，统计是从两个方面进行的，一是直线相关，二是回归分析。

1．直线相关

（1）判别现象间有无相关关系。首先要通过定性分析来判别现象间是否确实存在相关关系，否则就会产生认识上的偏差，得出错误的分析结论。

（2）判定相关关系的表现形态和密切程度。只有当变量间确实存在密切的相关关系时，才可能进行回归分析，对现象进行预测、推断和决策。因此，判定现象间存在相关关系后，需要进一步确定相关关系的表现形态和密切程度。统计上，一般通过编制相关表、绘制相关图和计算相关系数来作出判断。

2．回归分析

（1）建立回归方程。当变量之间的相关关系比较密切时，就可以根据其相关关系的类型来确定相应的数学表达式，用以反映或预测相关变量的数量关系及数值。所建立的数学表达式叫作回归方程，这是进行推算和预测的依据。

（2）对因变量估计值的可靠程度进行检验。根据回归方程，可以给出自变量的若干数值，求得因变量相应的估计值。估计值与实际值之间是存在误差的，确定因变量估计值误差大小的指标叫作回归标准误差。回归误差越小，则因变量估计值的可靠程度越高；反之，因变量估计值的可靠程度越低。

直线相关与回归分析是相关关系分析中最基本的方法，同时又是最简单的方法。本项目主要介绍这种方法。

任务2　学会直线相关分析

一、相关表

相关表就是把被研究现象的观察值对应排列所形成的统计表格。利用相关表可以简明、清晰地表明变量之间的相关关系。把具有相关关系的变量资料进行平行排列，并按某一变量标志值的大小顺序将变量数组排列在一张表上，以观察它们之间的相关关系，这样的表为简单相关表，如表 8-1 所示。如果总体资料较多，指标也较多，在编制相关表时，要先对原始资料进行分组，然后才能编制，这样所形成的表明多个变量之间相关关系的相关表为分组相关表。分组相关表的编制方法与编制变量数列相似，在这里不再赘述。

表 8-1　某地区 2008—2015 年人均收入与耐用消费品销售额相关表　　单位：万元

年　　份	人 均 收 入	耐用消费品销售额
2008	3.1	75
2009	3.2	77
2010	3.3	80
2011	3.5	81
2012	3.6	86
2013	3.8	89
2014	3.9	90
2015	4.1	91

从表 8-1 中可以看出，随着当地人均收入的增加，耐用消费品销售额也有相应上升的趋势，这两个变量之间存在着明显的正向相关关系。

在大多数情况下，通过相关表还不能清晰地表现两个变量之间相关关系的形式，为此还需要利用相关表的资料进一步绘制相关图。

二、相关图

相关图又称为散点图，是将所掌握的具有相关关系的现象变量值组合，以坐标点的形式在直角坐标系中绘制出的用以表明变量间相关关系的统计图形。以横轴作为自变量轴，以纵轴作为因变量轴，将相关表中的每一对数组在坐标系中画出相关坐标点，由所有的相关点所构成的图就是相关图。图 8.7 便是根据表 8-1 绘制的相关图。

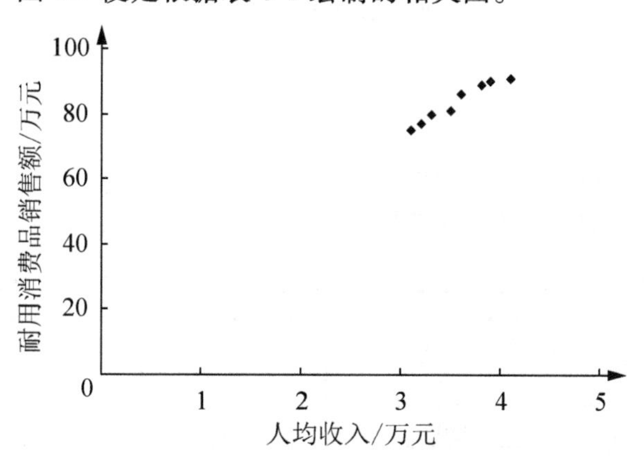

图 8.7　某地区历年人均收入与耐用消费品销售额相关图

通过相关图中所有相关点的分布特点，可以直观地看出相关点近似在一条上升的直线上，由此可以判断出，在两个现象之间存在着正向线性相关关系。

三、相关系数

社会经济现象之间的相关多半属于直线相关，因此，直线相关分析在实际中最为常用，而直线相关的紧密程度是通过相关系数来度量的。

1. 相关系数的含义

相关系数是在线性相关条件下，用以测定两个变量之间相关密切程度和相关方向的指标，相关系数用符号"r"来表示。通过对相关系数指标的计算，可以根据结果明确判断出两个变量之间的相关程度的大小和相关的方向，相比相关图表来讲更具有说服力。

相关系数的计算公式为

$$r=\frac{\sigma_{xy}^{2}}{\sigma_{x}\cdot\sigma_{y}}=\frac{\frac{1}{n}\sum(x-\bar{x})(y-\bar{y})}{\sqrt{\frac{1}{n}\sum(x-\bar{x})^{2}}\cdot\sqrt{\frac{1}{n}\sum(y-\bar{y})^{2}}} \quad (8.1)$$

注意：公式（8.1）中，x 与 y 分别为两变量的标志值；$\bar{x}$ 与 $\bar{y}$ 分别为变量 x 与 y 的算术平均数；σ_x 为变量 x 的标准差；σ_y 为变量 y 的标准差；σ_{xy}^2 为两个变量 x 与 y 的协方差。

根据公式（8.1）计算两变量间的相关系数 r 比较麻烦，经过推算可得到公式（8.2）。

$$r=\frac{n\sum xy-\sum x\cdot\sum y}{\sqrt{n\sum x^{2}-\left(\sum x\right)^{2}}\cdot\sqrt{n\sum y^{2}-\left(\sum y\right)^{2}}} \quad (8.2)$$

这样就可以根据相关表中两变量的原始资料计算出相关系数，再根据相关系数 r 的数值判断出两变量之间的相关程度与相关方向。

2. 相关系数的计算

通常采用公式（8.2）来计算相关系数 r，公式中各相应字母对应数据可通过相关系数计算表来计算。下面举例说明相关系数的计算步骤和方法。

典型案例 8-2

从某车间抽出10名工人的工龄与劳动生产率资料，分析工人工龄与劳动生产率有没有相关关系。如果有，存在什么样的关系？程度如何？计算结果见表8-2。

表8-2　某车间工人的工龄与劳动生产率之间的相关系数计算表

序号 n	工龄 x/年	劳动生产率 y/（件/日）	x^2	y^2	xy
1	9	1 000	81	1 000 000	9 000
2	12	1 050	144	1 102 500	12 600
3	14	1 500	196	2 250 000	21 000
4	15	1 200	225	1 440 000	18 000
5	17	1 600	289	2 560 000	27 200
6	18	1 500	324	2 250 000	27 000
7	18	1 800	324	3 240 000	32 400

续表

序号 n	工龄 x/年	劳动生产率 y/（件/日）	x^2	y^2	xy
8	20	1 750	400	3 062 500	35 000
9	21	1 850	441	3 422 500	38 850
10	22	1 950	484	3 802 500	42 900
合　计	166	15 200	2 908	24 130 000	263 950

从表 8-2 中可知 $n=10$，$\sum x=166$，$\sum y=15\,200$，$\sum x^2=2\,908$，$\sum y^2=24\,130\,000$，$\sum xy=263\,950$，将数据代入公式（8.2），得

$$
\begin{aligned}
r &= \frac{n\sum xy-\sum x\cdot\sum y}{\sqrt{n\sum x^2-\left(\sum x\right)^2}\cdot\sqrt{n\sum y^2-\left(\sum y\right)^2}} \\
&= \frac{10\times 263\,950-166\times 15\,200}{\sqrt{10\times 2\,908-166^2}\cdot\sqrt{10\times 24\,130\,000-15\,200^2}} \\
&\approx 0.930\,066
\end{aligned}
$$

由此可知：相关系数 $r\approx 0.930\,066$，计算结果表明在工人的工龄与劳动生产率之间存在着高度线性正相关关系。

3．相关系数的特点

相关系数一般可以从正负符号和绝对数值的大小两个层面理解。正负说明现象之间是正相关还是负相关；绝对数值的大小说明两现象之间线性相关的密切程度。

（1）相关系数 r 的取值范围是 $0\leqslant |r| \leqslant 1$；$r$ 的绝对值 $|r|$ 越大，表示变量 x 与变量 y 之间的相关程度越高；r 的绝对值 $|r|$ 越小，表示变量 x 与变量 y 之间的相关程度越低。

（2）相关系数 r 的绝对值 $|r|=1$ 时，表示变量 x 与变量 y 之间存在完全线性相关。

（3）相关系数 $r=0$ 表示变量 x 与变量 y 之间没有线性相关关系。但并不意味着它们之间不存在其他类型的关系，还有可能存在着非线性相关关系。

（4）相关系数 r 的计算结果通常为 $-1<r<1$，即表示存在着一定的线性相关关系。

（5）计算相关系数的两个变量 x 与 y 都是随机变量。

（6）根据变量 x 与变量 y 计算相关系数只有一个。参与计算的两个变量之间是对等的，不必区分自变量还是因变量。

4．利用相关系数进行相关程度分析

一般情况下，通过相关系数 r 的绝对值 $|r|$ 的大小来判断变量 x 与变量 y 之间线性相关程度的大小，其说明如下所述：

（1）当 $|r|=0$ 时，表明变量 x 与变量 y 之间完全不相关。

（2）当 $|r|<0.3$ 时，表明变量 x 与变量 y 之间存在微弱相关。

（3）当 $0.3\leqslant |r|<0.5$ 时，表明变量 x 与变量 y 之间存在低度相关。

（4）当 $0.5\leqslant |r|<0.8$ 时，表明变量 x 与变量 y 之间存在显著相关，也称中度相关。

（5）当 $0.8\leqslant |r|<1$ 时，表明变量 x 与变量 y 之间存在高度相关。

（6）当 $|r|=1$ 时，表明变量 x 与变量 y 之间存在完全线性相关。

例如，典型案例 8-2 中的相关系数 $r\approx 0.930\,066$ 表明在工人的工龄与劳动生产率之间存在着高度线性正相关关系。

任务3 掌握直线回归分析

一、认识回归分析

1．回归分析的含义

在本项目任务1中，体重和身高之间虽然没有严格的函数关系，但可以通过函数关系的近似表达式来反映，据此进行估算或推算，这种方法就是回归分析。

回归分析就是对具有相关关系的变量之间数量变化的一般关系进行测定，确定一个相关的数学表达式，以便于进行估计或预测的统计方法。

2．回归分析的类型

（1）按回归的形式不同可以分为直线回归分析和曲线回归分析。对具有直线相关关系的现象配以直线方程进行回归分析，为直线回归分析；对具有曲线相关关系的现象配以曲线方程进行回归分析，称为曲线回归。

（2）按回归变量的个数不同，可以分为一元回归分析和多元回归分析。回归分析中只涉及两个变量的回归分析称为一元回归分析，其中一个变量是自变量，另一个变量是因变量；多元回归分析是指三个或三个以上的变量之间的回归，其中有两个或两个以上的变量为自变量。本任务只介绍一元直线回归分析（以下简称直线回归分析）。

3．回归分析与相关分析的关系

回归分析与相关分析既互相补充、密切联系，又有区别。

1）回归分析与相关分析的联系

（1）相关分析是回归分析的前提条件。只有现象之间具有较强的密切程度，才有必要对涉及的变量进行回归分析。如果变量之间相关密切程度不强，对其进行回归分析就没有意义。因此，相关分析是回归分析的前提条件。

（2）回归分析是相关分析的继续深入。相关分析只能研究现象之间是否存在相关，并对相关的方向和相关的密切程度加以说明，而不能以确定的函数表达式来说明现象变量之间的变动关系。回归分析则通过一定的数学模型，对变量之间的关系拟合出一个回归方程，形象地说明现象之间的数量变动关系，并根据回归方程对所研究的变量进行分析和预测。因此，回归分析是相关分析的继续深入。

2）回归分析与相关分析的区别

（1）说明问题的深浅不同。相关分析主要是通过相关表、相关图和相关系数来判断两个变量之间是否存在相关关系以及变量之间相关的方向和密切程度，而不能通过函数表达式准确地说明现象之间的变动关系。回归分析则通过建立回归方程，以数据形式表明变量之间平均变动的效果和变量之间变动的关系。

（2）研究变量的性质不同。相关分析中，所研究的两个随机变量之间是对等的，不必区分自变量还是因变量，两个变量之间只能有一个相关系数。而回归分析中，分析研究的是一个随机变量与另一个给定可控随机变量之间的相互关系，并且要研究变量之间的因果关系，区分自变量还是因变量。通过互为因果关系的变量可以拟合两个完全不同的回归方程，一个是 y 倚 x 的回归方程，一个是 x 倚 y 的回归方程。

二、直线回归分析

1．确定直线回归模型（一元线性回归分析）

设有两个变量 x 和 y，变量 y 的取值随变量 x 取值的变化而变化，一般称 y 为因变量，x 为自变量；反之亦然。一般来说，对于具有线性相关关系的两个变量，可以用一条直线方程来表示它们之间的关系，即

$$y_c = a + bx \tag{8.3}$$

式中：y_c——因变量 y 的估计值，即回归估计值；

a——拟合直线在 y 轴上的截距；

b——拟合直线的斜率，也叫作回归系数。

a 与 b 都是简单直线回归方程的待定参数，通常采用最平方乘法计算。

2．参数 a、b 的估计

要使所选直线能够真正反映 x、y 的变化趋势，根据相关的数学理论知识得出 a 、b 的计算方法为

$$\begin{cases} b = \dfrac{n\sum xy - \sum x \cdot \sum y}{n\sum x^2 - \left(\sum x\right)^2} \\ a = \dfrac{\sum y}{n} - b\dfrac{\sum x}{n} = \overline{y} - b\overline{x} \end{cases} \tag{8.4}$$

根据两变量的实际观测资料代入公式（8.4），即可计算出简单直线回归待定参数 a 与 b，并将 a 与 b 代入简单直线回归方程模型公式（8.3），即可求出最合适的拟合直线。

注意： b 是回归系数，其含义是指当自变量 x 每增加一个单位时，因变量 y 随之变动的平均值。

典型案例 8-3

有 10 个同类企业的产品销售额和利润额资料见表 8-3。

表 8-3　10 个同类企业的产品销售额和利润额资料

企 业 编 号	产品销售额/万元	利润额/万元
1	160	25
2	344	88
3	450	85
4	680	230
5	708	185
6	800	205
7	1 360	268
8	1 450	290
9	1 700	275
10	1 950	310

要求：

（1）计算销售额与利润额之间的相关系数，说明其相关程度。

（2）求出产品销售额对利润额的回归方程。

（3）预测当销售额达到 2 000 万元时，利润额能达到什么水平？

解：

（1）计算相关系数不必区分自变量与因变量，而在进行简单直线回归分析时要区分自变量与因变量，因此这里根据题意假设销售额为自变量 x，利润额为因变量 y。则建立相关系数计算表 8-4。

表 8-4　10 个同类企业产品销售额和利润额之间的相关系数计算表

企业编号	销售额 x/万元	利润额 y/万元	x^2	y^2	xy
1	160	25	25 600	625	4 000
2	344	88	118 336	7 744	30 272
3	450	85	202 500	7 225	38 250
4	680	230	462 400	52 900	156 400
5	708	185	501 264	34 225	130 980
6	800	205	640 000	42 025	164 000
7	1 360	268	1 849 600	71 824	364 480
8	1 450	290	2 102 500	84 100	420 500
9	1 700	275	2 890 000	75 625	467 500
10	1 950	310	3 802 500	96 100	604 500
合　计	9 602	1 961	12 594 700	472 393	2 380 882

从表 8-4 中可知 $n=10$，$\sum x=9\,602$，$\sum y=1\,961$，$\sum x^2=12\,594\,700$，$\sum y^2=472\,393$，$\sum xy=2\,380\,882$，将数据代入公式（8.2），得

$$r=\frac{n\sum xy-\sum x\times\sum y}{\sqrt{n\sum x^2-\left(\sum x\right)^2}\times\sqrt{n\sum y^2-\left(\sum y\right)^2}}$$

$$=\frac{10\times2\,380\,882-9\,602\times1961}{\sqrt{10\times12\,594\,700-9\,602^2}\times\sqrt{10\times472\,393-1961^2}}$$

$$\approx0.914\,5$$

因为相关系数 $r\approx0.914\,5$，说明企业产品销售额和利润额之间存在高度正相关关系。

（2）配合回归模型根据公式（8.4）采用最小二乘法对待定参数进行估计，得

$$\begin{cases}b=\dfrac{n\sum xy-\sum x\times\sum y}{n\sum x^2-\left(\sum x\right)^2}\approx0.147\,54\\[2ex] a=\dfrac{\sum y}{n}-b\dfrac{\sum x}{n}=\overline{y}-b\overline{x}\approx54.431\,2\end{cases}$$

因此，回归直线方程为

$$y_c=a+bx=54.431\,2+0.147\,54x$$

（3）当销售额达到 2 000 万元时，即 $x=2\,000$，代入回归方程，得

$$y_c=54.431\,2+0.147\,54x\approx349.51\text{（万元）}$$

即当销售额达到 2 000 万元时，利润额能达到 349.51 万元。

三、估计标准误差

根据直线回归方程，可以用自变量的数值推算因变量的数值，但推算出来的因变量的数值并不是精确的，与实际值有一定误差，通常用估计标准误差来反映。估计标准误差的计算公式为

$$S_{yx}=\sqrt{\frac{\sum(y-\overline{y})^2}{n-2}} \tag{8.5}$$

或

$$S_{yx}=\sqrt{\frac{\sum y^2-a\sum y-b\sum xy}{n-2}} \tag{8.6}$$

注意： S_{yx}表示y倚x的估计标准误差；n表示回归分析中相关点的个数；$n-2$表示自由度，因为在简单直线回归分析中，a与b是两个待定参数，已经失去两个自由度。

结合典型案例 8-3 可知，$n=10$，$\sum y^2=472\ 393$，$\sum xy=2\ 380\ 882$，$\sum y=1\ 961$，$a=54.431\ 2$，$b=0.147\ 54$，根据公式（8.6）计算得

$$S_{yx}=\sqrt{\frac{\sum y^2-a\sum y-b\sum xy}{n-2}}\approx 42.39\text{（万元）}$$

计算结果表明各个观测点离回归直线的平均距离为 42.39 万元，这个距离不是实际距离，而是一种平均距离。回归标准误差是在“离差平方和最小”情况下计算的，虽然该题计算结果看起来比较大，但这条回归直线已是最能代表所给资料的平均趋势直线了。

任务 4　用 Excel 计算相关系数和进行回归分析

一、绘制散点图

下面通过案例进行说明。

典型案例 8-4

某地区历年城镇居民家庭人均收入和人均消费的资料见表 8-5。根据资料，利用 Excel 绘制关于人均收入和人均消费之间关系的散点图。

表 8-5　某地区历年城镇居民家庭人均收入和人均消费统计表　　单位：元

年　份	人均收入	人均消费	年　份	人均收入	人均消费
1991	802	685	1999	3 042	2 333
1992	935	830	2000	4 018	3 186
1993	1 049	901	2001	4 254	3 383
1994	1 465	1 013	2002	4 876	3 894

续表

年 份	人均收入	人均消费	年 份	人均收入	人均消费
1995	1 536	1 172	2003	5 261	4 236
1996	1 654	1 378	2004	5 398	4 330
1997	1 943	1 502	2005	5 986	4 753
1998	2 267	1 785	2006	6 453	5 187

操作步骤：

第一步，录入资料。启动 Excel 2003，新建一个工作簿 Book1，在“A1:C17”区域内输入数据资料。

第二步，选择图表。数据录入完成后，根据要求，选择“插入”菜单，执行“图表”命令，弹出“图表类型”对话框，如图 8.8 所示，在“标准类型”选项卡的“图表类型”列表框中选择“XY 散点图”选项，并在右侧的“子图表类型”选项组中选择一种图形（如第一个类型），单击【下一步】按钮，弹出“源数据”对话框。

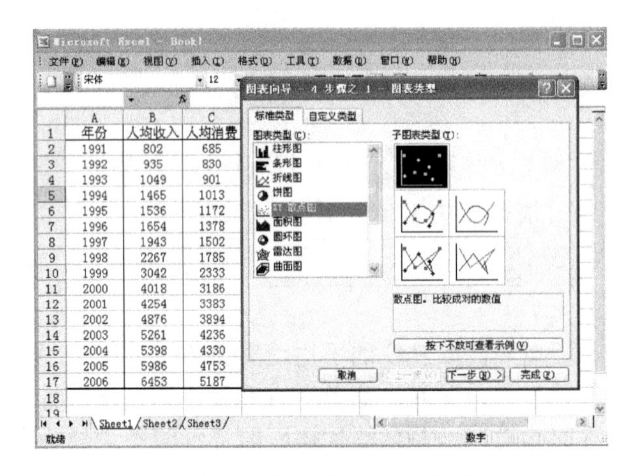

图 8.8 “图表类型”对话框

第三步，图表源数据设定。在“源数据”对话框的“数据区域”选项卡中，确定“数据区域”系列产生在“行”还是“列”（通常我们选择“列”），单击“系列”选项卡，要创建图表，单击【添加】按钮添加数据系列。然后在“名称”“X 值”和“Y 值”文本框中输入系列信息或单元格引用，导入两个变量的数据。这里的“名称”就是系列的名称，可以输入，也可以默认。“X 值”和“Y 值”就是确定变量 X 和变量 Y 的数据范围，如图 8.9 和图 8.10 所示。

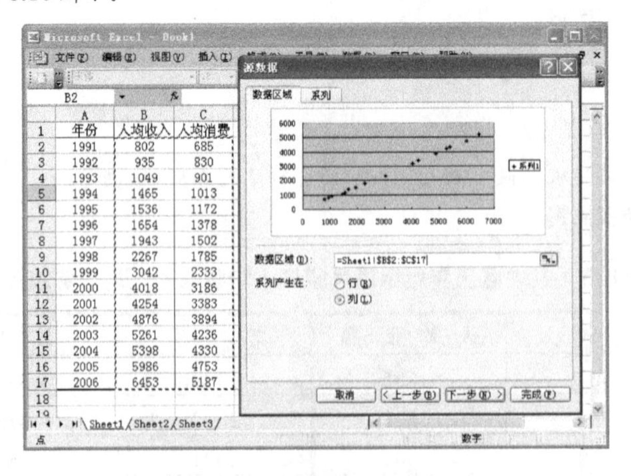

图 8.9 “源数据”对话框

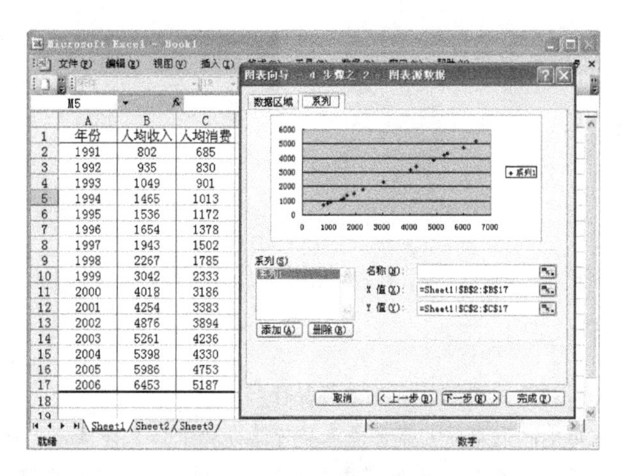

图 8.10 输入图表源数据

第四步，图表设定。将数据源设置完成后，单击【下一步】按钮进入图 8.11 所示的“图表选项”对话框。在“图表选项”对话框中，在“图表标题”文本框中输入“某地区历年人均收入和人均消费统计散点图”（图 8.11 中计算机没有全部显示出来）；在“数值 X 轴”文本框中输入“人均收入”；在“数值 Y 轴”文本框中输入“人均消费”。并可以对“坐标轴”“网格线”“图例”（通常不要显示图例）和“数据标志”进行设置，以使散点图更加适合我们的需要。设置完成后单击【下一步】按钮弹出“图表位置”对话框，根据需要设置绘制的图表插入的位置，单击【完成】按钮，弹出如图 8.12 所示图形。

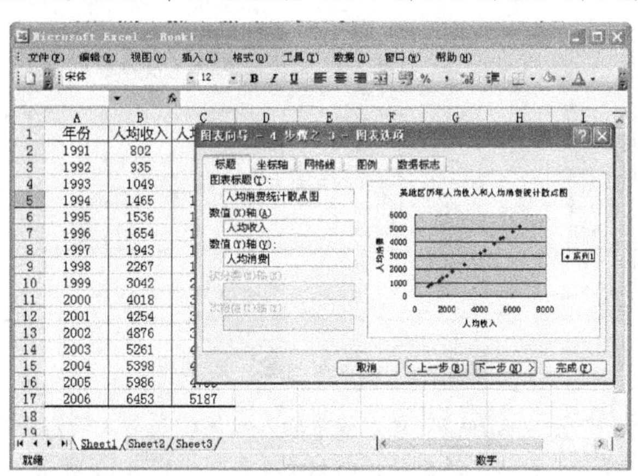

图 8.11 “图表选项”对话框

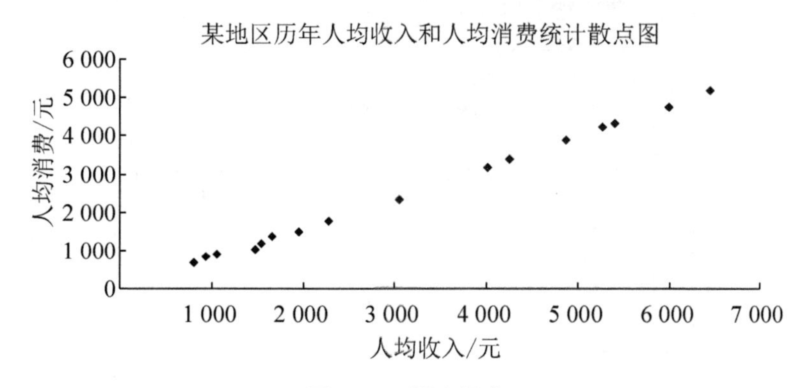

图 8.12 图表输出

二、计算相关系数

下面通过案例进行说明。

典型案例 8-5

利用典型案例 8-4 中的表 8-5 资料，要求利用 Excel 的统计功能，计算人均收入和人均消费之间的相关系数。

操作步骤：

第一步，录入资料。资料的录入同前，在此不再赘述。

第二步，插入函数。数据录入完成后，在电子表格中选择一个位置存放相关系数的返回值。根据要求，点选“插入”菜单，执行“函数”命令，弹出“插入函数”对话框。在选择函数类别下拉列表中选择“统计”选项，在“选择函数”列表框中选择“CORREL”函数，这时可以看到函数 CORREL（array1， array2）返回两组数值的相关系数，如图 8.13 所示。

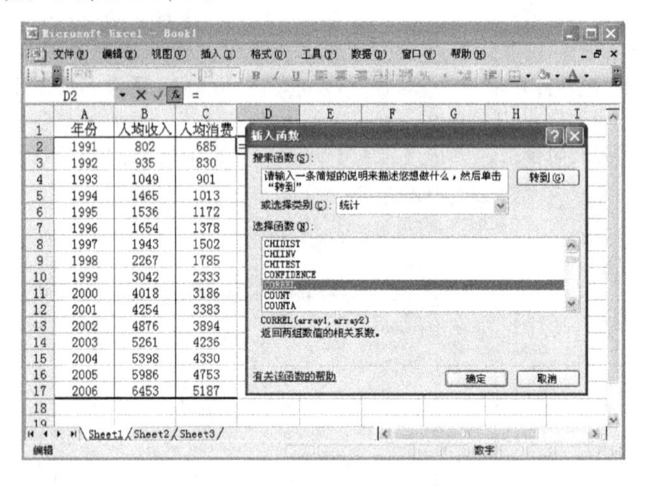

	A	B	C
1	年份	人均收入	人均消费
2	1991	802	685
3	1992	935	830
4	1993	1049	901
5	1994	1465	1013
6	1995	1536	1172
7	1996	1654	1378
8	1997	1943	1502
9	1998	2267	1785
10	1999	3042	2333
11	2000	4018	3186
12	2001	4254	3383
13	2002	4876	3894
14	2003	5261	4236
15	2004	5398	4330
16	2005	5986	4753
17	2006	6453	5187

图 8.13 “插入函数”对话框

这时只要分别在“Array1”和“Array2”文本框中输入人均收入与人均消费数据资料，并单击【确定】按钮，即可返回“Array1”和“Array2”两组数值的相关系数，如图 8.14 所示。

图 8.14 输入数据资料输出计算结果

由此可以得到相关系数返回值为 0.999 200 362，则人均收入与人均消费两变量间存在着高度正相关关系。

三、简单直线回归分析

下面通过案例进行说明。

典型案例 8-6

利用典型案例 8-3 的资料，要求利用 Excel 的统计功能，建立简单直线回归方程并根据所给资料进行预测。

操作步骤：

第一步，相关关系的判定。在经过前面计算过程的基础上，确定了产品销售额与利润额之间的相关系数为 0.914 517，可知产品销售额与利润额之间存在着高度正相关关系，如图 8.15 所示。

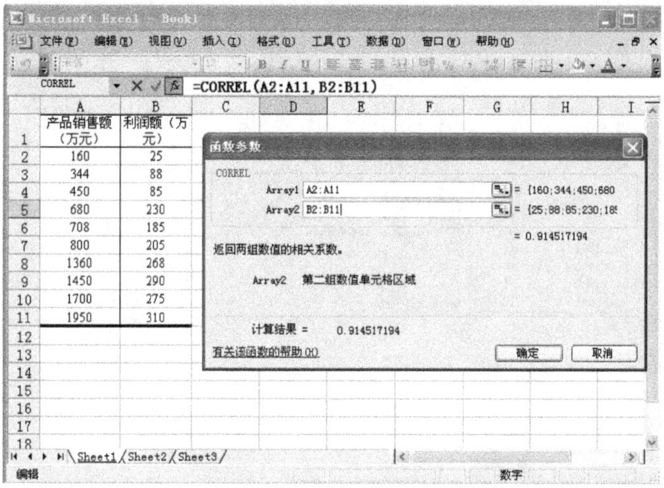

Microsoft Excel - Book1

文件(F) 编辑(E) 视图(V) 插入(I) 格式(O) 工具(T) 数据(D) 窗口(W) 帮助(H)

CORREL =CORREL(A2:A11,B2:B11)

	A	B
1	产品销售额（万元）	利润额（万元）
2	160	25
3	344	88
4	450	85
5	680	230
6	708	185
7	800	205
8	1360	268
9	1450	290
10	1700	275
11	1950	310

函数参数

CORREL

Array1 A2:A11 = {160;344;450;680

Array2 B2:B11 = {25;88;85;230;185

= 0.914517194

返回两组数值的相关系数。

Array2 第二组数值单元格区域

计算结果 = 0.914517194

有关该函数的帮助(H) 确定 取消

Sheet1 / Sheet2 / Sheet3 / 编辑 数字

图 8.15 表 8-4 资料相关系数的计算结果

第二步，简单直线回归模型的确定。在简单直线回归分析中，y 为因变量，x 为自变量。假定简单直线回归模型为 $y_c = a + bx$，参数 a 为在 y 轴上的截距，b 是拟合直线的斜率。

第三步，回归参数的确定。

a 的确定。选定存放截距 a 的单元格，点选“插入”菜单，执行“函数”命令，弹出“插入函数”对话框，在选择函数类别下拉列表中选择“统计”函数，然后在“选择函数”列表框中选择“求线性回归拟合方程的截距”的函数“INTERCEPT”，然后单击【确定】按钮，如图 8.16 所示。然后打开“函数参数”对话框，在“known_y's”和“known_x's”文本框中分别输入因变量 y 和自变量 x 的取值范围，单击【确定】按钮，就在选定存放 a 处得到返回值 a=54.431 234 29，如图 8.17 所示。

b 的确定。确定方法同 a 的确定方法一样，只是应用的统计函数不同，在确定直线斜率时使用的函数为“SLOPE”。分别输入因变量 y 和自变量 x 的取值范围，单击【确定】按钮，就可以在选定存放 b 处得到返回值 b=0.147 540 893，如图 8.18 所示。

第四步，简单线性回归方程的确定。将 a 和 b 的值代入

$$y_c = a + bx = 54.431\ 234\ 29 + 0.147\ 540\ 893x$$

即为得到的简单线性回归方程。

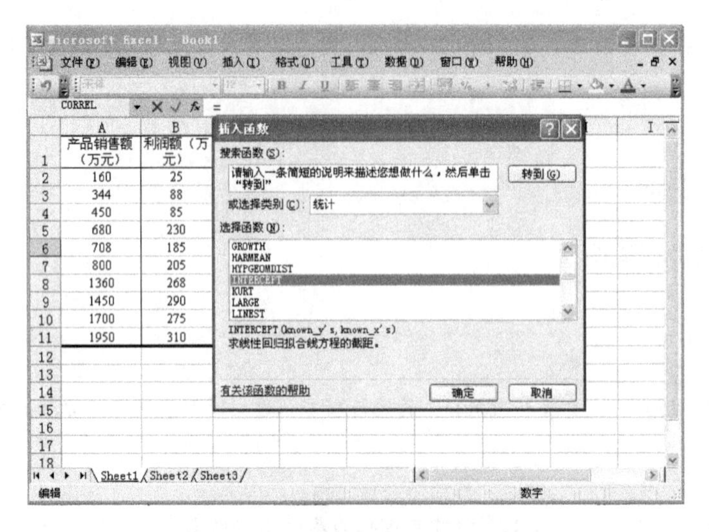

图 8.16 “插入函数”对话框

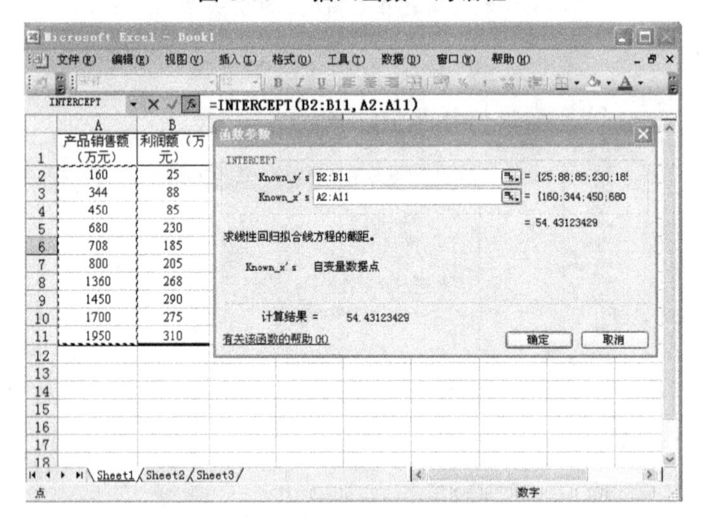

图 8.17 输入数据资料输出 a 值

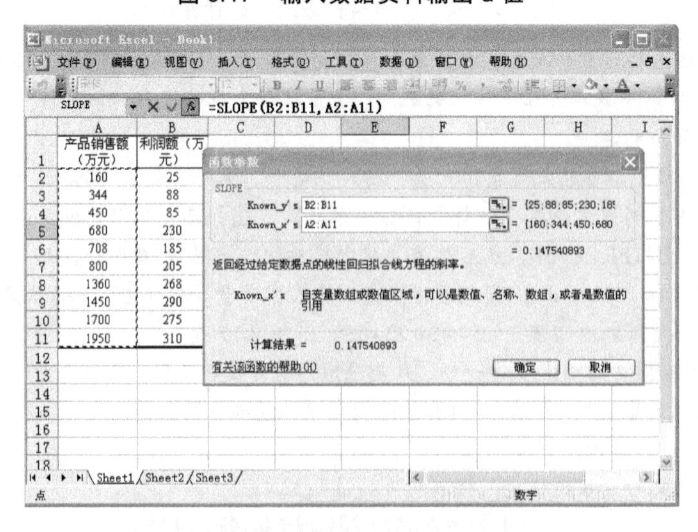

图 8.18 输入数据资料输出 b 值

第五步，预测。根据给定的变量 x 的值，可以利用统计函数“FORECAST”进行对因变量 y 值的预测。方法同参数的估计，函数使用“FORECAST”。然后输入给定的自变量值（如 x=2 000)、因变量 y 的范围和自变量 x 的范围后即可以得到因变量 y 值的预测值为 349.513 020 8，如图 8.19 所示。

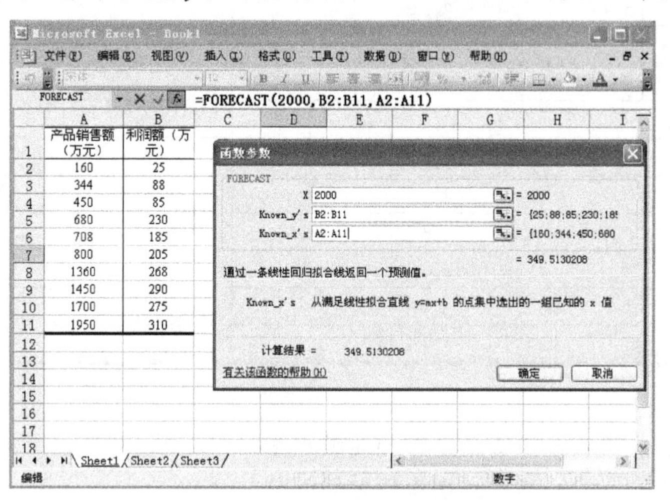

图 8.19 输入数据资料输出预测值

任务 5 统计技能实践

一、基本技能概述

1．相关与回归分析技能

（1）区分函数关系与相关关系的技能：能区分现实生活中各种现象间存在的相互依存关系是函数关系还是相关关系；如果是相关关系，能区分相关关系的种类。

（2）掌握直线相关分析的技能：能根据编制相关表或绘制相关图来观测现象间相关关系的情况；能通过计算相关系数来度量直线相关关系的密切程度。

（3）掌握直线回归分析的方法：能根据变量观测值构建回归直线方程，对现象间存在的一般数量关系进行描述；并能用回归标准误差来说明回归直线方程的代表性大小。

2．Excel 的基本操作

（1）利用 Excel 绘制散点图。

（2）利用 Excel 计算相关系数。

（3）利用 Excel 进行简单直线回归分析。

二、技能实训材料

1．相关与回归分析技能

1）实训 1

（1）实训材料：某地区 2006—2015 年人均收入和耐用消费品销售额资料见表 8-6。

表8-6　某地区2006—2015年人均收入和耐用消费品销售额情况统计表

年　份	人均收入/万元	耐用消费品销售额/万元
2006	3.1	80
2007	3.2	82
2008	3.4	87
2009	3.5	91
2010	3.7	99
2011	4.0	118
2012	4.4	136
2013	4.9	145
2014	5.5	163
2015	6.3	184

（2）实训要求：

① 根据以上简单相关表的资料绘制相关散点图。

② 计算人均收入与耐用消费品销售额之间的相关系数。

③ 根据相关系数判断相关关系的表现形式和方向。

2）实训2

（1）实训材料：某种产品的产量与单位成本资料见表8-7。

表8-7　某种产品的产量与单位成本资料

产量/千件	单位成本/（元/件）
2	73
3	72
4	71
3	73
4	69
5	68

（2）实训要求：

① 计算相关系数并判断其相关方向和程度。

② 建立单位成本及产量变化的直线回归方程。

3）实训3

（1）实训材料：某地高校经费（x）与高校学生人数（y）连续6年的统计资料见表8-8。

表8-8　某地高校经费与高校学生人数连续6年的统计资料

教育经费/万元	在校学生人数/万人
316	11
343	16
373	18
393	20
418	22
455	25

（2）实训要求：

① 建立回归直线方程，估计教育经费为500万元的在校学生人数。

② 计算估计标准误差。

2．Excel的基本操作

1）实训1

（1）实训材料：浙江宁波市鄞州区2006—2015年农村居民人均收入与人均消费支出的统计资料见表8-9。

表8-9 鄞州区2006—2015年农村居民人均收入与人均消费支出情况 单位：元

年 份	人均收入	人均消费支出
2006	7 984	4 934
2007	8 438	5 126
2008	8 388	5 953
2009	8 977	5 876
2010	10 028	6 543
2011	11 275	7 162
2012	12 834	7 914
2013	14 745	8 797
2014	15 736	9 410
2015	17 654	10 510

（2）实训要求：

① 利用Excel绘制散点图。

② 利用Excel计算相关系数。

2）实训2

（1）实训材料

现有10家商店的销售额和利润资料，见表8-10。

表8-10 10家商店销售额和利润资料

序 号	月人均销售额/万元	利润率
1	6	12.6%
2	5	10.4%
3	8	18.5%
4	1	3.0%
5	4	8.1%
6	7	16.3%
7	6	12.3%
8	3	6.2%
9	3	6.6%
10	7	16.8%

（2）实训要求：

① 利用Excel绘制散点图。

② 利用Excel计算月人均销售额与利润率之间的相关系数，并说明其相关程度。

③ 利用Excel求出利润率（y）对月人均销售额（x）的回归方程。

④ 利用Excel试以某商店月人均销售额为9万元推算其利润率。

3）实训3

（1）实训材料：见表8-8资料。

（2）实训要求：

① 利用Excel软件，对简单直线回归参数进行确定，并确定回归方程。

② 利用Excel依据建立的回归方程，估计教育经费为500万元的在校学生人数。

业务训练题

一、单项选择题

1. 当价格不变时销售额与销售量之间存在着（　　）。

A．相关关系　B．因果关系　C．函数关系　D．比较关系

2. 当自变量按一定数量变化时，因变量也大致按照一个固定的量变化，这时两个变量之间存在着（　　）。

A．线性相关关系　B．曲线相关关系　C．负相关关系　D．正相关关系

3. 当变量x值增加时，变量y值随之下降，则x和y两个变量之间存在着（　　）。

A．正相关关系　B．负相关关系　C．曲线相关关系　D．直线相关关系

4. 相关系数（　　）。

A．只适用于直线相关

B．只适用于曲线相关

C．既可用于直线相关，也可用于曲线相关

D．既不适用于直线相关，也不适用于曲线相关

5. 相关系数r的取值范围是（　　）。

A．$0 \leqslant r \leqslant 1$　B．$-1 \leqslant r \leqslant 1$　C．$-1 \leqslant r \leqslant 0$　D．$0 < r$

6. 若变量x和变量y之间的相关系数为-0.85，则说明两变量之间是（　　）。

A．高度相关关系　B．完全相关关系　C．低度相关关系　D．完全不相关

7. 已知变量x与y之间的关系，如图8.20所示，则下面4个数字中最可能是其相关系数的是（　　）。

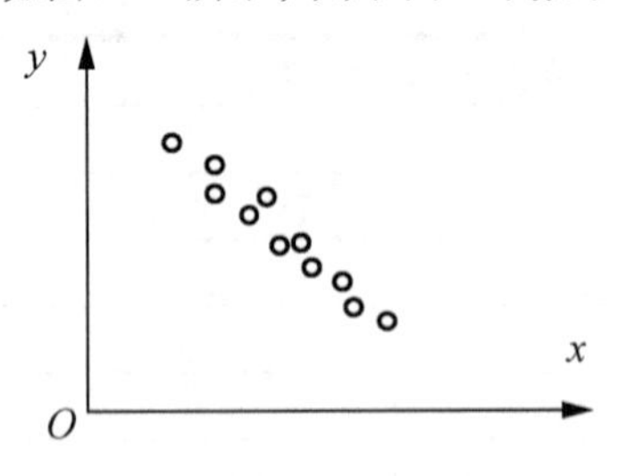

图8.20　变量x与y之间的关系

A．-1.01　B．-0.23　C．-0.91　D．-0.32

8. 已知某工厂甲产品产量和生产成本有直接关系，在这条直线上，当产量为500时，其生产成本为10 000元，其中不随产量变化的成本为2 000元，则成本总额对产量的回归方程是（　　）。

A．$y=2\,000+16x$　B．$y=2\,000+1.6x$　C．$y=16\,000+2x$　D．$y=16+2\,000x$

9. 在简单回归直线$y_c=a+bx$中，b表示（　　）。

A．当x增加一个单位时，y增加a的数量　B．当y增加一个单位时，x增加b的数量

C．当 x 增加一个单位时，y 增加 b 的数量　D．当 y 增加一个单位时，x 的平均增加值

10．产品的产量 x（千件）与单位产品成本 y（元）之间的回归方程为 $y_c=110-6.57x$，这意味着产量每提高一个单位（千件），成本就（　　）。

A．提高 110 元　　B．降低 110 元　　C．降低 6.57 元　　D．提高 6.57 元

二、多项选择题

1．下列现象属于函数关系的是（　　）。

A．圆的半径和圆的周长　　B．家庭收入和消费支出
C．产量和总成本　　D．价格不变时，销售量和销售额
E．身高和体重

2．按照相关性的密切程度，相关关系可以分为（　　）。

A．正相关　　B．完全相关　　C．负相关
D．不完全相关　　E．不相关

3．简单线性相关分析的特点是（　　）。

A．两个变量是对等关系
B．只能算出一个相关系数
C．相关系数有正负号
D．相关的两个变量必须都是随机的
E．相关系数的大小反映两个变量之间相关的密切程度

4．据统计资料证实，银行利率与股票价格指数有依存关系，即随银行利率的上升，股票指数有下降的趋势，但这种变动不是均等的，可见这种关系是（　　）。

A．函数关系　　B．相关关系　　C．正相关
D．负相关　　E．曲线相关

5．简单线性相关分析与简单线性回归分析的区别在于（　　）。

A．相关分析中的两个变量都是随机的，而回归分析中自变量是给定的数值，因变量是随机的
B．回归分析中的两个变量都是随机的，而相关分析中的自变量是给定的数值，因变量是随机的
C．相关分析中系数有正负号，而回归系数只能取正值
D．相关分析中的两个变量是对等关系，而回归分析中的两个变量不是对等关系
E．相关分析中根据两个变量只能计算出一个相关系数，而回归分析中根据两个变量可以求出两个回归方程

三、判断题

1．两个变量之间为完全相关即两个变量之间为函数关系。（　　）
2．在相关系数的计算中，如果互换自变量和因变量，计算结果会不同。（　　）
3．相关系数 $r=0$，则两个变量之间没有相关关系。（　　）
4．相关系数 r 越大，则变量之间的线性相关关系越强。（　　）
5．简单线性回归中，若回归系数为正数，则相关系数也为正数。（　　）
6．在回归分析中，自变量和因变量都可以是随机的。（　　）

四、简答题

1．相关关系的种类有哪些？
2．相关分析的主要内容有哪些？
3．回归分析与相关分析的区别和联系是什么？
4．在直线回归方程中，参数 a 和 b 的经济意义是什么？

项目 9

统计分析报告

先导案例

根据浙江省人民政府决定，我省以 2014 年 11 月 1 日零时为时点，进行了全省 5‰人口抽样调查工作。这次调查以全省为总体，以各市为次总体，采取分层、整群、概率比例的抽样方法，最终样本单位为调查小区，共调查人口 40.2 万人。在各级政府的统一领导下，在全省广大人民群众的密切支持配合下，经过全省近 2 500 名调查工作人员的艰苦努力，顺利完成了人口变动抽样调查工作。现将主要数据公布如下：

1. 常住人口

2014 年 11 月 1 日零时，浙江省的常住人口为 5 503.4 万人，年末全省常住人口为 5 508 万人，与 2013 年年末常住人口 5 498 万人相比，增加 10.0 万人，增长 0.18%。

2. 城乡构成

全省年末常住人口中，居住在城镇的人口为 3 573.0 万人，占总人口的 64.87%；居住在乡村的人口为 1935.0 万人，占总人口的 35.13%。与 2013 年相比，城镇人口占总人口的比重上升 0.87 个百分点。

3. 性别构成

全省年末常住人口中，男性为 2 827.6 万人，占总人口的 51.3%；女性为 2 680.4 万人，占总人口的 48.7%。性别比（以女性为 100，男性对女性的比例）为 105.5。

4. 年龄构成

全省年末常住人口中，0～14 岁的人口为 732.7 万人，占总人口的 13.30%；15～64 岁的人口为 4 184.3 万人，占总人口的 75.97%；65 岁及以上的人口为 591.0 万人，占总人口的 10.73%。与 2013 年相比，0～14 岁人口的比重上升 0.07 个百分点，65 岁及以上人口的比重上升 0.47 个百分点。

5. 自然增长状况

全省 2013 年 11 月 1 日至 2014 年 10 月 31 日，出生人口为 57.8 万人，死亡人口为 30.3 万人，自然增长人口为 27.5 万人。出生率为 10.51‰，死亡率为 5.51‰，自然增长率为 5.00‰。

6. 各市主要数据

地区	2014 年年末常住人口/万人	出生率	死亡率	城镇人口比重
全省	5 508	10.51‰	5.51‰	64.87%
杭州市	889.2	10.1‰	5.0‰	75.1%
宁波市	781.1	9.0‰	4.5‰	70.3%
温州市	906.8	12.5‰	4.9‰	67.2%
嘉兴市	457.0	10.4‰	5.7‰	59.2%
湖州市	293.0	9.0‰	7.0‰	57.4%
绍兴市	495.6	8.1‰	6.4‰	62.1%
金华市	543.7	11.2‰	5.6‰	63.3%
衢州市	212.4	10.3‰	6.4‰	49.0%
舟山市	114.6	8.1‰	6.1‰	66.3%
台州市	601.5	11.3‰	5.4‰	59.5%
丽水市	213.1	11.4‰	5.9‰	55.2%

注：2014 年全省人口变动抽样调查以 2014 年 11 月 1 日零时为标准时间，调查对象是被抽中的调查小区内具有中华人民共和国国籍并符合以下条件之一的全部人口：

（1）2014 年 10 月 31 日晚居住在本调查小区；

（2）户口在本户，2014 年 10 月 31 日晚未居住在本户。

（资料来源：2014 年浙江省人口变动抽样调查主要数据公报. 浙江统计信息网，http://www.zj.stats.gov.cn/tjgb/rkcydcgb/201502/t20150213_153148.html.）

【案例思考】

（1）这篇统计分析报告是由几个部分组成的？

（2）你认为在写这篇分析报告前还要做哪些工作？

（3）统计分析报告除这种写法外，你还曾接触过哪些类型的统计分析报告？

长期以来，人们通过不断地相互交流和借鉴，使得统计综合分析报告形成了一种较有特色的文体。它不同于一般的总结报告、议论文、叙述文和说明文，更不同于小说、诗歌和散文。例如，案例中的统计报告就是运用统计资料和统计方法，将数字与文字相结合，表现出2014年浙江省人口变动分析研究结果。这样，它就提供了有效的统计信息，能为党政领导决策提供重要依据。本项目将具体讲述统计分析报告的特点、说理方法、选题以及统计分析报告的撰写等。要将自己统计调查和分析的资料撰写成统计分析报告，要完成以下任务：

（1）认识统计分析。

（2）认识统计分析报告。

（3）统计分析报告的撰写。

（4）统计技能实践。

任务1　认识统计分析

一、统计分析的概念

典型案例 9-1

有关统计数据表明，某市每百户空调拥有率高达60%左右。分析此资料可得出结论：该市家用空调已进入寻常百姓家，这从一个侧面反映了人民群众生活水平的状况。

对有关住房消费资料进行统计研究和分析发现：①房价过高、购买力不足是目前房地产市场的突出表现。②有73.4%的消费者对房屋质量、物业管理和办理产权最为担心。③绝大多数的消费者愿在多层住宅小区居住，不愿住高层住宅。④绝大多数消费者仅认为购置房产是居住，而不是作为一种投资行为。⑤将近50%的消费者认为，在购房付款方式上应选择分期付款。⑥消费者购置房产的法则是位置。这些问题将对政府的宏观决策和房地产开发商的经营策略起到重要的参考作用。

根据某年前5个月的经济运行情况，当时初步测算，上半年国内生产总值达42 942亿元，同比增长7.9%，继续保持了较快的增长态势。这一增长速度与一季度增长8.1%和全年预期增长8%的速度相比落差不大，也明显高于同期世界经济增长速度，表明国家以扩大内需为主的宏观调控政策（包括积极的财政政策和稳健的货币政策）是有效的，也是完全正确的。

上面的例子简洁地说明了什么是统计分析及统计分析的必要性。可以看出，统计资料经过整理后，只能说明“是什么”或者“现在怎么样”，而不能回答“为什么”和“今后怎么样”。只有进行统计分析，才能说明形成事物现状的原因，并进而预测事物发展变化的前景。

总之，统计分析是从一定的目的出发，根据统计调查、统计整理所掌握的大量数据及相关资料，运用统计所特有的方法，对客观现象进行分析研究，通过现象的数据表现来揭示现象的本质及其规律，并预测其发展趋势的一种认识活动。

二、统计分析的程序

统计分析一般需要经过以下几个环节：

（1）确定分析课题。

（2）拟定分析提纲。

（3）收集、整理统计资料。

（4）编制统计分析表。

（5）进行系统分析。所谓系统分析，就是充分利用统计分析表中的各种数据，结合具体情况，对事物各个部分、各个方面进行有秩序的研究比较，认清事物的状况和表现，分析事物之间的依存关系和因果关系，再把各部分的分析加以综合，得出整体的认识，形成科学的概念，掌握事物发展变化的规律，并针对存在的问题提出解决问题的对策或建议。系统分析是整个统计分析工作中最重要的环节。

（6）撰写统计分析报告。统计分析的最后环节是撰写统计分析报告。统计分析报告是表述统计分析过程与结果的一种文书资料，是对统计分析工作成果的反映。统计分析的结果可用如口头说明、黑板报、广播、墙报等多种方式反映出来，但最主要的形式还是写成书面的分析报告。书面报告可以把事物的状况、问题、原因、建议等分析结果更详尽、系统地表达出来，便于资料的积累和查阅。

任务2 认识统计分析报告

一、统计分析报告的特点

1．运用统计指标和统计分析方法

统计分析报告就是对统计指标的分析，这就不可避免地要用到一整套统计特有的分析方法（如对比分析法、动态分析法、因素分析法、统计推断等）。统计分析报告是统计人员把统计分析的过程和结果用一般语言“翻译”过来，让群众、领导等非统计人员也能看懂的一种文体。

2．注重数字语言的运用

数字语言包括统计表和统计图。运用大量的统计数据，是统计分析报告与其他文体最明显的区别。可以说，没有统计数字的运用，就不成其为统计分析报告。

3．注重定量分析

针对统计部门的优势，从数量方面来表现事物的规律、水平、构成、速度、质量、效益等情况，并把定量分析与定性分析结合起来。

4．具有很强的针对性

只有针对各级党政领导和社会各界普遍关心的难点、热点、焦点问题进行分析才能有的放矢，使统计分析报告的针对性强。

5．注重准确性

统计分析报告要求数字准确、不能有丝毫差错；情况真实，不能虚假；论述有理，不能违反逻辑；观点正确，不能出现谬误；建议可行，不能脱离实际。

6．注重时效性

统计分析报告具有很强的时效性，若失去了时效性也就失去了实用性，统计分析报告写得再好也成了无效劳动。要保证统计分析报告的时效性，说要求统计人员要有一叶知秋、见微知著的敏感，要有争分夺秒的时间观念，要有连续作战的工作作风；争取雪中送炭，避免雨后送伞，要在领导决策之前和社会各界需要之时提供统计分析报告。

二、统计分析报告的说理方法

统计分析报告是研究和反映社会经济情况的文章。这种文章的目的在于实用，也就是让党政领导和社会各界采用你的文章、接受你的观点、采纳你提出的建议。但是，统计分析报告的情况、观点和建议不能强加于人，要让别人接受、采纳，唯一的办法就是说理。

统计分析报告的说理方法主要有三大类：一是统计的方法；二是逻辑的方法；三是辩证的方法。

1．统计的方法

（1）总量分析法。就是通过计算和分析总量指标（绝对数）来认识社会经济现象的总规模或总水平的方法。

（2）比较分析法。就是通过计算和分析比较指标（相对数）来认识社会经济现象的总体结构、比例、强度、速度及计划完成程度的方法。

（3）平均分析法。就是通过计算和分析平均指标来认识社会经济现象的平均水平，并以此为依据与同类社会经济现象作比较的方法。

（4）动态分析法。就是通过计算和分析动态指标和动态相对数（时间数列），来认识社会经济现象的方法。

（5）因素分析法。就是通过计算和分析统计指数来认识社会经济现象的总体变动中各因素影响程度和方向的方法。

（6）相关分析法。就是通过计算和分析来认识有相关关系的社会经济现象所表现的相关关系、密切程度及数量联系的方法。

（7）平衡分析法。就是通过计算和分析来认识有平衡关系的社会经济现象之间的对应关系、数量联系及其综合平衡问题的方法。

（8）预测分析法。就是通过对数学模型或其他统计方法的计算和分析来认识社会经济发展方向及其数量表现的方法。

（9）抽样分析法。就是指通过对抽样调查资料的计算和推断来认识社会经济现象总体情况的方法。

（10）重点分析法。就是指通过对重点资料的计算和分析来认识重点单位的社会经济情况的方法。

（11）典型分析法。就是指通过对典型调查资料的计算和分析来认识社会经济现象的典型情况，进而加深对总体情况认识的方法。

（12）分组分析法。就是指通过对统计分组的计算和分析来认识社会经济现象的不同类型，并在此基础上认识其不同特征、不同性质及相互关系的方法。

2．逻辑的方法

（1）归纳法，是指从若干个具体事实中得出一般性结论的方法。

（2）演绎法，是以一般性道理得出有关具体事实的结论的方法。

（3）类比法，是将两个或若干同类的具体事实进行比较而得出结论的方法。

（4）引证法，这是引用某些伟人、经典作家的言论，以及科学上的公理、尽人皆知的常理来推论观点的方法。

（5）反证法，是借否定对立的逻辑来证明自己观点正确的方法。

（6）归谬法，是顺着错误的观点、错误的现象继续延伸，进而引出荒谬的结论，以间接证明自己观点正确的方法。

3．辩证的方法

辩证的方法主要是运用马克思列宁主义哲学的唯物辩证法来说理的方法，如物质与意识、认识与实践、对立统一规律、质量互变规律、否定之否定规律等。

三、统计分析报告的选题

1．选题原则

统计分析报告的选题应遵循两个基本原则：一是要有所创新；二是要深入透彻。也就是说，统计分析报告不仅内容要有新意，而且形式也要新颖，同时还要对研究对象有深刻、透彻的认识。一般情况下，最好是结合自己的专业工作，选择自己熟悉、适合自己业务水平的、各项资料也比较齐全的课题来写。这样，成功的把握性较大。切不可眼高手低，选题过大过难，以致力不从心，半途而废，即使勉强写了出来，也不会有较高的质量。

2．选题的内容

总体来说，统计分析报告的题目有三种：一是任务题，即领导交办或上级布置的题目。二是固定题，即结合定期报表制度进行分析的题目，这种题目一般不会发生变化。三是自选题，即作者自己选择的题目。这里所说的选题是针对自选题而言的。

在实际撰写统计分析报告时，可以参考以下内容来选题。

（1）围绕方针政策选题。研究社会经济发展中的新苗头、新动向和新情况，研究政策执行的新成就、新经验、新问题等。分析原因，提出建议，为检验和校正政策及制定新的政策提供依据。

（2）围绕中心工作选题。所谓中心工作，就是党政领导在一段时间内集中力量开展的某项工作。应该看到，在不同时期、不同地区、不同部门和单位，其中心工作是不同的。

（3）围绕工作重点选题。

（4）围绕经济效益选题。

（5）围绕人民生活选题。

（6）围绕民意选题。

（7）围绕差距选题。

（8）围绕较大变化选题。

（9）围绕薄弱环节选题。

（10）围绕形势宣传选题。

（11）围绕重点会议选题。
（12）围绕发展战略选题。
（13）围绕理论研究选题。
（14）围绕空白选题。

3. 选题的方法

统计分析报告的选题范围很广，但不等于随便什么都可以写，而是要抓住党政领导和社会各界想要知道且尚未认识或充分认识的社会经济情况。它常常表现为社会各界比较关注的热点、难点及最新出现的问题。

在实际工作中，统计人员要想抓住这些问题，可以采取以下一些做法：

（1）经常深入实际、深入群众、深入生产第一线。只有经常下到基层去，下到实际中去，才能掌握丰富、生动、真实、具体的第一手资料，才可以发现问题、研究问题。这样，脑子里积累的问题多了，材料多了，写出的文章来就会深刻得多，不至于枯燥、空洞，没有说服力。

（2）经常了解党政领导的意图和工作动向。主要是向领导多请示、多汇报以及经常参加领导召开的有关会议，参考必要文件。另外，同领导的秘书经常保持联系也是了解领导意图及工作动向的有效办法。

（3）经常走访有关主管部门。各主管部门分管具体业务工作，对其分管的某个领域的情况是比较熟悉的。经常走访这些主管部门，了解他们的业务活动，参加他们的有关会议，收集有关资料，熟悉有关情况，可从中得到启发并发现问题。

（4）经常研究统计资料。统计报表、统计台账、统计历史资料等包含了丰富的社会经济信息。只要细心地研究这些资料，并有意识地进行一些纵向、横向比较，注意剖析其中的内部结构以及各种联系的变化等就会发现问题。

（5）加强理论学习，经常阅读报刊。

任务3 统计分析报告的撰写

统计分析报告的撰写是一项非常实用的技巧，也是一个非常复杂的问题。但无论如何复杂，最终总是要落实到如何拟定题目、如何写导语、如何安排主体、如何写结束语等结构性问题，以及确定拟定什么类型的统计分析报告等问题上来。

一、统计分析报告的结构

1. 标题的拟定

一篇好的统计分析报告要做到确切、简明、有吸引力。确切，即统计分析报告的标题要准确揭示综合分析的内容，题文相符；简明，即标题要简明扼要、高度概括，用简练的文字揭示全文内容，避免标题过长；有吸引力，是指标题要新颖醒目、扣人心弦，能吸引读者，避免过于平淡。

标题可以采用多种多样的形式，如论点题、事实题、设问题、加重语气题、对比题，以及运用比喻、警句、古语、诗词等。在统计分析报告中，比较常用的标题有以下3种：

（1）论点题。这种题目能揭示主题、表明观点，如《我省在全国经济发展中的战略地位和作用》《调整产业结构是农村富裕必由之路》。

（2）设问题。这种题目能引起读者疑问、思考，刺激读者的阅读欲望，如《住房为什么紧张》。

（3）比喻、对比、加重语气题。这种题目能够通过对比引人注意，如《骨之不强，肉将焉附——谈投资结构问题》。

2．导语的撰写

对导语的基本要求：一要能够吸引读者，使读者有读下去的兴趣；二要为全文的展开理清脉络，牵出头绪，确定格局；三要短、精、新。统计分析报告中常用的导语形式有以下几种：

（1）交代基本情况的导语。

（2）开门见山的导语，其特点是简明扼要、直叙主题。这种导语是统计分析报告最常用的形式。例如，《什么制约了农村经济的发展》的导语："目前我国有 3.9 亿农村劳动力，约占社会劳动者总人数的 3/4。由于近年来一些地区学龄儿童入学率下降，失学现象严重，出现了一大批文盲和半文盲劳动后备军。这种劳动力后备军素质低，制约了农村经济的发展。"

（3）提出问题、造成悬念的导语。它是在分析问题或阐述观点之前，先有意提出一个问题，以引起读者的注意和思考的一种导语。

（4）交代分析动机的导语。这也是目前常用的导语之一。这种导语的主要特点是起因线索完整，时间、地点俱在，分析动机清楚，命题明显自然。

此外，统计分析报告也可不写导语，直接进入主体部分。

3．主体的结构安排

长期以来，统计分析报告的主体结构是三段式，即"问题一原因一对策"这样一个基本框架。在实际应用中，这种递进式结构安排可以有所调整，如按照"现状一原因一结果""现状一问题一对策""历史一现状一未来"等进行安排，都是统计分析常见的整体结构，也可以是"现状一问题一原因一对策"4 部分，还可以加预测部分。

结构的形式具体体现在层次、段落上。层次即内容的先后顺序，常见的有以下 5 种：

（1）序时连贯式。就是按事物发展经过和时间顺序安排层次，各层意思之间是连贯关系。

（2）序事递进式。就是文章各部分内容按事理的发展顺序排列。它可以是先因后果，或先果后因的因事序事式；也可以是按事理发展的连续性，每一阶段一个层次；也可以是按事理意义的一层进一层、层层深入的递进关系的递进式。

（3）总分式。即先总起来说，然后分开说；或者前后都有总说，中间分开说。因分述内容的不同，总分式可以分为平行总分式、递进总分式和序时总分式。

（4）平行式。即各部分内容相对独立，各层意思之间是平行并列关系。这种结构可以是同事平行式，也可以是异事平行式。

（5）简要式。一般是篇幅短小、层次简单的分析报告，多用于快报、信息、简讯、小分析报告。

总体来说，虽然统计分析报告的主题结构形形色色，但它们之间也存在共同性和规律性，只要长期观察和实践，就能根据需要选择好主体结构。

4．结束语的撰写

结束语是文章思想内容的必然归宿。一个好的文章结尾，可以帮助读者明确题旨、加深认识，引起读者的联想和思考。对结尾的要求是自然完满、简短有力。统计分析报告常见的写法有以下几种：

（1）总括全文，照应开头。这种写法是指在论证观点、结束全文之时进行归纳总结，突出中心思想，呼应主题。

（2）强调看法和建议。这种写法以建议结束全文，也是统计分析报告常见的方式。它可以没有结尾段，以最后一个层次的若干建议来收笔，或专门有一个建议结尾段，用总结建议内容的方式收尾。

（3）对未来进行展望。即以积极的心态提出新问题、展示发展前景与预测未来发展趋势。

二、几种常见的统计分析报告

统计分析报告的应用和题材是非常广泛的，因而其类型也多种多样。例如，按写作类型划分，统计分析报告大致可分为说明型、快报型、计划检查型、总结型、公报型、调查型、分析型、研究型、预测型、资料型、信息型、节微型、综合型、系列型、文字型等类型。本项目只介绍几种最常见的类型。

1．说明型

说明型统计分析报告是对统计报表进行说明的统计分析报告，也被称为“文字说明”，也就是我们通常所说的报表说明。这种说明主要是对报表的数据做文字的补充叙述，配合报表进一步反映社会经济情况。这种补充叙述主要是针对报表中某些变化较大的统计数字，也可以帮助本单位领导审查报表，以保证数字的质量。这也是说明型统计分析报告的基本作用。

严格地说，这种说明型统计分析报告只是附属统计报表，因它而不能独立成篇，也无完整的文章形式。但由于它具备统计分析报告的基本特点，所以也可以把它看作统计分析报告的雏形。

这种说明型统计分析报告并没有严格的要求，但要掌握以下几个要点：

（1）文字说明的情况要与统计报表的情况相关，与报表无关的内容不应写进说明中。

（2）写文字说明时，既可以对整个报表作综合说明，也可以只对报表中的某些统计数字加以说明。

（3）在写文字说明时，可做出简要的分析，但不宜论述过多。如果需要进行深入研究，应另写专题分析。

（4）说明型统计分析报告没有标题，一般也没有开头和结尾。文中的各个段落各有其独立的内容，结构呈并列式，最好用“一、二、三、四……”来分段叙述，使说明更有条理、更清晰。

（5）文字要简明、直截了当。全篇文字一般为五六百字，多者为1 000字左右。

2．快报型

快报型统计分析报告期限短、反应快，一般是以日、周、旬、半月为周期写作的定期统计分析报告。快报型统计分析报告的突出特点是一个“快”字。按日写作的统计分析报告常在第二天上午上班后就要递交主管领导，以此类推。由于其具备这一特点，快报型统计分析报告常用于反映生产进度、工程进度等，便于领导了解情况，及时对生产和工作进行指导，所以快报型统计分析报告在企业中用得比较多。

快报型统计分析报告的写作特点有以下5点：

（1）统计指标要少而精。因为它是一种简要的统计分析报告，指标项目要少，但要有代表性，能反映各个主要方面的数量情况。

（2）要有连续性。为了观察进度的连续变化和便于对比，分析报告中的指标项目要相对稳定。

（3）标题要基本固定，如《我厂一月上旬生产情况简析》《我厂一月中旬生产情况简析》。

（4）结构多是简要式，通常全文分两部分，前面列出反映情况的主要数字，接着再用文字说明情况。

（5）在文字上，要简明扼要，全篇文字在1 000字以下，日分析报告200～300字即可。

典型案例 9-2

快报型统计分析报告示例

2015年头两个月，全市经济运行基本稳定，总体上延续去年以来的放缓态势简要分析如下：

一、工业生产

1—2月全市完成规模以上工业总产值1 883.02亿元，同比增长1.1%，完成规模以上工业增加值395.03亿元，同比增长4.2%。

从工业产销看，1—2月全市规模以上工业产销率为97.54%。从22种重点产品产量来看：1—2月产品产量有12种实现增长，增速较快的有：家用洗衣机增长58.6%、电力电缆产量增长27.2%、合成纤维增长19.1%、半导体分立器件增长16.6%、集成电路增长15.5%。

二、固定资产投资

1—2月全市完成固定资产投资435.34亿元，同比增长5.7%，其中工业投入160.27亿元，同比增长2.9%。

1—2月第二产业完成投资160.27亿元，同比增长2.9%。其中工业投入160.27亿元，同比增长2.9%。第三产业完成投资274.58亿元，同比增长6.3%。

1—2月商品房销售面积92.09万平方米，同比增长15.9%，商品房实现销售额73.51亿元，同比增长13.2%。

三、开放型经济

1—2月全市实现进出口总额113.69亿美元，同比增长2.2%；其中出口总额为71.35亿美元，同比增长13.9%。

1—2月一般贸易实现出口37.40亿美元，同比增长12.2%；加工贸易实现出口30.42亿美元，同比增长15.5%。

1—2月全市到位注册外资4.43亿美元，同比增长77.1%。

四、财政金融

1—2月全市实现财政一般公共预算收入135.38亿元，同比增长6.5%。

2015年1—2月一般公共预算支出中用于医疗卫生4.32亿元，同比增长19.4 %；用于节能环保3.30亿元，同比增长16.8 %；用于教育18.48亿元，同比增长14.0 %。

截至2月末，全市金融机构本外币存款余额为12 786.10亿元，较年初增加437.66亿元。金融机构本外币贷款余额为9 181.31亿元，较年初增加151.66亿元。金融机构本外币存贷比达71.8 %。

五、市场物价

1—2月全市物价基本稳定，1—2月居民消费品价格总指数为101.7，物价上涨1.7 %。

从调查的八大类商品和服务价格来看，呈现出“六升两降”格局，上涨的六大类中，食品类价格指数上涨 2.1%，衣着类价格指数上涨 3.8%，家庭设备用品及维修服务价格指数上涨 3.9%，医疗保健和个人用品价格指数上涨 1.5%，娱乐教育文化用品及服务价格指数上涨 3.8%，居住价格指数上涨 0.9%，烟酒及用品价格指数下降了 2.1%，交通和通信价格指数下降了 1.9%。

六、电力消耗

1—2 月全市全社会用电量 92.21 亿千瓦时，同比增长 3.4 %，其中工业用电量 68.18 亿千瓦时，同比增长 0.3 %。

（资料来源：2015 年 1—2 月份无锡国民经济运行情况简析. 宁波市统计信息网，http://www.nbstats.gov.cn/read/20150417/28583.aspx.）

3. 计划型

计划型统计分析报告是检查计划执行情况的统计分析报告，以月、季、半年和年度为周期检查计划执行情况的定期统计分析报告都属于这种计划型。

计划型统计分析报告的写作要点如下所述：

（1）检查计划是文章的中心，不但要有实际数、计划数，而且要有计划完成相对数。

（2）检查计划执行情况的主要目的不是单纯地进行数字对比，而是通过分析，找出计划执行过程中存在的问题，提出对策建议，以保证计划的顺利完成。

（3）统计指标要相对稳定。在同一个计划期内，统计指标与计划指标的项目要一致，并相对稳定，以便进行对比检查。

（4）标题有两种形式。一种比较固定，如《我厂四月份计划执行情况》《我厂五月份计划执行情况》；另一种是可以变化的，以突出其某些特点，如《战高温　夺高产　完成 1 000 台——我厂八月份计划执行情况分析》运用了双标题，有正题和副题。

（5）正文的结构多是总分式。开头总说计划完成情况，然后进行分析，提出一些建议等。

4. 总结型

总结型统计分析报告是对一定时期的社会经济发展情况进行总结分析的统计分析报告。通过分析总结，可以全面认识一个地区、部门或单位的社会经济形势或某个方面的情况，以便保持成绩、总结经验教训、制订新的措施，为今后工作创造更好的条件。

总结型统计分析报告，大多是以半年、一年或三五年为周期的统计分析报告。从内容上看，有综合总结、部门总结及专题总结。综合总结是对地区的整个社会经济或企业的整个生产经营的总结，部门总结是对部门经济（农业、工业、商业）或某个车间的总结，专题总结是对某些方面进行的专题总结。

总结型统计分析报告的写作要点如下所述：

（1）总结型统计分析报告的对象应是本地区、本部门或本单位的社会经济发展情况，并不是工作情况。

（2）一般有三个写作重点：一是分析社会经济发展形势；二是总结经验教训；三是提出建设性的意见。

（3）要注意运用统计资料和统计分析方法，主要采用统计数字与文字论述相结合的方法，从数量上分析社会经济现象，再从定量认识发展到定性认识。

（4）正文结构大都采用总分式。开头是简要总说，接着写情况、形势（包括成绩与问题），再写经验体会与教训，然后写今后的方向和目标，最后写几点建议，每个部分应设小标题，使层次更分明。

（5）标题可以适当变化，形式不拘一格。文字可以稍长一点，但语句要简洁精练，全篇文字在 2 000 ~ 2 000 字为宜，地区与部门的也不应超过 5 000 字。

5．公报型

公报型统计分析报告是政府统计机关向社会公告重大社会经济情况的统计分析报告。统计公报是政府的一种文件，一般应由级别较高的统计机关发布。级别较低的统计机关不宜发表公报，但是可以采用统计公报的写作形式公布本地的社会经济发展情况，也应列入公报型。

公报型统计分析报告的写作要点如下所述：

（1）统计公报具有较强的政策性和权威性。

（2）统计公报要充分反映本地区社会经济全面情况，主要通过反映事实的统计资料来直接阐述，不作过多的分析。

（3）统计公报的标题是一种公文式的标题，正文的结构是总分式。

（4）公报型的统计分析报告要求行文严肃，用语郑重，文字简练明确，情况高度概括。地区性的公报，文字在三五千字为宜。

6．调查型

调查型统计分析报告是通过非全面的专门调查来反映部分单位社会经济情况的统计分析报告，其基本特点：①只反映部分单位的社会经济情况，一般不能直接反映和推论总体情况。②它的资料和情况来源于非全面调查（抽样调查、重点调查和典型调查等），并不主要来自全面统计。

调查型统计分析报告的写作要点如下所述：

（1）文章要有明显的针对性，要具有充分具体、明确的调查目的。

（2）要大量占有第一手材料，用事实说话，要有一定的深度，要“解剖麻雀”，以发现其实质和典型意义。

（3）统计资料和生动情况相结合，对于调查方法和过程应该少写或不写。

（4）调查型统计分析报告的标题应灵活多样，结构形式也可以不拘一格。一般的安排是序事式：先概述调查目的、调查形式和调查单位，再较大篇幅地阐述调查情况，然后是对概况的分析研究，并得出结论，最后可提出一些建议。全篇文字在 1 000～3 000 字为宜。

典型案例 9-3

2014 年，东莞市城镇非私营单位就业人员年平均工资 47 493 元，名义增长 11.0%，扣除物价因素，实际增长 8.5%。其中，在岗职工年平均工资 47 600 元，名义增长 11.0%，扣除物价因素，实际增长 8.5%。

2014 年，东莞市职工年平均工资为 36 057 元，与 2013 年的 30 067 元相比，增加了 5 990 元，名义增长 19.9%，扣除物价因素，实际增长 17.2%。

附注：

1．指标解释

（1）单位就业人员。指在各类法人单位工作，并由单位支付劳动报酬的人员，包括在岗职工和其他就业人员。

在岗职工是指在本单位工作且与本单位签订劳动合同，并由单位支付各项工资和社会保险、住房公积金的人员，以及上述人员中由于学习、病伤产假等原因暂未工作，仍由单位支付工资的人员。为准确反映行业用工情况，从2011年起，将在岗职工中的劳务派遣人员进行了单独统计。

其他从业人员是指除在岗职工以外，实际参加本单位生产或工作并从本单位取得劳动报酬的人员。具体包括非全日制人员、聘用的正式离退休人员、兼职人员和第二职业者，以及在本单位工作的外籍和港澳台方人员。

（2）工资总额。根据《关于工资总额组成的规定》，工资总额是指本单位在报告期内（季度或年度）直接支付给本单位人员的劳动报酬总额，包括计时工资、计件工资、奖金、津贴和补贴、加班加点工资、特殊情况下支付的工资。

工资总额是税前工资，包括单位从个人工资中直接为其代扣或代缴的房费、个人所得税、水费、电费、住房公积金和社会保险基金个人缴纳部分等。

工资总额不论是计入成本的还是不计入成本的，不论是以货币形式支付的还是以实物形式支付的，均应列入工资总额的计算范围。

工资总额由基本工资、绩效工资、工资性津贴和补贴、其他工资四部分组成。工资总额不包括病假、事假等情况的扣款。

基本工资也可称为标准工资、合同工资、谈判工资，指本单位在报告期内（季度或年度）支付给本单位就业人员的按照法定工作时间提供正常工作的劳动报酬。各单位给个人确定的底薪可作为基本工资，包括工龄工资（年功工资）。基本工资不含定时、定额发放的各种奖金、各种津贴和补贴、加班工资，也不包括补发的上一季度或上一年度的基础工资。

绩效工资也可称为效益工资、业绩工资，指根据本单位利润增长和工作业绩定期支付给本单位就业人员的奖金；支付给本单位从业人员的超额劳动报酬和增收节支的劳动报酬。具体包括：值加班工资、绩效奖金（如年度、季度、月度等）、全勤奖、生产奖、节约奖、劳动竞赛奖和其他名目的奖金；以及某工作事项完成后的提成工资、年底双薪等。但不包括入股分红、股权激励兑现的钱和各种资本性收益。

工资性津贴和补贴指本单位制定的员工相关工资政策中，为补偿本单位就业人员特殊或额外的劳动消耗和因其他特殊原因支付的津贴，以及为保证其工资水平不受物价影响而支付的物价补贴。具体包括：补偿特殊或额外劳动消耗的津贴及岗位性津贴、保健性津贴、技术性津贴、地区津贴和其他津贴；如过节费、通信补贴、交通补贴、不休假补贴、无食堂补贴、单位发的可自行支配的住房补贴以及为员工缴纳的各种商业性保险等。上述各种项目既包括货币性质的，也包括实物性质的以及各种形式的充值卡、购物卡（券）等。

其他工资指上述基本工资、绩效工资、工资性津贴和补贴三类工资均不能包括的发给就业人员的工资，如补发上一年度的工资等。

（3）平均工资。是指在报告期内单位发放工资的人均水平。计算公式为

$$\text{平均工资}=\frac{\text{报告期工资总额}}{\text{报告期平均人数}}$$

2. 统计范围

（1）城镇地区全部非私营法人单位，具体包括国有单位、城镇集体单位、联营经济、股份制经济、外商投资经济、港澳台投资经济等单位。工资统计是统计单位的就业人员，而个体就业人员、自由职业者等非单位就业人员不在工资统计范围内。

（2）东莞市职工年平均工资调查范围为东莞市辖区内除农户以外各类经济实体。

（3）城镇非私营单位就业人员、在岗职工和东莞市职工年平均工资的调查范围不同，调查结果不同。

3. 调查方法

根据国家统计局制定的《企业一套表统计调查制度》和《劳动工资统计调查制度》，城镇非私营单位工资统计采用全面调查的方法。

（资料来源：2014年东莞市平均工资情况，东莞市统计调查信息网，http://tjj.dg.gov.cn/website/web2/art_view.jsp? articleId=8866.）

7. 分析型

分析型统计分析报告是分析着重反映社会经济现象具体状态的统计分析报告。它同调查统计分析报告型统计分析报告的主要区别是它既反映部分单位的情况，也反映总体的情况，并以总体情况为主；它的资料和情况来源是多方面的，可以是部分单位的调查资料，也可以是全面统计报表资料、历史资料的横向对比资料等，其中又以全面统计中的报表资料较多。目前，统计人员写作的统计分析报告大多属于这种类型。

分析型统计分析报告的写作要点如下所述：

（1）它的主要内容和写作重点是反映某个社会经济现象的具体状态，一般不涉及规律性问题，要做到具体事情具体分析。

（2）具体分析的主要方法：①从总体的各个方面进行分解和比较，如一个企业有产、供、销，居民家庭有收、支、存，地区有经济、社会、科技、环境等。②从结构上分解和比较，如所有制结构、产业结构（一、二、三产业）、产品结构、轻重工业结构，农民收入构成等。③从因素上进行分解和比较，如影响农民收入增长的各种因素、影响工业增加值的各种因素等。④从联系上进行分解和比较，如 GDP 与发电量的联系、农民收入与社会消费品、零售总额的联系等。⑤从心理、思想上进行分解和比较，如问卷调查对改革的看法、对物价的看法、对婚姻的各种心理的看法等。⑥从时间上进行分解和比较，如报告期与基期、“十一五”时期与“十二五”时期的比较等。⑦从地域上进行分解和比较，如与别的地区的比较、与外省的对比等。

（3）标题应该灵活多样，结构也要有多种形式，整篇文章以 3 000 字左右为宜。

8. 研究型

研究型统计分析报告是着重研究解决问题办法和进行理论探讨的统计分析报告。它同分析型统计分析报告的主要区别：分析型统计分析报告对社会现象的认识仍停留在具体状态上，而研究型统计分析报告则是把具体状态上升到理论的高度，提出理论性的见解或新的观点。因此，研究型统计分析报告比分析型统计分析报告的意义更进一步，是一种高层次的统计分析报告。

研究型统计分析报告的写作要点如下所述：

（1）在研究的题目确定之后可以拟定一个研究提纲，主要内容包括研究的目的是什么、内容有哪些、需要哪些资料、如何收集、需要哪些参考书籍和文章等。

（2）要进行抽象与概括。所谓抽象，就是在具体分析的基础上，将事物的非本质属性抛在一边，而抽出其本质属性来认识事物的方法。所谓概括，就是在抽象的基础上，把个别事物的本质属性推及为一般事物的本质属性。有了正确的概括，就能认识社会经济现象中的共性、普遍性和规律性。

（3）要多方论证。要做到论述严密、说理充分，没有漏洞，从多方面、多角度，以多种资料、多件事实及多种逻辑方法来论证。

（4）标题可适当变化，但要做到题文一致，用词准确、郑重。文字容量可以大一些，全篇在 2 000～3 000 字，以不超过 5 000 字为宜。

9. 预测型

预测型统计分析报告是估量社会经济发展前景的统计分析报告。它与研究型统计分析报告的主要区别是：研究型统计分析报告着重对趋势性、规律性进行定型研究，而预测型统计分析报告是在认识趋势及规律的基础上，着重对前景进行具体的定向和定量的研究。通过预测，人们可以超前认识社会经济发展前景，对制定方针、发展策略，以及编制计划、搞好管理具有很大的帮助。因此，预测型分析报告的作用很大，也属于高层次的统计分析报告。

预测型统计分析报告的写作要点如下所述：

（1）全文要以统计预测为中心，其他内容都要为预测服务。

（2）写推算过程要注意读者对象。如果是写给统计同行或统计专家看的，可以写数学模型的计算过程。如果读者是党政领导和广大群众，数字模型和计算过程可以略写或不写。

（3）应注意预测期的长短。一般而言，中、长期及未来的预测，要体现战略性和规划性，不用写得过于具体，文字可以概略一些；对近、短期预测（也称预计），主要是具体地分析和估量一些实际问题，所提的措施和建议要有一定的针对性和现实性，不可写得太笼统，文字应详细、具体一些。

典型案例 9-4

在统计分析工作中，统计分析报告写作存在的主要误区有以下几个方面：

（1）观点不明确，不善用观点统领全篇。部分统计分析文章，通篇平铺直叙，观点不明确。分析过程实质上就是观点提炼和浮出的过程，作为后台工作，作者肯定通过深入分析得到了一些结论，写作的时候，完全可以反过来先说结论，再进行阐释，运用相关数据作支撑。很多领导本是日理万机，如果需要花大量时间通篇阅完分析报告才能明白报告里说了什么、才能得出结论，这样的分析报告价值就会大打折扣。实际上，作者可以在主标题、一级标题、二级标题乃至每段首句直接点出该部分观点，善于运用观点领衔的表达方式。这样，分析报告读起来就会引人入胜，读者可以对文章所要表达的意思一目了然，节约领导及读者的宝贵时间。

需要指出的是，使用观点领衔的写作分析方式，同级标题的表达方式应该统一。例如，一级标题中，“一、上半年生产资料价格企稳回升”，“二、上半年生活资料价格变化情况”，这里，前者观点领衔，后者不带观点，在同一层次上不匹配，应尽量统一。同样，二级标题中，如出现“（一）钢材价格震荡上行”，“（二）煤炭价格运行情况”，这种表述也不匹配，也应尽量统一。

（2）倚重文字与数字，不善用图表。实际工作中，也经常会接触到一些统计分析报告通篇为纯文字与数字，难寻图表踪迹。实际上，统计图表具有直观、简洁明了的特点。恰当运用统计图表，胜过洋洋洒洒数段文字。而且，长期阅读文字与数字组合的分析报告，会产生视觉疲劳，应学会“用图表说话”。

（3）原因分析误用，依据支撑不足。统计分析报告，在描述经济社会发展变化及呈现的特点的同时，往往需要剖析现象及特点背后的原因。目前，有相当一部分统计分析报告出现了原因误用情况。例如，说投资增长的原因是中央投资增长；说消费增长是因为“用类”商品增长；说 CPI 上涨是因为食品价格上涨，说 PPI 下降，是因为生产资料价格下降……

实际上，这都不是原因分析，因为这些都不是造成上述指标变化的原因。不能说人胖了是因为手胖了，人瘦了是因为腿瘦了。人胖了，原因可能是多吃了脂肪类食品或者缺乏锻炼等，而不是身体组成部分的原因。同样，CPI 上涨的原因可能是市场上商品供不应求或者货币发行过多等，而不能说是食品价格上涨了。说 PPI 下降了，可能是因为社会总需求不足，或者产能过剩等，而不能说是生产资料价格下降了。

（4）原因多而不精，主因分析不突出。部分统计分析报告中，原因总结很多，林林总总罗列了不少，把能够挖掘的原因都放在文章里。例如，有一篇统计分析报告，“当前××原因及其影响”，原因部分一共提到了 7 个：供求因素、美元贬值、美元利率走低、金融市场动荡的波及效应、政策因素、替代效应等引起整体上扬和其他因素。实际上，原因分析不宜过多，要抓住真正对分析对象带来影响的主要因素。一般而言，3～5个为宜，如果用3个原因就能够解释80%，那么不用再罗列其他解释力度更小的原因。这样，读者对这3个原因印象更深刻，理解也会更透彻。另外，上述例子中有的原因可以合并，可以归类，这样可以使文章更加精干而不散。

（5）重章节长短对等，轻逻辑关系。部分统计分析报告中，刻意注重各部分章节或内容的长短对等，某个章节或某部分的内容多了，感觉与其他部分不相称，作者就把这部分看似“臃肿”的内容分拆为多个部分，以求跟其他部分平衡，忽视了分析报告的内在逻辑关系。例如，分析报告按照逻辑关系来看，可以分为3个层级相同、对等的部分。但是，第二部分内容多，占的篇幅大，有的作者就把第二部分分拆为两个部分，这样，分析报告由3个部分变成4个部分，而新分拆出的部分在层次上与原来的3个部分并不对等，是纯粹为了内容长短协调而生硬地分拆出来的，打乱了分析报告的内在逻辑结构。

（资料来源：统计分析报告写作误区及几点体会. 新华信企业档案在线网站，2009-11-05，有改动.）

任务4 统计技能实践

一、基本技能概述

（1）统计分析报告的选题技能：总的原则是要有创新和深入透彻。

（2）撰写统计分析报告的技能：标题要有吸引力；导语要短、精、新；正文要层次分明、条理清晰、详略得当；结束语精彩。

（3）熟悉几种常见的统计分析报告。

（4）统计文档字数的技能：把撰写的统计分析报告录入Word文档中，选择“工具”选项执行“数字统计”命令，这时就会弹出“字数统计”对话框，如图9.1所示。可统计页数和字数、“不计空格”的字符数和“计空格”的字符数。

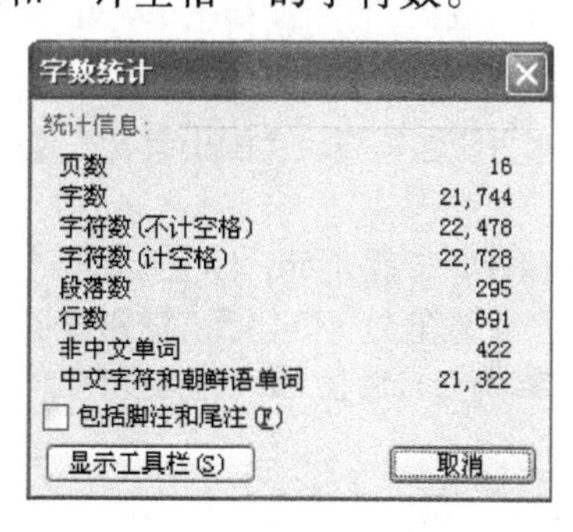

图9.1 “字数统计”对话框

二、技能实训材料

1. 撰写统计分析报告

（1）实训材料：请结合本项目的内容，通过收集并整理资料，自己撰写一篇统计分析报告。

以下题目供同学们参考：

① 项目10中的综合实训参考题目。

② 对我校学生消费情况的调查分析。

③ 对我校学生课余生活情况的分析。

④ 我校近3年毕业生的就业情况调查。

（2）实训要求：要求整篇文章结构完整，层次清晰，叙述简练，实用性强。统计分析报告类型不限。

2．计算统计分析报告的字数

（1）实训材料：把你撰写的统计分析报告录入Word文档中。

（2）实训要求：

① 统计页数和字数。

② 统计“不计空格”的字符数。

③ 统计“计空格”的字符数。

业务训练题

一、思考题

1．统计综合分析的一般步骤是什么？

2．统计分析报告的说理方法有哪几种？

3．在说理中运用的统计计算及统计分析方法主要有哪几种？

4．在说理中运用的逻辑方法主要有哪几种？

5．本项目的先导案例属于哪一种统计分析报告类型？

二、案例分析题

2010年浙江省国民经济和社会发展统计公报（部分）

2010年，浙江省深入贯彻落实科学发展观，认真执行中央宏观调控政策，全面实施“八大战略”和“创业富民、创新强省”总战略，扎实推进“全面小康六大行动计划”，全省经济社会协调发展，人民生活不断改善，各项事业加快推进，科学发展水平明显提高，全面小康社会建设取得丰硕成果。

一、综合

初步核算，2010年，全省生产总值为27 227亿元，比上年增长11.8%。其中，第一产业增加1 361亿元，第二产业增加14 121亿元，第三产业增加11 745亿元，分别增长3.2%、12.3%和12.1%。人均GDP为52 059元(按年平均汇率折算为7 690美元)，增长10.1%。三次产业增加值结构由2005年的6.7∶53.4∶39.9调整为2010年的5.0∶51.9∶43.1。

全省居民消费价格比上年上涨3.8%，其中居住类上涨6.0%，食品类上涨7.3%；商品零售价格上涨3.9%，农业生产资料价格上涨2.9%，工业品出厂价格上涨6.2%，原材料、燃料、动力购进价格上涨12.0%，固定资产投资价格上涨4.7%。

2010年，财政一般预算总收入为4 895亿元，比上年增长18.8%，地方一般预算收入2 608亿元，增长21.7%，增速分别比上年提高8.3和10.9个百分点。

全年新增城镇就业人数90.65万人，其中40.68万名城镇失业人员实现再就业。年末城镇登记失业率为3.2%，比上年年末下降0.06个百分点。

二、农业和农村建设

2010年，粮食播种面积和单产分别比上年下降1.1%和1.3%，粮食总产量为770.67万吨，下降2.3%，其中，晚稻总产量为584.71万吨，下降2.4%。

主要经济作物播种面积保持稳定。（略）

现代农业继续发展。（略）

新农村建设成效明显。（略）

三、工业和建筑业

2010年，规模以上工业增加值为10 397亿元，增长16.2%，轻、重工业增加值分别增长14.6%和17.4%。规模以上工业销售产值为50 368亿元，增长30.2%。国有及国有控股工业企业增加值为1 811亿元，比上年增长11.6%。规模以上工业企业完成出口交货值10 683亿元，增长27.6%；出口交货值占销售产值的比重为21.2%，比上年下降0.4个百分点。

四、固定资产投资和房地产业

2010年，全社会固定资产投资12 488亿元，比上年增长16.3%。其中，限额以上投资11 564亿元，增长16.7%；限额以上非国有控股投资7 615亿元，增长21.6%，占全部限额以上投资的65.9%。

年末全省有商品交易市场4 146家，全年有形市场成交额12 717亿元，比上年增长18.4%。成交额超亿元的市场675个，超10亿元的市场202个，超百亿元的市场22个。

五、对外经济

2010年，进出口总额为2 535亿美元，比上年增长35%。其中，进口额为730亿美元，增长33.4%；出口额为1 805亿美元，增长35.7%，出口占全国的比重从上年的11.1%提高到11.4%。

六、交通运输、邮电和旅游

2010年，交通运输、仓储和邮政业增加值为1 041亿元，比上年增长13.9%。

全年铁路、公路和水运完成货物周转量为7 112亿吨公里，比上年增长25.7%；旅客周转量为1 251亿人公里，增长8.5%。港口完成货物吞吐量11.2亿吨，增长8.0%。其中，沿海港口完成7.8亿吨，内河港口完成3.4亿吨，分别增长9.1%和5.3%。

七、金融、证券和保险

2010年年末，金融机构本外币各项存款余额为54 478亿元，比上年年末增长20.8%。其中，人民币存款余额增长20.5%。全部金融机构本外币各项贷款余额为46 939亿元，比上年年末增长19.7%。其中，人民币贷款余额增长19.2%。年末城乡居民本外币储蓄存款余额为21 094亿元，比上年年末增长16.1%。

八、教育和科学技术

2010年，全省拥有普通高校80所（含筹建1所）。全年研究生招生16 575人，在学研究生4 7991人，毕业生11 156人；普通本专科招生26.01万人，在校生88.49万人，毕业生23.37万人。（略）

九、文化、卫生和体育

年末共有艺术表演团体72个，群艺（文化）馆、文化站1 611个，公共图书馆97个，博物馆90个。省市级广播电台、电视台各12座，县级广播电视台66家。（略）

十、人民生活和社会保障

据对城乡住户抽样调查，全省城镇居民人均可支配收入27 359元，农村居民人均纯收入11 303元，扣除价格因素，分别比上年实际增长7%和8.6%。城镇居民人均可支配收入连续10年居全国第三位、农村居民人均纯收入连续26年列各省区第一位。城镇居民人均消费支出17 858元，比上年实际增长3.1%；农村居民人均生活消费支出8 390元，实际增长9.4%。城镇居民家庭恩格尔系数（居民家庭食品消费支出占生活消费总支出的比重）为34.3%，比上年上升0.7个百分点；农村居民家庭恩格尔系数为35.5%，比上年下降1.9个百分点。

社会保障体系不断完善。（略）

十一、资源、环境保护和社会安全

资源保障状况良好。2010年，全省水资源量为1 403亿立方米，比上年增加51%。总供用水量215.2亿立方米。完成造林面积104.33万亩。其中，完成人工造林20.78万亩，更新造林20.5万亩，低产低效林改造面积38.24万亩。年末实有封山（沙）育林面积1 152.89万亩，森林覆盖率为60.58%（含灌木林）。

万元 GDP 用地量从 2009 年年末的 49.7 平方米/万元下降到 2010 年的 41.9 平方米/万元，单位建设用地 GDP 从 2009 年年末的 13.4 亿元/万亩上升为 2010 年的 15.9 亿元/万亩。（略）

注：

（1）本公报所列各项数据为年度初步统计数据。

（2）全省生产总值和各产业增加值绝对数按现行价格计算，增长速度按可比价格计算。

（资料来源：浙江日报，2011-02-01，节选.）

结合以上案例阅读，请分析以下问题：

1. 谈谈如何确定统计分析报告的标题。
2. 常见的统计分析报告类型有哪些？本案例属于哪种类型？

项目 10

综合技能应用

作为一种实用技术来说，统计就是一个具有丰富内容的特殊工具箱。在这个“工具箱”中，包含统计调查的工具、统计分组的工具、数据整理的工具、编码工具、汇总工具、制表工具、绘图工具、静态分析工具、动态分析工具、相关分析工具、回归分析工具、预测工具等。一旦掌握了这一系列的“工具”，就会更加深入地理解统计的特点和理论基础，进而形成“统计思想”。统计综合技能的实训，在一定程度上就是检验是否掌握了这一系列的“统计工具”。

本项目准备了 3 套实训内容方案，各校可根据自身的具体情况，本着便利、节省、安全的原则参考选用。

实训 1　某村集体组织财务状况调查

【实训目的】

使学生全面实践统计调查、分组、汇总、制表、制图、计算分析及撰写统计分析报告等基本统计技术，以培养学生的综合动手能力。

【技能目标】

掌握农村村集体经济财务状况调查的指标体系，掌握统计调查方式和方法的选择及运用，掌握统计工作开展的技巧。

【实训所需设备与材料】

照相机、计算机及相应的软件配置、打印机、打印纸、网络及相关图书、各种调查表、记录笔、介绍信、身份证、学生证。

一、调查目的

主要了解某区域（某村）村集体经济的财务状况，连带能了解该区域（该村）财务公开制度的执行情况和村民对村财务公开信息的关注程度，掌握统计工作流程及基本统计技术。

二、调查对象

总体：某区域所有村集体经济。

样本：某区域所有被抽中的村集体经济。

考虑到收集村集体经济的财务状况资料在目前还比较有难度，本方案可以降低要求，允许学生只研究一个典型村近几年的村集体财务状况。本方案主要以此进行布置。

三、调查内容

（1）调查项目，详见二维码中的附件。

（2）调查项目说明。

【下载附件】

四、调查方式、方法、时间、地点

（1）调查方式：个案调查。

（2）调查方法：观察法、访问法、报告法等综合使用（根据实际情况选择具体的调查方法）。

（3）调查时间：调查资料所属期限最好 3 年以上，调查工作时限 1 个月（主要利用寒暑假调查，教师可以在课程开设前一学期结束前布置调查内容）。

（4）调查地点：村办公室或该村所在的乡镇的会计服务中心（属于乡镇农经部门），也可根据实际需要确定。

五、调查前的准备工作

（1）印制介绍信和村务公开有关制度资料，如不能提前发本教材，还需印制一套典型的某村财务状况调查的资料。

（2）印制有关村民对村财务公开认识的调查表（数量可机动），作为本次调查的辅助资料。

（3）实习进程。实地调查利用暑假或寒假（根据各校本课程的设置学期而定）进行，整理、分析和撰写报告则随着教学的进度不断进行。

（4）确定被调查的村集体经济。一般要求学生若是来自农村的就调查自己所在的村，若是来自城市的，可调查某一农村亲戚所在的村，学生也可自己确定合适的调查对象。

（5）召集学生布置实习任务，提出具体要求。特别提醒学生树立对本次收集资料重要性的认识。

六、实地调查和要求

要求学生在暑假或寒假到村委会（可向村干部收集或到村务公开栏上收集，有些村可到村网站上收集）或村所在乡镇会计代理中心收集，并向父母、亲戚或村民等了解村财务管理的有关信息。如发现调查村某一事项对调查村的财务收支产生了很大影响，可在前面探索性调查的基础上，专门调查该事项对村财务状况的影响。

实地调查的资料要求学生开学后的统计课程第一节课后就上交，考虑到地区农村财务管理的差异，可稍微降低要求，最迟到课堂上统计调查项目内容结束为止。

七、调查资料的整理分析及要求

调查资料的整理和分析与教学同步进行，即每讲解一个知识点，要求学生思考能否将自己收集的资料进行实训操作，即进行分组，编制整理表，录入数据，进行汇总，编制统计表和统计图；并进行指标的计算，进行动态分析和相关分析等。因此，调查资料的整理和分析相对比较开放。

课堂教学每个项目完成后，教师要不断检查学生的实训情况，并及时反馈。

八、撰写统计分析报告及要求

根据前面调查、整理和分析中积累的资料，要求学生选一主题，撰写统计分析报告，统计报告类型不限。

九、上交实训材料

这些材料包括调查资料、整理资料、分析资料和统计分析报告，并按统计工作过程顺序装订实训材料。

十、学生范例

【下载范例】

学生在范例详见二维码中的内容。

实训2　城镇居民农产品采购与消费调查

【实训目的】

（1）使学生全面实践统计调查、分组、编码、汇总、制表、制图、计算分析及撰写统计分析报告等基本统计技术，以培养学生的综合动手能力。

（2）通过实训使学生更进一步地理解统计的特点，掌握统计的理论、统计指标的计算和应用、统计指标体系的设计和运用。

【技能目标】

（1）掌握城镇居民农产品采购与消费的指标体系，掌握统计调查方式和方法的选择和运用，掌握统计调查工作开展的技巧。

（2）掌握统计工作流程及基本统计技术。

【实训所需设备与材料】

计算机及相应的软件配置、打印机、打印纸，网络及相关图书、各种调查表、记录笔、介绍信、身份证、学生证。

一、调查目的

了解某市某小区城镇居民农产品采购与消费状况，掌握统计工作流程及基本统计技术。

二、调查对象

总体：某市某小区所有 20 周岁以上的城镇居民。

样本：某市某小区所有 20 周岁以上被抽中的城镇居民。

三、调查内容

调查项目见附件。

四、调查方式、方法、时间、地点

（1）调查方式：抽样调查（根据实际情况选择具体的抽样方式）。

（2）调查方法：访问法。

（3）调查时间：调查资料所属期限 1 年，调查工作时限 1 周。

（4）调查地点：根据实际需要确定。

五、调查前的准备工作

（1）成立实习小组，明确实习任务。

（2）实习进程安排见表 10-1。

表 10-1　实习进程安排表

工作阶段	前期准备	实地调查	整理与分析	撰写报告	合计
主要工作内容	成立实习小组，确定样本单位，确定并印制调查表，分配实习任务	访问被抽中的城镇居民，填写调查表	审核调查资料，录入数据，利用 Excel 整理与分析数据	拟定提纲，撰写报告，审核、修订、提交报告	
所需时间/天	1	1.5	1.5	1	5

（3）确定样本容量及样本单位。

① 抽样框的确定。实习指导教师、实习小组负责人与××居委会联系，初步了解该居委会所辖的某几个小区城镇居民总数，编制抽样框。

② 确定样本容量。根据住户收入差异程度、住户居住空间分布等情况，结合实习时间、实习经费，确定样本容量。基本原则：一人至少 2 个样本单位；最少不能少于 60 个样本单位。

③ 选择抽样方式，确定样本单位，并分配给每一名学生。

④ 印制调查表，每人 3 套调查表。

⑤ 分配实习任务，提出具体要求。

六、实地调查

参见“九、实训具体要求”。

七、调查资料的整理与分析

（1）汇总。按表 10-2、表 10-4、表 10-5 进行数据汇总，也可根据调查问卷的项目，再选择一些标志进行另外的整理与分析。

（2）分析方式。统计表、统计图、指标计算。

八、撰写统计分析报告

参见“九、实训具体要求”。

九、实训具体要求

（1）编制抽样框，选择抽样方式，确定样本容量与样本单位。要求样本容量 $n \geqslant 60$ 人。

（2）实地调查，填写调查表。要求每生至少完成 2 人的实地调查任务；再把自己的调查表按全班实习小组数复印，并分发给全班每一个实习小组，保证每个实习小组一份。

（3）对调查资料进行审核、编码，并录入 Excel 工作表中。

（4）确定调查户家庭成员性别、年龄、文化程度、职业分组体系。

（5）对调查的消费者分别按性别、年龄、婚姻状况、家庭结构、家庭月收入以及受教育程度进行分组，编制频数分布表。

表 10-2　按性别、年龄等分组的被调查者特征情况

特　　征	类　　型	人数/人	百分比
性别	男 女		
年龄	20 岁以下 21～30 岁 31～40 岁 41～50 岁 51～60 岁 61 岁以上		
婚姻状况	已婚 未婚		
家庭结构	1 个人 2 个人 3 个人 4 个人 5 个人及以上		
家庭月收入	1 000 元以下 1 000～2 500 元 2 500～4 000 元 4 000～5 500 元 5 500～7 000 元 7 000 元以上		
受教育程度	小学及以下 初中 高中/技校/中专 大学 研究生及以上		

（6）分别对被访者购买农产品的场所选择、被访者购买农产品频次、被访者居住地距农产品销售场所的距离进行分组，分别编制频数分布表，分别绘制饼形图。

（7）分别对被访者农产品购买时间选择、从居住所到购买地点所花费的时间、被访者购买农产品时使用的交通工具进行分组，分别编制频数分布表，分别绘制柱形图。

（8）利用表 10-3 分析超市与农贸市场经营特点对居民选择购买场所的影响。

表 10-3　超市与农贸市场农产品经营特点的比较

特点 购物场所		总体价格	总体质量	种类数量	购物环境	农产品新鲜度
超市	频数 频率/%					
农贸市场	频数 频率/%					

续表

购物场所 \ 特点		总体价格	总体质量	种类数量	购物环境	农产品新鲜度
两者差不多	频数 频率/%					

（9）对影响居民选择购买场所的因素进行汇总，并按影响居民选择购买场所的因素的调查结果从高到低排序绘制柱形图。

（10）居民在选择农产品购买场所时，有时也会受到家人、生活圈里的人选择购买场所和生活圈里的人对其购买农产品的场所评价等方面因素的影响，对这些影响因素的调查结果数据编制饼形图。

（11）利用表 10-4 分析被调查者对超市及农贸市场所经营的消费量较大的农产品的质量安全情况的评价。

表 10-4　被调查者对超市及农贸市场农产品质量安全的评价

质量评价		较好	好	一般	差	较差
粮油	超市 农贸					
果蔬	超市 农贸					
肉类	超市 农贸					
蛋类	超市 农贸					
水产品	超市 农贸					

注：用百分比表示。

（12）利用表 10-5 分析居民在选择农产品时，最关心是哪两个因素，其次关心哪两个因素，依次关心什么因素，最后关心什么因素。

表 10-5　居民选择农产品各影响因素的重要程度统计表

影响因素		重要程度				
		无关紧要		→	非常重要	
		1	2	3	4	5
安全程度（是否经检测合格）	频数/人					
	频率/%					
方便程度（是否便于做菜）	频数/人					
	频率/%					
售货员的介绍	频数/人					
	频率/%					
产品的价格	频数/人					
	频率/%					

续表

影响因素		重要程度				
		无关紧要		→	非常重要	
		1	2	3	4	5
产品的品牌	频数/人					
	频率/%					
新鲜程度	频数/人					
	频率/%					
产品的产地	频数/人					
	频率/%					
许多人在买	频数/人					
	频率/%					
朋友推荐	频数/人					
	频率/%					
是否绿色环保型农产品	频数/人					
	频率/%					

（13）根据调查分析结果，撰写统计分析报告。

（14）上交实训材料。包括数据录入及汇总的电子稿资料、实地调查的手填表及汇总结果的打印资料。

实训材料的装订顺序：①封皮；②抽样框及抽样单位的确定资料；③分析时所用的统计表、统计图和统计指标的计算资料；④统计分析报告；⑤附件（参见二维码中的附件）。

【下载附件】

实训3 某村农户生活状况调查

【实训目的】

（1）使学生全面实践统计调查、分组、编码、汇总、制表、制图、计算分析及撰写统计分析报告等基本统计技术，以培养学生的综合动手能力。

（2）通过实训使学生更进一步地理解统计的特点，掌握统计的理论、统计指标的计算和应用、统计指标体系的设计和运用。

【技能目标】

（1）掌握农村农户生活状况调查的指标体系，掌握统计调查方式和方法的选择和运用，掌握统计调查工作开展的技巧。

（2）掌握统计工作流程及基本统计技术。

【实训所需设备与材料】

数字练习模板、计算机及相应的软件配置、打印机、打印纸，网络及相关图书、各种调查表、记录笔、介绍信、身份证、学生证。

一、调查目的

了解某村农户的生活状况，掌握统计工作流程及基本统计技术。

二、调查对象

总体：某村所有农户。
样本：某村所有被抽中的农户。

三、调查内容

（1）调查项目：详见二维码中附件1和附件2。
（2）调查项目说明：详见二维码中附件3。

【下载附件】

四、调查方式、方法、时间、地点

（1）调查方式：抽样调查（根据实际情况选择具体的抽样方式）。
（2）调查方法：访问法。
（3）调查时间：调查资料所属期限1年，调查工作时限1周。
（4）调查地点：根据实际需要确定。

五、调查前的准备工作

（1）成立实习小组，明确实习任务。
（2）实习进程安排详见表10-6。

表10-6　实习进程安排表

工作阶段	前期准备	实地调查	整理与分析	撰写报告	合计
主要工作内容	成立实习小组，确定样本单位，确定并印制调查表，分配实习任务	访问被抽中的住户，填写调查表	审核调查资料，录入数据，利用Excel整理与分析数据	拟定提纲，撰写报告，审核、修订、提交报告	
所需时间/天	1	1.5	1.5	1	5

（3）确定样本容量及样本单位。

① 抽样框的确定。实习指导教师、实习小组负责人与××村村委会联系，初步了解××村的农户总数，编制抽样框。

② 确定样本容量。根据农户收入差异程度、农户居住空间分布、主营农产品等情况，结合实习时间、实习经费，确定样本容量。基本原则：一人至少一个样本单位；最少不能少于30个样本单位。

③ 选择抽样方式，确定样本单位，并分配给每一名学生。

（4）印制调查表，每人两套调查表。

（5）分配实习任务，提出具体要求。

六、实地调查

参见“九、实训具体要求”。

七、调查资料的整理与分析

（1）数据录入：全村样本设在一个工作簿中；每户一个工作表。

（2）数据汇总：采取表间汇总的方式；汇总表占用一个工作表，并放在最前面（即每户工作表的前面）。

（3）分析方式：统计表、统计图、指标计算。

八、撰写统计分析报告

参见“九、实训具体要求”。

九、实训具体要求

（1）编制抽样框，选择抽样方式，确定样本容量与样本单位。要求样本容量 $n \geqslant 30$ 户。

（2）实地调查，填写调查表。要求每名学生至少完成 1 户的实地调查任务；再把自己的调查表按全班人数复印，并分发给全班同学，保证每人一份。

（3）对调查资料进行审核、编码，并录入 Excel 工作表中。

（4）确定调查户家庭成员性别、年龄、文化程度、职业等的分组体系。

（5）利用 Excel，对调查户成员分别按性别、年龄进行分组，按文化程度对整半劳动力进行分组，编制频数分布表，绘制柱形图。

（6）按附件 1（详见二维码中附件）中所示的调查项目，利用 Excel 汇总样本总量指标，制作计算表。

（7）利用 Excel 计算样本有关的派生指标，制作计算表。具体指标有：①平均每户常住人口；②平均每户整半劳动力；③平均每个劳动力负担人口（含本人）；④人均耕地面积；⑤主营农产品人均占有量；⑥年末平均每百户拥有主要生产性固定资产数量，要求根据附件 2 中所示的调查项目计算；⑦人均年总收入；⑧人均年现金收入；⑨人均年生活消费支出；⑩恩格尔系数（食品支出/生活消费支出）；⑪人均年纯收入；⑫人均住房面积；⑬年末平均每百户主要耐用消费品拥有量，要求按附件 1（详见二维码中附件）中所示的调查项目计算。

（8）将农户按纯收入分为低收入户、中等收入户、高收入户 3 个组别，确定组距与组限，并分别利用手工方法和 Excel 统计各组频数、编制频数分布表、绘制直方图。

（9）将农户按纯收入分为低收入户、中等收入户、高收入户 3 个组别，计算相关指标，分析收入水平与相关指标间的关系。参考格式详见表 10-7。

表 10-7　按纯收入分组的调查户家庭基本情况

	低收入户	中等收入户	高收入户
平均每户常住人口/人			
平均每户整半劳动力/人			
平均每个劳动力负担人口/人			
人均年总收入/元			

续表

	低收入户	中等收入户	高收入户
#人均年现金收入/元			
人均年生活消费支出/元			
人均年纯收入/元			

（10）计算样本平均每户年纯收入指标，以 95%的置信度估计全村农户年平均收入的置信区间。

（11）推算全村常住人口、整半劳动力及全年纯收入。

（12）利用网络或图书资料，查阅有关分析指标的现有全国平均水平与小康标准（注意考虑价格变动），评价调查对象的生活质量。

（13）根据调查分析结果，撰写统计分析报告。

（14）打印输出。格式见附件 2（详见二维码中的附件）。

（15）上交实训材料。包括：数据录入及汇总的电子稿资料、实地调查的手填表及汇总结果的打印资料。

实训材料的装订顺序为：①封皮；②抽样框及抽样单位的确定资料；③分析时所用的统计表、统计图和统计指标的计算资料；④统计分析报告；⑤附件 2（详见二维码中的附件），即《××年××村农户生活状况抽样结果》；⑥附件 4（详见二维码中的附件），即所有抽样调查户的《××年××村农户生活状况调查表》。

参 考 文 献

[1] 胡宝坤，陈娟. 统计实用技术实训[M]. 北京：人民邮电出版社，2010.

[2] 胡宝坤，邓先娥. 统计实用技术[M]. 北京：人民邮电出版社，2010.

[3] 牛军强. 统计岗位实务[M]. 北京：化学工业出版社，2009.

[4] 贾俊平，等. 统计学[M]. 北京：中国人民大学出版社，2009.

[5] 李强，王吉利. 统计基础知识与统计实务[M]. 北京：中国统计出版社，2009.

[6] 李强，王吉利. 统计从业资格考试培训教材学习指导[M]. 北京：中国统计出版社，2009.

[7] 穆慧萍. 统计学[M]. 上海：立信会计出版社，2008.

[8] 刘军，李新. 实用统计基础[M]. 上海：立信会计出版社，2010.

[9] 张伟. 统计基础与实务[M]. 北京：经济科学出版社，2010.

[10] 蔡火娣. 统计学实训与案例[M]. 北京：经济科学出版社，2010.

[11] 贾俊平，谭英平. 应用统计学[M]. 北京：中国人民大学出版社，2008.

[12] 区岩，刘继云. 统计学[M]. 北京：北京大学出版社，2007.

[13] 朱建平，范霄文. Excel 在统计工作中的应用[M]. 北京：清华大学出版社，2007.

[14] 黄林，陈斌. 现代统计学原理[M]. 广州：暨南大学出版社，2005.

[15] 郑聪玲，徐盈群. 市场调查与分析实训[M]. 大连：东北财经大学出版社，2008.

[16] 谢家发. 调查数据分析[M]. 郑州：郑州大学出版社，2011.